国家财政专项资金课题

中国青少年研究中心“网络不良信息与未成年人保护”课题成果

网络不良信息与未成年人保护研究报告

郭开元　主编

中国人民公安大学出版社
群众出版社
·北　京·

图书在版编目（CIP）数据

网络不良信息与未成年人保护研究报告 / 郭开元主编 .—北京：中国人民公安大学出版社，2018. 6

ISBN 978-7-5653-3274-6

Ⅰ.①网… Ⅱ.①中… Ⅲ.①互联网络—信息管理—关系—青少年保护—研究报告—中国 Ⅳ.①TP393.4②D922.74

中国版本图书馆 CIP 数据核字（2018）第 082880 号

网络不良信息与未成年人保护研究报告

郭开元 主编

出版发行：中国人民公安大学出版社
地　　址：北京市西城区木樨地南里
邮政编码：100038
经　　销：新华书店
印　　刷：三河市荣展印务有限公司

版　　次：2018 年 6 月第 1 版
印　　次：2018 年 6 月第 1 次
印　　张：15. 25
开　　本：787 毫米×1092 毫米　1/16
字　　数：292 千字

书　　号：ISBN 978-7-5653-3274-6
定　　价：52. 00 元

网　　址：www.cppsup.com.cn　www.porclub.com.cn
电子邮箱：zbs@ cppsup.com　zbs@ cppsu.edu.cn

营销中心电话：010-83903254
读者服务部电话（门市）：010-83903257
警官读者俱乐部电话（网购、邮购）：010-83903253
法律分社电话：010-83905745

目　录

引　言

郭开元

一、课题研究的背景和意义

近年来，互联网在未成年人中普及率较高，上网已经成为我国未成年人的重要生活方式。据中国互联网信息中心调查，截至2013年，未成年网民的规模为1.4亿。上网给未成年人提供了巨大的知识宝库，迅速提升了未成年人获得信息的数量和质量，但是，大量不良信息的泛滥对未成年人的成长发展带来很大伤害。从未成年人成长发展的角度看，网络不良信息是指互联网上那些对未成年人身体造成损害、思想产生混乱、心理变得异常的有害信息，主要包括淫秽色情、恐怖暴力、价值观扭曲、道德低下、反科学、诽谤、网恋等。未成年人处于易接受新事物，创造力丰富的年龄段，也处在价值观逐渐形成时期，自我控制和鉴别能力较弱，在互联网内容爆炸增长的背景下，未成年人会受到网络不良信息的负面影响。基于未成年人的权益保护，加强网络立法、网络监管治理、社会化服务和保护，帮助未成年人远离网络谣言、淫秽色情、恐怖暴力等不良信息，有利于促进未成年人的身心健康发展。

“未成年人网络不良信息与未成年人保护”是2015年至2016年度由中国青少年研究中心实施的国家财政专项重点课题。本课题将在全国范围内展开调查，了解和掌握网络不良信息的内容和未成年人受网络不良信息侵害的情况，从法学、传播学、教育学、社会学、心理学等多学科角度进行理论分析，建构未成年人网络保护体系，向立法部门、司法部门、教育部门、共青团组织等提出有针对性、可操作的对策建议。

二、课题研究的实施情况

1. 课题的调查内容

围绕“网络不良信息与未成年人保护”这个主题，既调查网络不良信息的内容、判断标准，又调查未成年人的上网行为及其受网络不良信息负面影响的表现、路径，从发挥共青团独特作用、完善法律保护等视角，提出保护未成年人免受网络不良信息负面影响的对策建议。调查的重点内容主要是：网络不良信息泛滥的基本状况，具体包括网络不良信息的主要内容、传播方式、发展变化；网络不良信息对未成年人的侵害情况，具体包括网络不良信息侵害未成年人的情况及原因，网络不良信息如何影响未成年人的成长发展、诱发未成年人违法犯罪的情况；未成年人网络保护的对策建议，具体包括推进未成年人网络保护法律框架的完善、强化正面信息引导和加强网络技术保护、发挥共青团在未成年人网络保护中的独特作用。

2. 课题的调查对象

课题研究的调查对象主要包括：（1）中小学生及其家长、教师（小学四年级至六年级学生，普通中学初中一、二年级和高中一、二年级学生）；（2）未成年犯（网络不良信息引发的犯罪）。

3. 样本构成

课题组按照课题方案的计划，设计了四类调查问卷（普通中小学生及其父母、教师、未成年犯），选取了北京、山东、江苏、陕西、甘肃、广东、河南七个省（市），对未成年人接触网络不良信息①的状况、危害及对策进行调查，共发放调查问卷5600份，回收有效问卷5089份，回收有效率为90.9%，个案访谈62人。

中小学生的调查样本为2593人，有效回答率为99.4%，其中男生1292人，占50.2%；女生1284人，占49.8%。独生子女占42.7%，城市地区调查样本占62.2%，农村地区样本占37.8%。小学生为561人，占22.2%；初中生为1158人，占45.8%；高中生为874人，占32.0%。

中小学生家长的调查样本为1077人，其中男性为505人，占46.9%；女性572人，占53.1%。中小学教师的调查样本为353人，其中男性为109人，占30.9%；女性为244人，占69.1%。

未成年犯的调查样本为1060人，其中有效样本1034人，男性969人，占93.7%；女性65人，占6.3%。犯罪时年龄在14—18周岁，其中以15—16周岁为主，占调查样本的64.4%。文化程度以初中（含初中未毕业）为主，所占比例达到58.2%，其次是小学（含小学未毕业），所占比例为27.8%。独生子女所占比例为31.9%。

① 基于未成年人健康成长和权益保护的视角，本报告中的网络不良信息主要包括网络淫秽色情信息、网络暴力信息、网络虚假信息、反科学信息和价值观扭曲信息等内容。

三、课题研究的主要发现和结论

本次调研获取的调查数据和资料，能够全面反映网络不良信息影响未成年人健康成长的状况，对于分析存在的问题，提出净化网络空间的对策具有重要的参考价值和意义。

1. 未成年人接触网络不良信息的状况

网络不良信息是网络上非法传播的危害未成年人健康成长的信息。调查发现，目前未成年人接触的网络不良信息主要包括网络淫秽色情信息、网络暴力信息、网络虚假信息、价值观扭曲信息和反科学信息。其中，网络淫秽色情信息和网络暴力信息是严重影响未成年人健康成长的网络不良信息。

（1）未成年人接触网络淫秽色情信息的状况。在所调查的未成年人中，62.5%的人接触过网络淫秽色情信息。在最初接触网络淫秽色情信息的时间方面，主要是在小学和初中阶段。在接触途径方面，多数未成年人是被动接触网络色情信息，其中，浏览网页时自动跳出的占71.4%，通过垃圾短信提供网址链接的占19.3%，朋友（同学）通过手机发送的占14.2%，通过搜索引擎主动搜索色情网站的仅占5.9%。在表现形式方面，未成年人接触的网络淫秽色情信息表现形式主要是图片、视频和游戏。在处置方式方面，普通未成年人接触到网络淫秽色情信息后的处理方式相对理性，而未成年犯在犯罪前对网络淫秽色情信息的模仿和转发的比例较高。

（2）未成年人接触网络暴力信息的状况。在所调查的未成年人中，95.5%的接触过网络暴力信息。在最初接触网络暴力信息的时间方面，主要是在小学和初中阶段。在接触途径方面，多数未成年人是被动接触网络暴力信息。在表现形式方面，未成年人接触的网络暴力信息表现形式主要是图片、视频和游戏。在处置方式方面，普通未成年人接触到网络暴力信息后的处理方式相对理性，未成年犯在犯罪前对网络暴力信息的模仿和转发的比例较高。

2. 未成年人接触网络不良信息的途径

调查发现，未成年人接触网络不良信息的渠道主要是通过不良网站、网络游戏、网络聊天、网上论坛、网页搜索、新媒体（微博、微信）。普通未成年人接触网络不良信息的途径主要是：不良网站（90.6%）、网络游戏（53.4%）、网络聊天（42%）、网上论坛（37.7%）、新媒体（33.9%）、网页搜索（30.8%）。未成年犯在犯罪前接触网络不良信息的途径主要是：不良网站（78.9%）、网络游戏（45.7%）、网络聊天（43.3%）、网上论坛（37.7%）、新媒体（23.7%）、网页搜索（22.3%）。

3. 网络不良信息对未成年人健康成长的影响和危害

(1) 网络不良信息对未成年人健康成长的影响程度。在被调查的未成年人父母中，83.1%的父母认为网络不良信息对未成年人影响很大，其中对未成年人影响较大的网络不良信息主要是淫秽色情信息（90.1%）、暴力恐怖信息（78.8%）和价值观扭曲信息（76.1%）。在被调查的中小学教师中，87.9%的教师认为网络不良信息对未成年人影响很大，其中对未成年人影响较大的网络不良信息主要是淫秽色情信息（94.9%）、暴力恐怖信息（87.9%）和价值观扭曲信息（71.8%）。

(2) 网络不良信息对未成年人的危害。网络不良信息影响未成年人的社会化。第一，网络不良信息影响未成年人的学习。网络不良刺激、兴奋等信息会激发未成年人的好奇心理和尝试心理，耗费未成年人的精力，从而影响未成年人的学习时间和兴趣。第二，网络不良信息影响未成年人的道德品质。网络不良信息传播的是扭曲的价值观念，影响未成年人良好道德品质的形成，使未成年人缺少社会责任感。第三，网络不良信息影响未成年人的正常社会交往。网络不良信息容易使未成年人沉迷网络，影响与家人（朋友）的沟通交流，影响正常的社会交往。第四，网络不良信息容易诱发未成年人违法犯罪。网络不良信息所传播的扭曲的价值观念、偏差的行为模式会影响未成年人的价值判断标准，诱发违法犯罪心理，导致未成年人出现不良行为甚至违法犯罪行为。

4. 网络不良信息危害未成年人健康成长的原因

(1) 网络立法不足和政府监管不到位是网络不良信息传播的主要原因。由于未成年人网络保护立法不足、政府对网络的监管不到位尤其是对微博、微信等新媒体监管不足、网站受利益驱使等原因，网络空间中存在大量的网络不良信息。调查发现，未成年人父母和中小学教师都认为网络不良信息传播的主要原因依次是：政府对网络的监管不到位、缺乏未成年人网络保护法律、网站为了赚钱和未成年人的好奇心理。在政府监管方面，82.5%的中小学教师和67.5%的未成年人父母认为政府对微博、微信等新媒体的监管不足是网络不良信息传播的主要原因。在网络立法方面，缺乏未成年人网络保护的专门法律。

(2) 未成年人对网络不良信息危害的认知误区、判断标准偏差是网络不良信息影响未成年人健康成长的重要原因。未成年人对网络不良信息危害的认知存有误区，不能正确地认知网络不良信息的危害性。未成年人对网络不良信息的判断标准不科学。调查发现，未成年人尤其是未成年犯判断网络不良信息的标准不科学，致使未成年人甄别网络不良信息的能力不足。

5. 净化网络空间更好地保护未成年人的对策建议

(1) 完善网络立法，制定未成年人网络保护的专门法律。在法治社会，制定未成年人网络空间保护的专门法律，明确规定网络不良信息的内容和法律责任，在保护未成年人健康成长与尊重成年人权利之间作出恰当的制度安排，有利于促进依法维护未成年人的合法权益。

（2）强化政府监管，预防和减少网络不良信息的传播。政府要加强网络监管，施行网络实名制、网络信息分级制度，从源头预防和减少网络不良信息；支持研制网络不良信息过滤技术，并在计算机上按照不良信息过滤软件，阻断网络不良信息向未成年人传播的路径；强化对智能手机上网的监管和对微博、微信等新媒体的内容监管，防止网络不良信息通过手机上网传播；加强对网吧的管理和监督，切实做到禁止未成年人进入网吧；加强互联网服务企业的行业自律和管理，避免互联网企业为了追逐利益而传播网络不良信息。

（3）加强教育监管，引导未成年人理性文明上网。加强家庭监管和教育引导。家长要加强对未成年子女的监护，在家用电脑上安装网络不良信息过滤软件，与未成年子女沟通交流，协商约定未成年子女上网尤其是关于手机上网的时间和内容，教育引导未成年人理性文明上网。加强未成年人的网络素养教育，提高未成年人甄别网络不良信息的能力。

第一章　网络不良信息与未成年人保护的研究报告

郭开元　杨江澜*

一、未成年人的上网情况

1. 在上网地点和方式方面，未成年人主要是在家中上网和通过手机上网，并因性别而有所差异

在所调查的未成年人中，78.5%的是在家中上网，61.0%的是通过手机上网，在网吧上网的仅有6.8%（见图1-1）。而在所调查的未成年犯中，76.7%的人是在网吧上网。

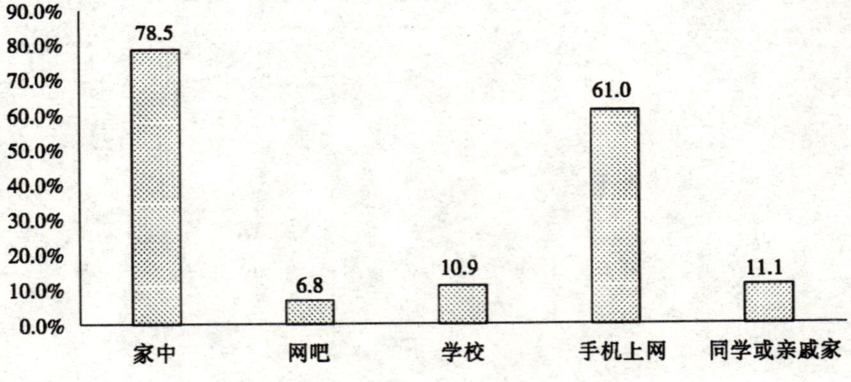

图1-1　未成年人的上网地点和上网方式

上网地点因性别不同而有所区别，男性未成年人在网吧上网的比例为11.9%，比女性未成年人在网吧上网的比例高出10个百分点；在对未成年犯

* 郭开元，中国青少年研究中心法律所所长，副研究员，法学博士。
杨江澜，河北农业大学副研究员。

的调查中，男性未成年犯在网吧上网的比例为78.6%，比女性未成年犯在网吧上网的比例高出25个百分点。在手机上网方面，女性未成年人用手机上网的比例为63.3%，高出男性未成年人用手机上网的比例（58.8%）；女性未成年犯用手机上网的比例为64.1%，高出男性未成年犯用手机上网的比例（50.6%）。由此可见，加强网吧管理，禁止未成年人进入网吧，对于预防男性未成年人犯罪具有重要意义；加强手机上网环境的净化，对于未成年人尤其是女性未成年人的健康成长具有重要意义。

2. 在网络工具方面，未成年人经常使用的主要是QQ、微信

在所调查的未成年人中，经常使用QQ的比例为88.4%，经常使用微信的比例为35.5%，经常使用微博的比例为20.6%，经常使用贴吧的比例为16.3%。

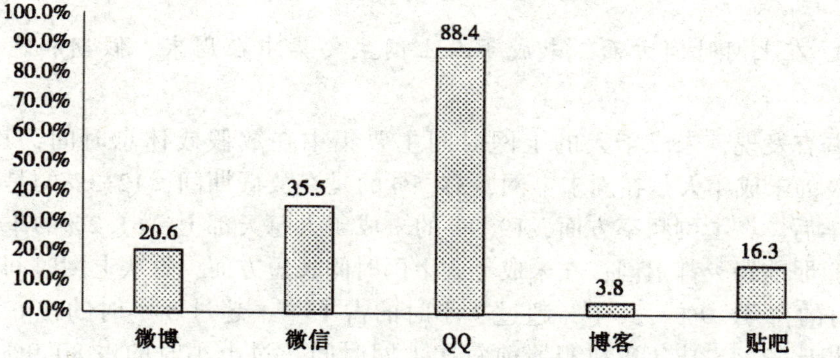

图1-2　未成年人经常使用的网络工具

网络工具的使用因性别而有所差异。女性未成年人经常使用微博、微信的比例为66.7%，比男性未成年人经常使用微博、微信的比例（45.8%）高出约21个百分点。由此可见，加强对微博、微信等新媒体的监管对于促进未成年人尤其是女性未成年人的健康成长具有重要意义。

3. 在上网行为方面，未成年人网络行为的娱乐化趋势明显

调查发现，未成年人上网主要使用网络聊天、影视、玩网络游戏等娱乐功能，具有泛娱乐化的趋势。其中，在网上未成年人听音乐、看影视视频的占77.7%，聊天的占75.2%，玩网络游戏的占44.4%。由于未成年人将网络主要作为娱乐消遣工具，就会导致未成年人一旦上网就不容易主动离开，沉迷于网络游戏、网络不良信息等不能自拔，游离于社会正常生活学习之外，影响未成年人的健康成长。

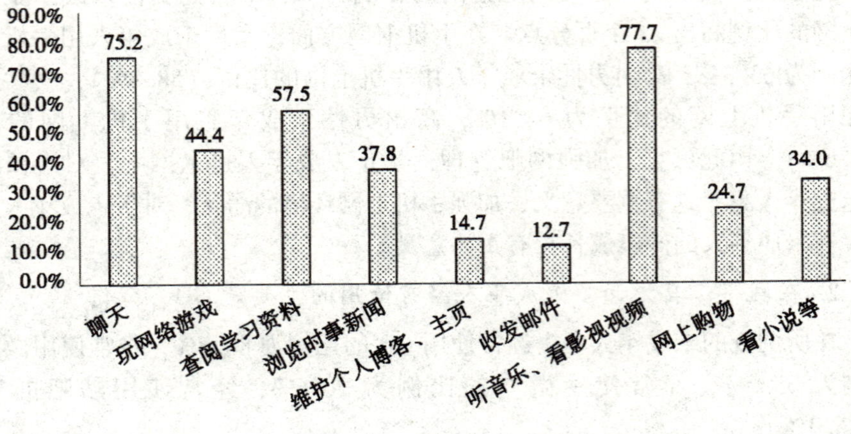

图 1-3 未成年人的上网行为

4. 在上网时间方面，未成年人上网主要集中在周末、假期和晚上放学后

调查发现，未成年人的上网时间主要集中在放假或休息时间，其中，43.9%的未成年人是在周末上网，37.5%的是在放假期间，12.3%的是在晚上放学后。在上网频率方面，19.9%的未成年人每天都上，61.2%的未成年犯在犯罪前每天都上网；在未成年人上网时间长短方面，每次上网时间超过1小时的占41.9%，其中，超过3小时的占15%，超过5小时的占6.9%。与此相比较，未成年犯在犯罪前每次上网时间超过1小时的占80.9%，其中，超过3小时的占52.9%，超过5小时的占35.6%。因此，为促进未成年人健康成长，父母在家用电脑上要安装上网时间控制软件，控制未成年人的上网时间。

5. 在家庭保护方面，多数父母对未成年人的上网行为有所限制

调查发现，父母对未成年人上网的限制主要是：禁止浏览网络色情信息(42.4%)、禁止玩网络暴力游戏（41.3%)、在电脑上安装绿色防护软件(31.4%)，但是，仍有27.0%的父母对未成年人上网没有任何限制（见图1-4)。在所调查的未成年犯中，42.7%的未成年犯在犯罪前父母对其上网没有任何限制。

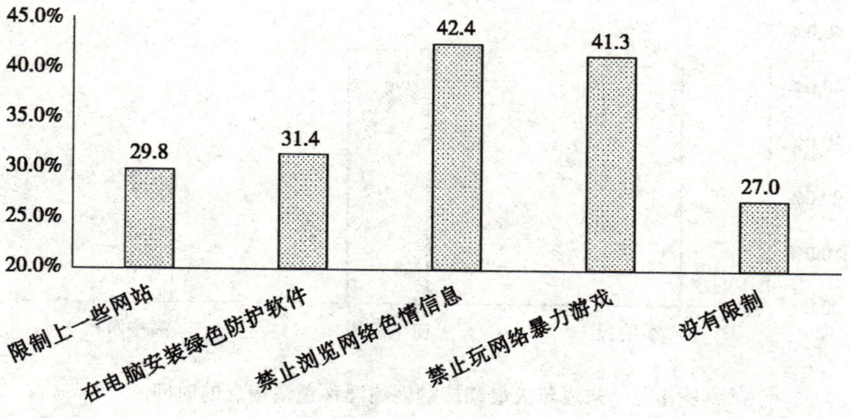

图 1-4　父母对未成年人在家上网的限制

6. 在学校保护方面，超过一半的老师讲过如何应对网络不良信息

在未成年人上网的学校保护方面，在学校的信息技术课上 61.7%未成年人认为教师讲过如何应对网络不良信息；72.0%的教师在课上讲过如何应对网络不良信息；在对未成年犯的调查中，53.8%的未成年犯认为老师讲过如何应对网络不良信息。如何提高未成年人网络信息的学校教育是增强未成年人甄别网络信息好坏能力的重要渠道，虽然多数老师能对学生进行教育，但仍有较大的完善空间。

二、未成年人接触网络不良信息的状况

网络不良信息是网络上非法传播的危害未成年人健康成长的信息。调查发现，目前未成年人接触的网络不良信息主要包括网络淫秽色情信息、网络暴力信息、网络虚假信息、价值观扭曲信息和反科学信息。其中，网络淫秽色情信息和网络暴力信息是严重影响未成年人健康成长的网络不良信息。

1. 未成年人接触网络淫秽色情信息的状况

（1）在所调查的未成年人中，62.5%的接触过网络淫秽色情信息。最初接触网络淫秽色情信息的时间，主要集中在小学和初中阶段。其中，46.3%的是在初中阶段，43.6%的是在小学阶段。

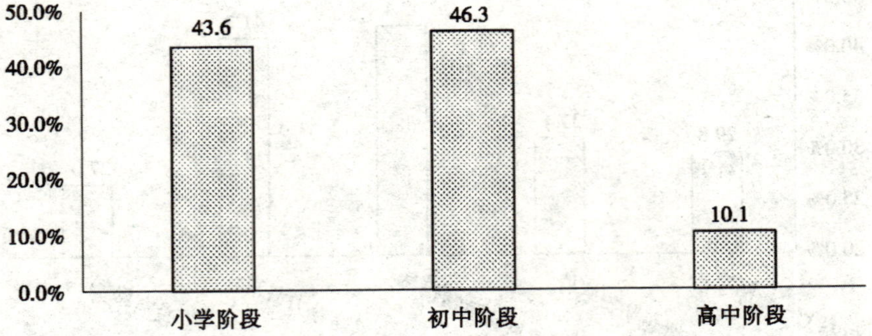

图 1-5　未成年人最初接触网络淫秽色情信息的时间

（2）在接触途径方面，多数未成年人是被动接触网络淫秽色情信息，其中，浏览网页时自动跳出来的占 71. 4%，通过垃圾短信提供网址链接的占 19. 3%，朋友（同学）通过手机发送的占 14. 2%，通过搜索引擎主动搜索色情网站的仅占 5. 9%。而未成年犯在犯罪前通过搜索引擎主动搜索色情网站的占 49. 4%，由此可见，未成年人主动搜索网络不良信息的危害性很大。

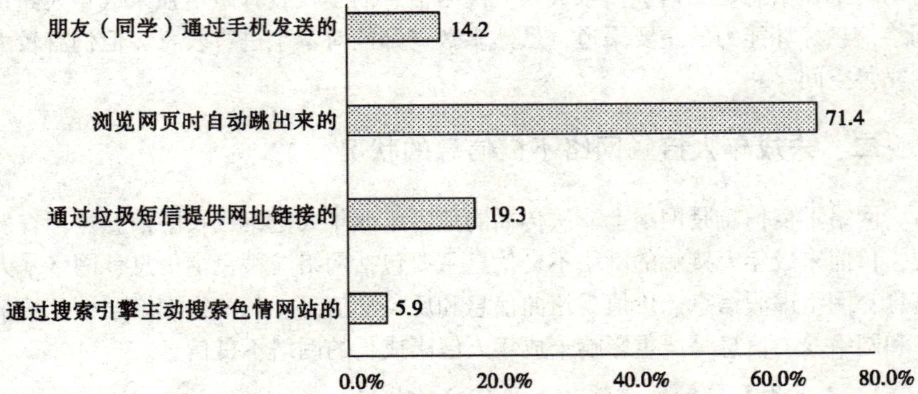

图 1-6　未成年人接触网络淫秽色情信息的途径

（3）在表现形式方面，未成年人接触的网络淫秽色情信息主要是图片、视频和游戏。其中，图片占 57. 7%、视频占 36. 8%、游戏占 27. 1%、小说占 17. 6%、短信占 14. 3%、歌曲占 12. 6%。

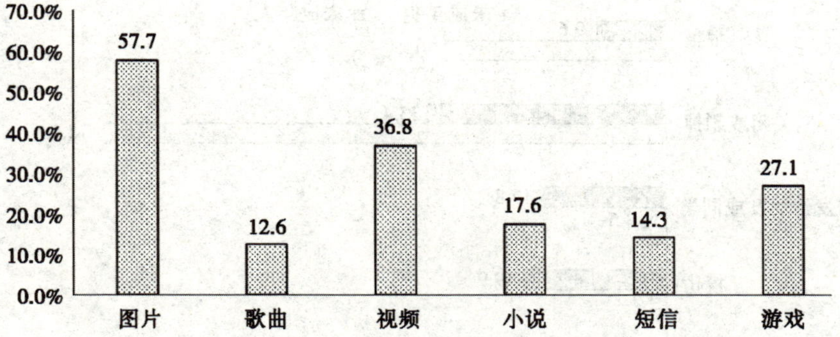

图 1-7　未成年人接触网络淫秽色情信息的表现形式

（4）在主观感受方面，未成年人接触网络淫秽色情信息后主要感觉是厌恶。普通未成年人接触网络淫秽色情信息后的感受主要是厌恶（70.8%）、好奇（16.0%）、刺激（7.0%）。而未成年犯在犯罪前接触网络淫秽色情信息后的感受主要是好奇（63.9%）、刺激（46.2%）、厌恶（22.7%）。由此可见，网络淫秽色情信息对未成年人犯罪动机的产生具有一定的原因力。

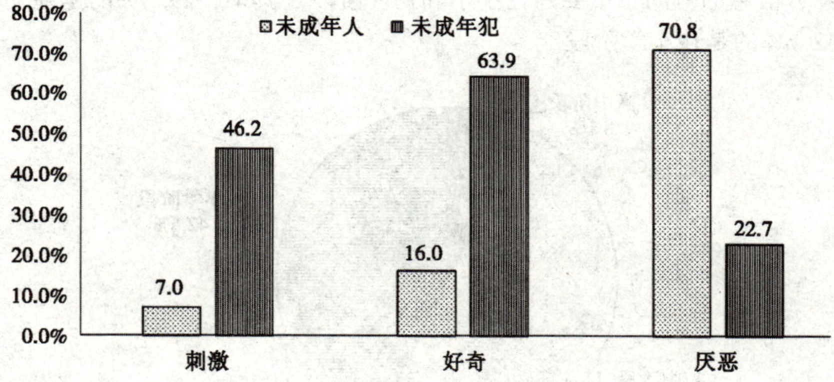

图 1-8　未成年人和未成年犯接触网络淫秽色情信息后的感受

（5）在处置方式方面，普通未成年人接触到网络淫秽色情信息后的处理方式相对理性，关闭或删除的占 78.6%、举报的占 30.8%、自己看看而已的占 10.5%。与普通未成年人相比，未成年犯在犯罪前对网络淫秽色情信息的模仿和转发的比例较高，其中，模仿的占 19.9%，比普通未成年人高出近 18 个百分点；转发给朋友或同学的占 17.8%，比普通未成年人高出约 14 个百分点。

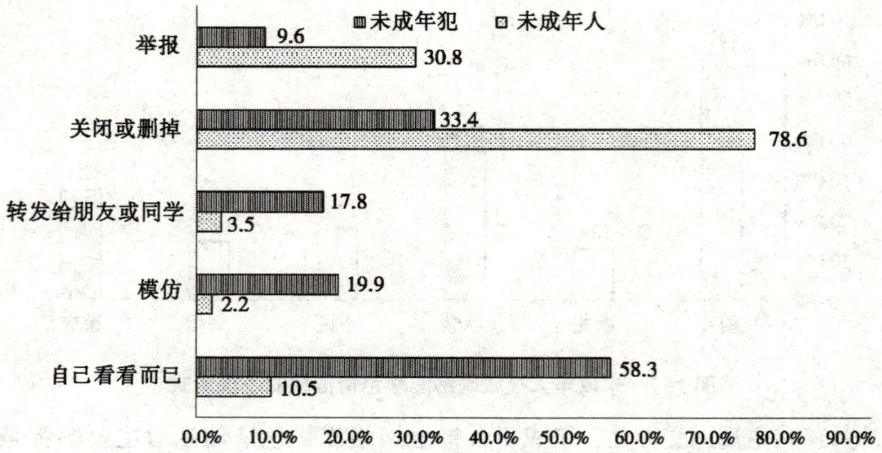

图 1-9　未成年人和未成年犯接触网络淫秽色情信息后的处理方式

2. 未成年人接触网络暴力信息的状况和特点

（1）在所调查的未成年人中，95.5%的接触过网络暴力信息。最初接触网络暴力信息的时间，主要是在小学和初中阶段。其中，49.3%的是在初中阶段，42.6%的是在小学阶段。

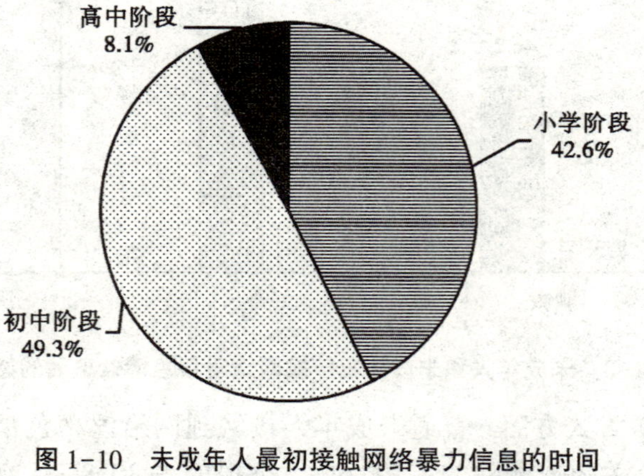

图 1-10　未成年人最初接触网络暴力信息的时间

（2）在接触途径方面，多数未成年人是被动接触网络暴力信息，其中，浏览网页时自动跳出来的占 59.8%，无意间看到的占 54.0%，主动查找的占 4.8%。而未成年犯在犯罪前通过主动查找接触网络暴力信息的占 33.0%。由此可见，未成年人主动搜索网络不良信息的危害性很大。

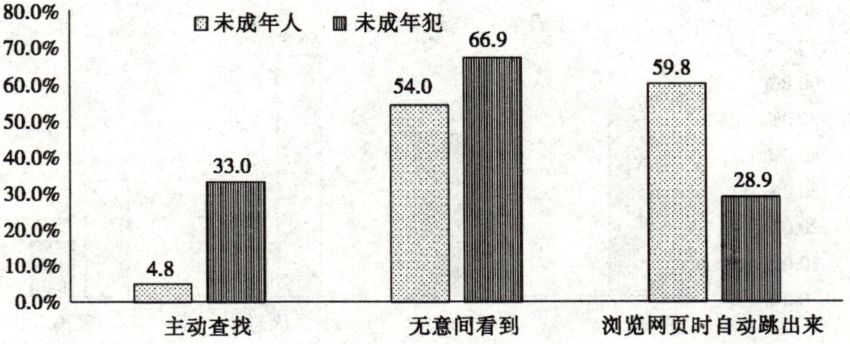

图 1-11　未成年人和未成年犯接触网络暴力信息的途径

（3）在表现形式方面，未成年人接触的网络暴力信息表现形式主要是图片、视频和游戏。其中，图片占 54.5%、视频占 47.9%、游戏占 27.2%、影视占 27.2%。与普通未成年人相比，未成年犯在犯罪前接触网络暴力信息的形式主要是视频（69.0%）、图片（52.9%）、影视（47.8%）和游戏（44.3%）。

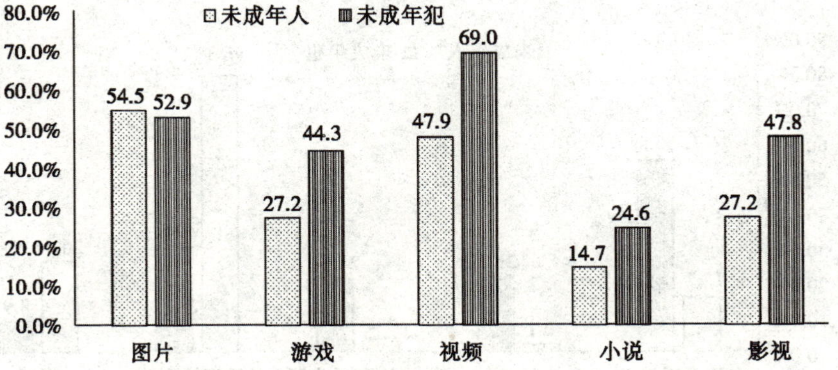

图 1-12　未成年人和未成年犯接触网络暴力信息的表现形式

（4）在主观感受方面，未成年人接触网络暴力信息后主要感觉是厌恶。普通未成年人接触网络暴力信息后的感受主要是厌恶（68.2%）、害怕（33.5%）、痛快（7.6%）、兴奋（7.0%）。而未成年犯在犯罪前接触网络暴力信息后的感受主要是兴奋（50.2%）、痛快（46.3%）、厌恶（23.9%）、害怕（15.7%）。由此可见，网络暴力信息对未成年人犯罪动机的产生具有一定的原因力。

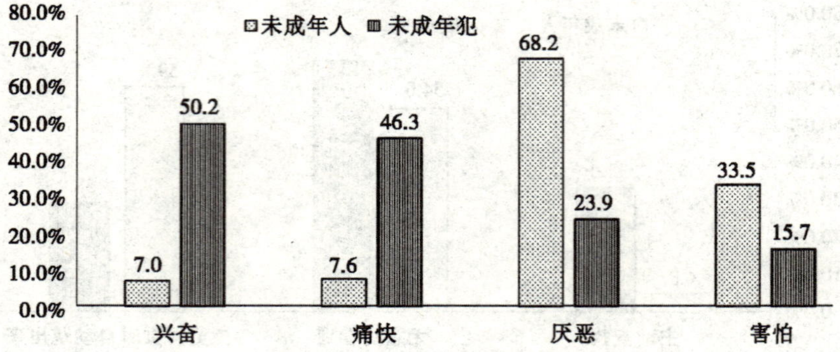

图 1-13　未成年人和未成年犯接触网络暴力信息后的主要感觉

（5）在处置方式方面，普通未成年人接触到网络暴力信息后的处理方式相对理性，关闭或删除的占 80.3%、举报的占 26.4%、自己看看而已的占 15.7%。与普通未成年人相比，未成年犯在犯罪前对网络暴力信息的模仿和转发的比例较高，其中，模仿的占 21.7%，比普通未成年人高出近 20 个百分点；转发给朋友或同学的占 21.5%，比普通未成年人高出约 17 个百分点。由此可见，网络暴力信息对未成年人犯罪行为模式具有一定的原因力。

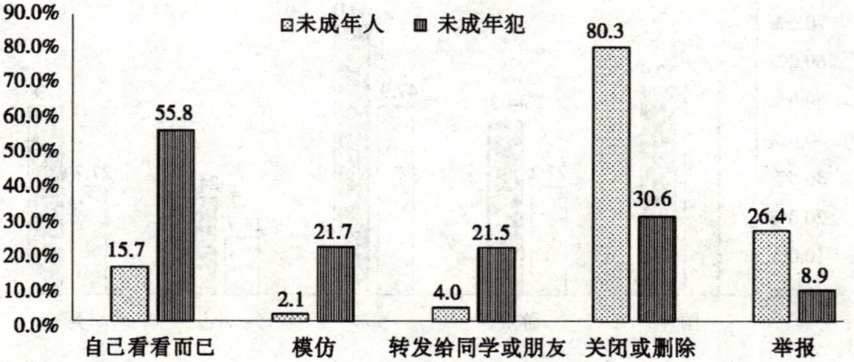

图 1-14　未成年人和未成年犯对接触到的网络暴力信息的处置方式

三、未成年人接触网络不良信息的途径

调查发现，未成年人接触网络不良信息的主要途径是不良网站、网络游戏、网络聊天、网上论坛、网页搜索、新媒体（微博、微信）。

（1）针对普通未成年人的调查发现，普通未成年人接触网络不良信息的途径主要是：不良网站（90.6%）、网络游戏（53.4%）、网络聊天（42.0%）、网上论坛（37.7%）、新媒体（微博和微信）（33.9%）、网页搜索

(30.8%)。针对未成年犯的调查发现，未成年犯在犯罪前接触网络不良信息的途径主要是：不良网站（78.9%）、网络游戏（45.7%）、网络聊天（43.3%）、网上论坛（20.6%）、新媒体（微博和微信）（23.7%）、网页搜索（22.3%）。

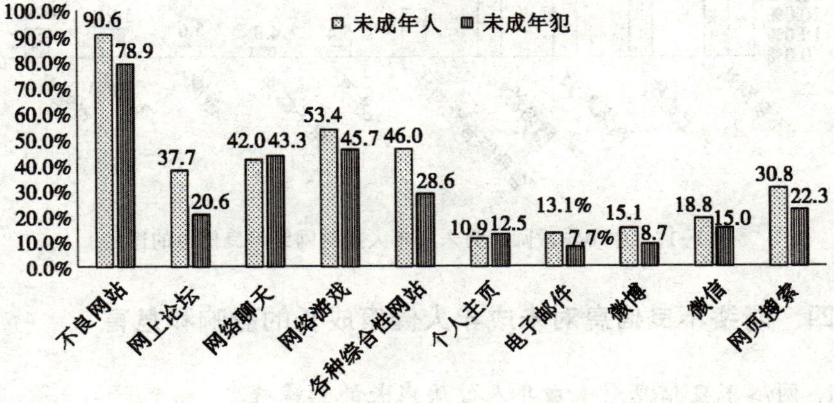

图 1-15　未成年人和未成年犯接触网络不良信息的途径

（2）针对未成年人父母的调查发现，未成年人父母认为未成年人接触网络不良信息的途径主要是不良网站（92.5%）、网络游戏（56.5%）、网络聊天（45.1%）、网上论坛（28.2%）、新媒体（微博和微信）（25.3%）、网页搜索（18.9%）。

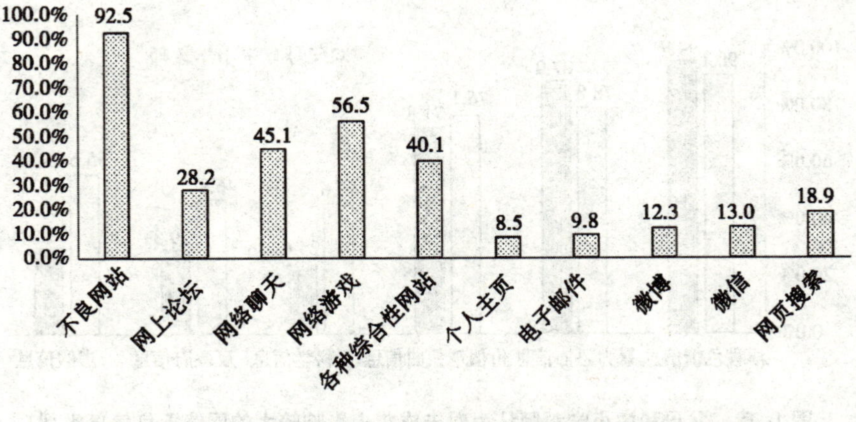

图 1-16　未成年人父母认为未成年人接触网络不良信息的途径

（3）针对中小学教师的调查发现，中小学教师认为未成年人接触网络不良信息的途径主要是不良网站（95.2%）、网络游戏（70.1%）、网络聊天（56.1%）、网上论坛（33.2%）、新媒体（微博和微信）（19.7%）、网页搜索（14.6%）。

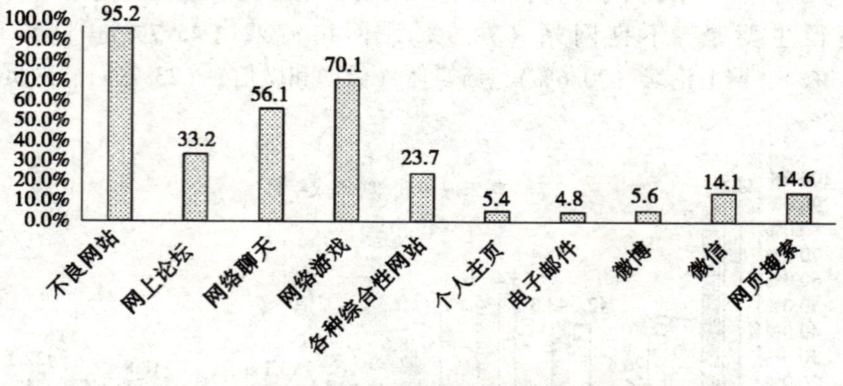

图 1-17 中小学教师认为未成年人接触网络不良信息的途径

四、网络不良信息对未成年人健康成长的影响和危害

1. 网络不良信息对未成年人健康成长的影响程度

在被调查的未成年人父母中，83.1%的认为网络不良信息对未成年人影响很大，其中对未成年人影响较大的网络不良信息主要是淫秽色情信息（90.1%）、暴力恐怖信息（78.8%）和价值观扭曲信息（76.1%）。在被调查的中小学教师中，87.9%的认为网络不良信息对未成年人影响很大，其中对未成年人影响较大的网络不良信息主要是淫秽色情信息（94.9%）、暴力恐怖信息（87.9%）和价值观扭曲信息（71.8%）。

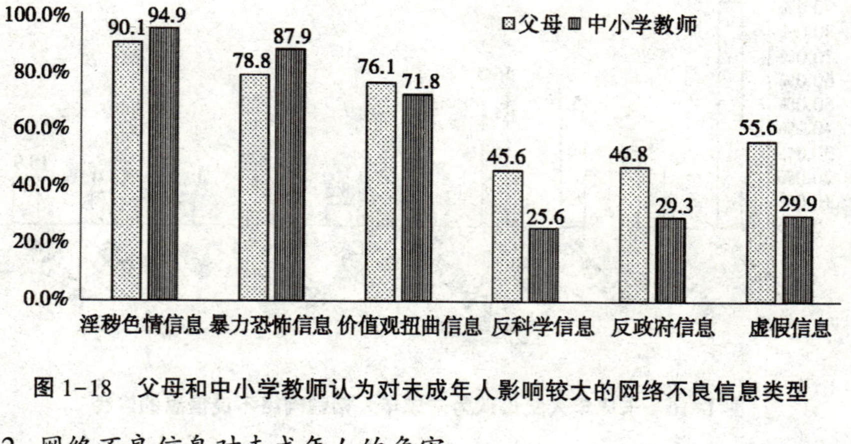

图 1-18 父母和中小学教师认为对未成年人影响较大的网络不良信息类型

2. 网络不良信息对未成年人的危害

（1）网络不良信息影响未成年人的社会化。

第一，网络不良信息影响未成年人的学习。网络不良信息中传播的刺激、兴奋等信息会激发未成年人的好奇心理和尝试心理，耗费未成年人的精力，从而影响未成年人的学习时间和兴趣。调查发现，78.6%的未成年人认为网络不良信息会使其对学习失去兴趣；81.4%的未成年人父母认为网络不良信息会影响未成年人的学习；83.7%的中小学教师认为网络不良信息会使未成年人失去学习的兴趣。

第二，网络不良信息影响未成年人的道德品质。网络不良信息传播的是扭曲的价值观念，影响未成年人形成良好的道德品质，使未成年人缺少社会责任感。调查发现，75.1%的未成年人认为网络不良信息会影响他们的道德品质，55.7%的认为网络不良信息会使他们缺少社会责任感；73.6%的未成年人父母认为网络不良信息会影响未成年人的道德品质，54.5%的认为网络不良信息会使未成年人缺少社会责任感；84.0%的中小学教师认为网络不良信息会影响未成年人的道德品质，60.1%的认为网络不良信息会使未成年人缺少社会责任感。

第三，网络不良信息影响未成年人的正常社会交往。网络不良信息容易使未成年人沉迷网络，影响与家人（朋友）沟通交流和正常的社会交往。调查发现，81.8%的未成年人认为网络不良信息会使他们沉迷网络而影响他们与家人（朋友）的沟通交流；78.3%的未成年人父母认为网络不良信息会使未成年人沉迷网络而影响未成年人与家人（朋友）的沟通交流；87.1%的中小学教师认为网络不良信息会使未成年人沉迷网络而影响未成年人与家人（朋友）的沟通交流。

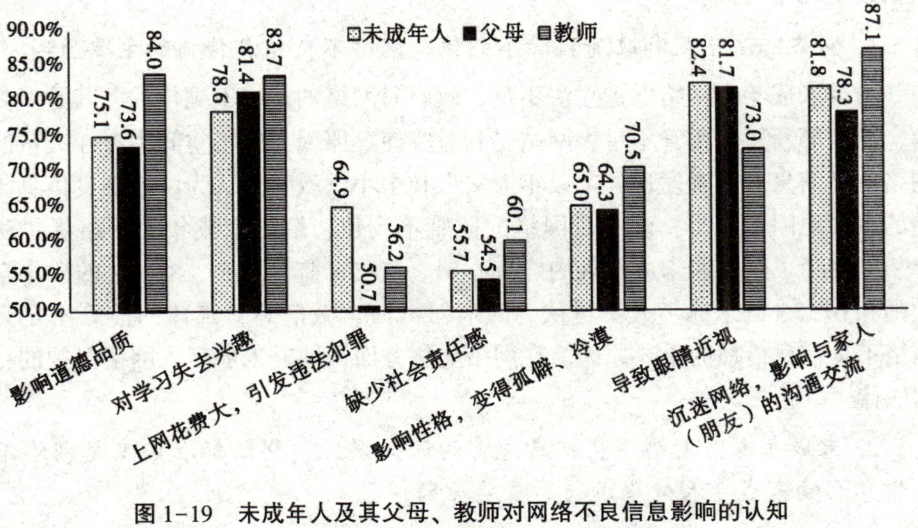

图 1-19　未成年人及其父母、教师对网络不良信息影响的认知

(2) 网络不良信息容易诱发未成年人违法犯罪。

网络不良信息所传播的扭曲的价值观念、偏差的行为模式会影响未成年人的价值判断标准，诱发违法犯罪心理，导致未成年人出现不良行为和犯罪行为。在所调查的未成年犯中，41.1%的未成年犯认为自己犯罪是受网络不良信息的影响。其中，受网络暴力恐怖信息影响的占65.5%，受网络淫秽色情影响的占56.4%，受网络虚假信息影响的占24.9%，受价值观扭曲信息影响的占20%。个案访谈也证实了这一点。

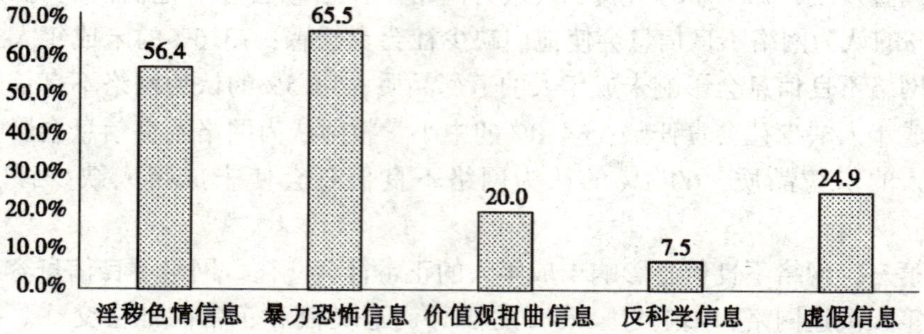

图1-20　诱发未成年人犯罪的网络不良信息类型

五、网络不良信息影响未成年人健康成长的原因

网络不良信息影响未成年人健康成长的原因是多方面的，具体来说，主要包括以下几个方面：

1. 网络立法不足和政府监管不到位是网络不良信息传播的主要原因

由于未成年人网络保护立法不足、政府对网络的监管不到位，尤其是对微博、微信等新媒体监管不足、网站受利益驱使等原因，网络空间中存在大量的网络不良信息。调查发现，未成年人父母和中小学教师都认为网络不良信息传播的主要原因依次是：政府对网络的监管不到位、缺乏未成年人网络保护法律、网站为了赚钱和未成年人的好奇心理。在政府监管方面，82.5%的中小学教师和67.5%的未成年人父母认为政府对微博、微信等新媒体的监管不足是网络不良信息传播的重要原因。在网络立法方面，缺乏未成年人网络保护的专门法律。

2. 未成年人对网络不良信息危害的认知误区、判断标准偏差是网络不良信息影响未成年人健康成长的重要原因

(1) 未成年人对网络不良信息危害的认知存有误区。调查发现，6.5%的未成年人和36.4%的未成年犯认为观看色情视频可以更好地了解性知识；

7.9%的未成年人和29.1%的未成年犯认为观看网络暴力视频可以缓解压力；7.1%的未成年人和21.2%的未成年犯认为一对一的网络视频脱衣聊天不是色情行为；7.5%的未成年人和23.5%的未成年犯认为在网络上可以散布谣言。

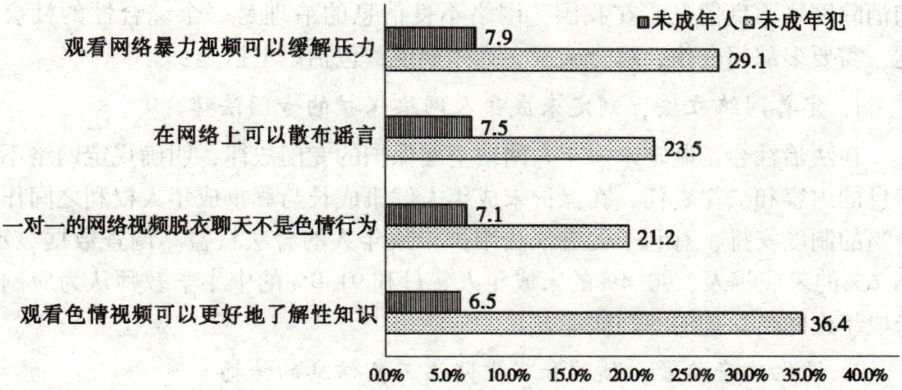

图1-21　未成年人和未成年犯对网络不良信息危害的认知误区

（2）未成年人对网络不良信息的判断标准不科学。调查发现，未成年人尤其是未成年犯判断网络不良信息的标准不科学，致使未成年人甄别网络不良信息的能力不足。调查数据显示，2.2%的未成年人和12.4%的未成年犯认为网上的信息都是真实的、好的；12.5%的未成年人和23.4%的未成年犯不知道如何辨别网络信息的真假、好坏；43.7%的未成年人和52.5%的未成年犯是凭直觉判断网络信息的真假、好坏。

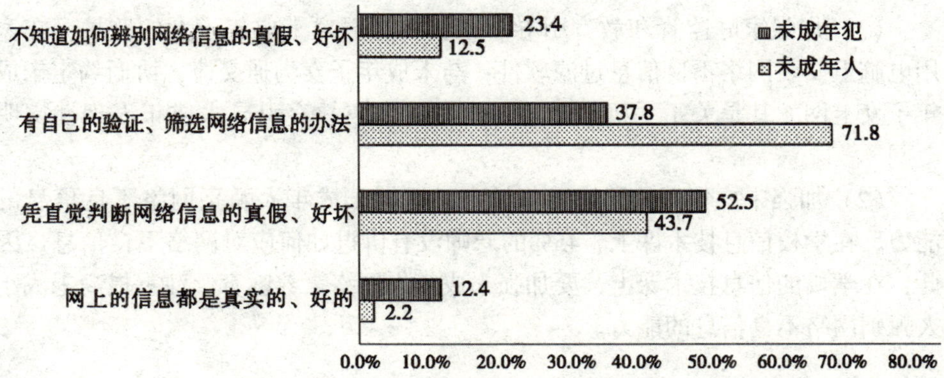

图1-22　未成年人和未成年犯甄别网络信息的方式

六、净化网络空间更好地保护未成年人的对策建议

在信息化社会时代，未成年人的健康成长需要明朗的网络空间，需要减少和消除网络不良信息。在我国，网络不良信息的治理是一个综合性的社会问题，需要多部门合作，综合施策。具体地说，包括以下措施：

1. 完善网络立法，制定未成年人网络保护的专门法律

在法治社会，制定未成年人网络空间保护的专门法律，明确规定网络不良信息的内容和法律责任，在保护未成年人健康成长与尊重成年人权利之间作出恰当的制度安排，有利于促进依法维护未成年人的合法权益。调查数据显示，76.6%的未成年人、90.4%的未成年人父母和91.9%的中小学教师认为应制定未成年人网络保护的专门法律。

2. 强化政府监管，预防和减少网络不良信息的传播

政府要加强网络监管，施行网络实名制、网络信息分级制度，从源头预防和减少网络不良信息；支持研制网络不良信息过滤技术，并在计算机上安装不良信息过滤软件，阻断网络不良信息向未成年人传播的路径；强化对智能手机上网的监管和对微博、微信等新媒体的内容监管，防止网络不良信息通过手机上网传播；加强对网吧的管理和监督，切实做到禁止未成年人进入网吧；加强互联网服务企业的行业自律和管理，避免互联网企业为了追逐利益而传播网络不良信息。通过上述监管措施，将网络不良信息的影响尽可能地降到最低。

3. 加强教育监管，引导未成年人理性文明上网

(1) 加强家庭监管和教育引导。家长要加强对未成年子女的监护，在家用电脑上安装网络不良信息过滤软件，与未成年子女沟通交流，协商约定未成年子女上网尤其是关于手机上网的时间和内容，教育引导未成年人理性文明上网。

(2) 加强未成年人的网络素养教育，提高未成年人甄别网络不良信息的能力。在学校信息技术课上，45%的老师没有讲过如何应对网络不良信息。因此，在学校的信息技术课上，要加强未成年人网络素养教育，注重提高未成年人甄别网络不良信息的能力。

第二章　网络不良信息危害未成年人健康成长的表现及原因

匡敦校　韩芳丽*

一、网络不良信息危害未成年人健康成长的表现

网络不良信息，就其范围而言，一般包括渲染暴力的网络信息；网络淫秽色情信息；直接或间接诱发犯罪的网络信息（毒品等）；低俗、攀比、拜金主义，以及单独出现或者混杂于其他信息当中的反动信息、伪科学与迷信信息、暴力信息、厌世信息等。未成年人接触上述信息的载体一般为图片、视频、游戏和小说，而且通常是被动接触。①

不可否认，网络在知识、信息传播，促进社会融合，提高效率、节省成本，推动经营方式转变与升级方面发挥了不可替代的积极作用。但是，我们也应当看到，网络也是一把“双刃剑”。网络上有很多负面、消极的东西，有些人利用网络的虚拟属性从事诈骗、造谣等危害社会与他人的活动。这些信息对于具有社会阅历、相对较强的识别力、抵抗力的成年人来说尚且构成诱惑和陷阱，对于涉世未深、心智发育尚不成熟、充满好奇心的未成年人而言，这类信息无疑构成潜在威胁。由于网络本身的开放性特点，加之网络的迅速普及尤其是移动互联终端手机的普及，未成年人很容易接触到网络并受到其中不良信息的影响。这些网络不良信息在潜移默化中危害其成长，甚至改变其人生轨迹。

针对网络不良信息对未成年人的危害，本课题组开展了针对未成年犯的专项实地调研，并根据现场回收的问卷进行分类整理。关于“你认为网络不良信息对未成年人的危害有哪些?”的问题，分析发现：51.6%的被访男性和55.4%的被访女性认为网络不良信息会“影响道德品质”；有68.8%的被访男性和84.6%的被访女性认为网络不良信息导致“对学习失去兴趣”；30.3%的

---

* 匡敦校，中国传媒大学法律系副教授，法学博士。
韩芳丽，山东青年政治学院副教授。

① 《未成年人接触网络不良信息的状况及危害》，http://qnzz.youth.cn/qckc/201510/t20151026_7242226_1.htm。

被访男性和46.2%的被访女性认为网络不良信息导致“社会责任感”的缺失；36.9%的被访男性和52.3%的被访女性认为网络不良信息“影响性格”，使人“变得孤僻、冷漠”；有57.8%的被访男性和高达80.0%的被访女性认为沉迷网络“影响与家人沟通交流”；有61.3%的被访男性和63.1%的被访女性认为“上网花费大，引发违法犯罪”。

表2-1　未成年犯对网络不良信息危害的认知情况

你认为网络不良信息对未成年人的危害有哪些		性别		总计
		男	女	
影响道德品质	计数	495	36	531
	比例	51.6%	55.4%	
对学习失去兴趣	计数	660	55	715
	比例	68.8%	84.6%	
上网花费大，引发违法犯罪	计数	588	41	629
	比例	61.3%	63.1%	
缺少社会责任感	计数	291	30	321
	比例	30.3%	46.2%	
影响性格，变得孤僻、冷漠	计数	354	34	388
	比例	36.9%	52.3%	
导致眼睛近视	计数	496	38	534
	比例	51.7%	58.5%	
影响与家人沟通交流	计数	555	52	607
	比例	57.8%	80.0%	
其他	计数	28	1	29
	比例	2.9%	1.5%	
总计	计数	960	65	1025

以下拟对网络不良信息危害青少年健康成长的几个方面展开分析。

（一）导致对网络的依赖甚至网络成瘾

网络依赖有轻重之分。过度的依赖则属于网络性心理障碍。所谓网络性心理障碍，是指患者往往没有一定的理由，无节制地花费大量时间和精力在互联网上持续聊天、写博客、刷微博、玩网游、维护个人主页或无目的地浏览网页等，以致影响生活质量，降低工作效率，损害身体健康，并出现交感神经功能部分失调甚至行为异常。

对于严重的网络依赖，被称为网络成瘾综合症，简称网络成瘾。“网络成瘾综合症”（Internet Addiction Disorder，简称 IAD），最早由纽约的一位精神医生 Goldberg 提出，临床表现为患者对互联网过度依赖而导致明显的心理异常症状以及伴随的心理受损现象。其症状可发展为食欲不振、头昏眼花、情绪低落、精力不集中，乃至神经紊乱、免疫功能降低，进而引发心血管疾病、抑郁症等。

当问及“你大概平均每天上网多长时间（只能选一个）”时，回答“半小时以下”的，仅占总数的4.8%，其中，男性占4.7%，女性占6.3%；回答“半小时至 1 小时”的，占总数的 13.8%，其中男性占 13.9%，女性占 12.7%；回答“1—3 小时”的，占总数的28.3%，其中男性占27.8%，女性占34.9%；回答“3—5 小时”的，占总数的17.3%，其中男性占17.8%，女性占11.1%；回答“5 小时以上”的，男性占35.8%，女性占34.9%。

表 2-2　未成年犯上网时间的统计

你大概平均每天上网多长时间		性别		合计
		男	女	
半小时以下	计数	45	4	49
	比例	4.7%	6.3%	4.8%
半小时至 1 小时	计数	132	8	140
	比例	13.9%	12.7%	13.8%
1—3 小时	计数	265	22	287
	比例	27.8%	34.9%	28.3%
3—5 小时	计数	169	7	176
	比例	17.8%	11.1%	17.3%
5 小时以上	计数	341	22	363
	比例	35.8%	34.9%	35.8%
合计	计数	952	63	1015
	比例	100.0%	100.0%	100.0%

由此可见，有超过三分之一的未成年犯每天上网时间超过 5 小时；有超过半数的未成年犯每天上网时间高于 3 小时。虽然不能仅仅依靠上网时间这一个单一的指标来判断未成年犯是否已经构成网络成瘾，但是它至少可以从一个侧

面反映未成年人对网络的依赖程度。

（二）导致道德观念淡化

中国传统儒家道德被概括为“仁、义、礼、智、信、忠、孝、悌、节、恕、勇、让”。儒家教义把整体的道德规范集于一体，形成了以“仁”为核心的伦理结构。其中，“节”，指气节和节操。“恕”要求推己及人，自己不想做的事，不强加给别人。“子贡问曰：‘有一言而可以终身行之者乎？’子曰：‘其恕乎。己所不欲，勿施于人。’”“让”，指谦让、礼让。《孟子·公孙丑上》：“无恻隐之心，非人也；无羞恶之心，非人也；无辞让之心，非人也；无是非之心，非人也。恻隐之心，仁之端也；羞恶之心，义之端也；辞让之心，礼之端也；是非之心，智之端也。”

现代青少年的道德集中体现在价值观方面。我国现阶段倡导“富强、民主、文明、和谐”，倡导“自由、平等、公正、法治”，倡导“爱国、敬业、诚信、友善”的社会主义核心价值观，其中，“富强、民主、文明、和谐”是国家层面的价值目标；“自由、平等、公正、法治”是社会层面的价值取向；“爱国、敬业、诚信、友善”是公民个人层面的价值准则。换句话说，社会主义核心价值观涵盖了公德与私德两个方面。这二十四个字是衡量一个人行为是否为主流道德接纳、认可的标准，为“道德”、“价值”这种外延不确定的范畴确定了一个大致的方向。尽管对于“诚信”、“友善”仍会有不同的理解，但是在一定社会条件下人们对“诚信”、“友善”还是有一个大体客观的评判标准。

随着网络技术的普及，网上海量的以各种形态展示的信息吸引着数以亿计的青少年的目光。其中，有的是通过网络看新闻，了解世界大事；有的是通过网络查阅学习资料；也有的是在网上随意冲浪，消磨时光；还有的是被光怪陆离的网络世界所吸引，对虚拟世界中各种各样的生活方式、生活态度感到好奇；有的则沉迷于网游，并把自己设想成游戏中的角色，从中获得满足感，不一而足。在潜移默化中，青少年的观念不知不觉发生着变化，他们的日常行为也随之变化，离传统越来越远，担心不够“潮”而被同伴耻笑，把“新”、“奇”、“异”作为自己追求的目标。其中，一部分人开始对真理、对传统道德准则，乃至对当代社会主义核心价值观产生动摇甚至怀疑，导致“相对主义”与“怀疑主义”在一部分青少年中盛行。相对主义（relativism），是一种认为观点没有绝对的对与错，只有因立场不同、条件差异而相互对立的哲学学说。相对主义者认为，文化和个人都在道德问题上有不同意见，因此没有客观的道德规范。为了维护这个前提，相对主义者通常列举一些例子，证明跨文化和文化内部对包括性行为、堕胎、战争和死刑等在内的现象各有不同的道德评判。由于国际互联网本身是多种文化并存且以西方文化在量的方面占主导的虚拟交流平台，使得世界观、人生观、价值观尚未完全确立起来的青少年无所适从，甚至迷失自我。相对主义与怀疑主义是一对孪生姐妹。怀疑主义者没有提出见解，只有对见解作出的意见。怀疑主义者认为，知识是有限的；怀疑与不断考验，是达致认知的方法；道德价值观存在主观性与相对性；知识存在缓进性；对人类行为的正面动机、正面结果缺乏信心。

青少年的道德推脱可以使道德自我调节功能失效。在低道德认同情况下，个体不太看重道德品质在自我概念中的重要性，对自身的道德标准也缺乏认同度。低道德认同者较少对当前道德自我形象与理想道德自我形象进行比较，也难以感知到自己的网络偏差等不道德行为对理想道德自我形象的威胁，这就使得个体的道德推脱更易于发挥作用。因而，在低道德认同情况下，道德推脱对网络偏差行为的正向影响可能会变得更强。①

道德观淡化不仅导致网络行为失信，即网络欺骗行为盛行，辱骂、人肉搜索等网络暴力充斥蔓延，导致传统道德所倡导的“仁”、“义”、“恕”、“让”被抛到九霄云外，道德推脱成为一种在青少年中普遍存在的现实，从而引发或进一步助推了偏差行为。学者的研究表明，道德推脱会对青少年的网络偏差行为产生显著的正向影响，即青少年的道德推脱水平越高，其网络偏差行为也会越多。网络环境下现实社会缺场、社会线索减少、人与人之间缺少面对面接触，会导致网络环境中道德线索缺失，进而使得青少年在网络环境中的道德意识减弱、道德标准降低。随着道德意识减弱和道德标准降低，青少年内部的道德机制更易于失去自我调节作用，进而产生道德推脱，表现出更多的网络偏差行为。说明网络环境会在一定程度上过滤掉道德线索。②

网络不良信息助长了利己主义，唯我独尊的心态。网络也在一定程度上迎合了青少年渴望表现自我的欲望，有炫艺的，有炫酷的，还有炫富的。后者容易引发攀比效应、模仿效应，使青少年在不知不觉中开始向往物质上的满足，从而助长青少年的虚荣心和物质崇拜。从他/她们身上已经难觅“朴素”的踪迹。

（三）导致人格障碍与社会责任感缺失

网络文化是一把双刃剑，它一方面加速了青少年的社会化过程，在短时间内影响乃至促进了其人生观、价值观的形成；另一方面网络严重削弱、阻碍了青少年对现实社会活动的参与。他们沉迷于虚拟世界中，在其中寻找安慰和精

---

①　杨继平、王兴超、高玲：《道德推脱对大学生网络偏差行为的影响：道德认同的调节作用》，载《心理发展与教育》2015 年第 3 期。

②　杨继平、王兴超、高玲：《道德推脱对大学生网络偏差行为的影响：道德认同的调节作用》，载《心理发展与教育》2015 年第 3 期。

神寄托，最终形成一种无法摆脱的依赖，与真实世界逐渐疏远。

网络环境的自身特点和良莠不齐的内容使得青少年产生一种错觉，认为网络世界里的自由才是无拘束、无限制的“真正”自由，可以任马由缰，随性而为。他们长时间浸泡在虚拟环境，沉溺于虚拟角色之中，在现实中受挫时往往转向虚拟社会寻求安慰，逃避现实。当回到现实世界时，他们往往以虚拟世界的思维方式处理现实世界中的问题，以至于出现角色混乱，乃至人格异化。过度沉溺于上网会诱发各种人格障碍，或者导致双重人格。许多青少年上网时同时扮演着不同的角色，这些角色有的十分相像，有的却相差悬殊，性别改变现象也十分普遍。过于频繁地改变性别身份容易引起心理危机，导致双重人格障碍。

网络具有情绪发酵与放大效应。悲观的情绪很容易传递给其他人，相互感染并使得负面情绪被反复强化。以下是发生在浙江丽水的一起网络相约自杀案：

在上海读书的20岁的小范在6月8日开始有自杀的念头，并在多个QQ群发出自杀邀请。22岁的小张在一个死亡QQ群上发出自杀邀请，并留下手机号码。6月22日，小范看到这条信息，与小张联系，邀请小张到上海自杀。当遭到小张“路途太远，花费太大”的拒绝后，小范坐火车到小张所在的城市丽水，在他到丽水的途中，曾多次与小张短信联系。小张话并不多，只是说“我在车站等你”。小范到丽水后，两人一起登记入住，又一起到超市等多处购买自杀用的材料。6月23日，小范的QQ昵称由原来的“亢龙有悔”改成了“向往冥界”，更是表现出他自杀愿望非常强烈。6月24日两人在丽水一家酒店烧炭自杀。在烧炭自杀的过程中，小张觉得太痛苦，提前在下午5点左右离开房间。离开前，他用水将两个脸盆中的木炭浇灭，将小范拖出卫生间。之后，小范多次打电话、发短信要求小张回房间与他一起继续自杀。直到晚上八九点，双方保持有短信和电话联系。但小张在离开酒店后的2个小时，既不理睬、劝阻小范自杀，也未采取有效措施防止小范自杀。小范发的最后一条短信为：“你听着，8点前不带炭和酒精回来，我就报警了，我钱也没有，耳朵也耳鸣了，球（求）生不得求死不能，你看着办!”当晚10点52分，小张打小范电话没人接，打电话给宾馆总台。宾馆人员到房间后，发现房门是反锁的，卫生间的缝隙也是用胶带粘起来的，说明小张离开后，小范又进行了第二次粘贴，及第二次自杀行为。

在本案中，小范虽有自杀念头，但尚未达到无可挽回的地步。否则，他没有必要在互联网上通过QQ群把自己准备自杀的决定“昭告”天下。凑巧的是，小张也把打算自杀的想法张贴到网上，并留下电话号码。更凑巧的是小范偏偏又看到了小张的自杀公告，由此引发了后续的悲剧。我们无法推测，假如小范没有看见小张的自杀公告，小范还会不会独自实施自杀行为？但可以肯定的是，小张的出现令小范觉得世界上还有跟他想法一样的人，自杀并不足为怪，原本一个人可能不敢做的事，两个人就敢做了。这原本也是一种近乎“我不是一个人在战斗”的心理暗示。这就等于有人将原本站在十字路口的小范朝着死亡之路的方向狠拽了一把。自杀本不应受到鼓励，邀请他人一起自杀隐含着教唆、帮助他人结束生命的意思，是任性的、缺乏社会责任心的，不仅受到道德的非议，而且是违法的。可以想见，当时在QQ群中看到小范张贴自杀公告的人数应当不在少数。可为什么无人劝阻？为何无人报警？网友这等冷漠，令人唏嘘。

相比之下，网络围观自杀，并借此取乐，更是要不得：

> 2014年11月30日上午，曾某连发多条微博，并配发安眠药、炭火盆图片，直播他的自杀经过。网友纷纷围观。上午7点48分，曾某开始直播自杀：“下辈子再见吧大家，我真的要死了”；“眼睛睁不开了，自救也没法了，真的要永别了”……中午12点34分，该男子发出最后一条微博：“到了最后一刻你却拉黑了我！”截至下午6点，微博被网友评论2万余条。当警方在泸州一幢民房内发现曾某时，他已陷入昏迷，最终因抢救无效死亡。

网络直播自杀作为一种求助信号，为发现、抢救自杀者提供了可能。一心求死的人，已经对这个世界无话可说，既不希望有人看到，也不想看到别人。一个人直播自杀，说明他即使求死的程度很强烈，仍然想和这个世界打交道，仍有生的留恋。直播自杀的人，下意识中还是期盼为自己谋求一个活下去的理由。一个决意结束自己生命的人，一般不会去刻意暴露自己的决定，而网络直播自杀或公开自己自杀行为的人，往往是内心充满了矛盾，有巨大的压力、苦闷、烦恼，同时又希望得到他人的关注和帮助。直播自杀，其实是在向外界求救。① 曾某选择的是吃药、点炭等相对缓慢的自杀方式，在一些网友的劝阻下，他曾经有过“我睡觉去了”、“还不想死”等念头。但遗憾的是，有的网友认为他是“作秀”，对其进行嘲讽，唯恐天下不乱，甚至使用“到底死了没有”、“你必须死”、“赶紧死”等不怀好意的言语进行挑唆、刺激。这些网友在发现曾某采用网络直播自杀时，没有任何恻隐之心，面对危险困境的自杀者冷嘲热讽、围观起哄、幸灾乐祸，他们在某种程度上扮演了不光彩的“催命

---

① 徐东：《网络直播自杀　围观网友如何干预》，载《北京日报》2014年12月12日。

鬼”角色，促成了悲剧的发生。

本来，准备自杀的男子已经处于逆境之中，可一些网友竟然对其进行嘲讽、挖苦甚至点赞其自杀的行为，在某种程度上，他们成为间接的凶手。网友围观网络直播自杀，这是一种杀人不见血的冷暴力。人只有在现实生活中走投无路的情况下才会选择以自杀这种极端的方式寻求解脱。[①] 俗话说，留得青山在不怕没柴烧，可少数网友在别人身处逆境时不但不施以援手，反而火上浇油，对其冷嘲热讽，这是对生命的漠视，是对他人、对社会的一种极端不负责任的行为。

(四) 网络色情信息泛滥导致未成年人对“性”的认识出现偏差

由于生理和心理的发育限制，未成年人对性认识还不成熟，网络色情信息这种“黄毒”会让他们沉溺其中无法自拔，影响学业和正常的人际交往；网络色情信息还会应影响未成年人对性的正确认识，产生性意识偏差，影响以后的性取向。[②]

在对未成年犯的实地问卷调研中，针对其在案发前接触网络色情信息的分析发现，浏览过相关内容的人群数量不容忽视。

表 2-3　未成年犯网络浏览内容统计

在网络上浏览的内容		性别		总计
		男	女	
接吻	计数	658	40	698
	比例	69.9%	65.6%	
裸体	计数	702	22	724
	比例	74.6%	36.1%	
性暗示	计数	570	15	585
	比例	60.6%	24.6%	
淫秽视频	计数	202	15	217
	比例	21.5%	24.6%	
总计	计数	941	61	1002

注：百分比和总计以响应者为基础。

① http：//o. xiancity. cn/readnews. php？id = 190500. www. xiancity. cn，最后访问时间：2014 年 12 月 9 日。

② 孙沙沙：《保护儿童发展权视域下的网络色情立法监管》，载《郧阳师范高等专科学校学报》2011 年第 1 期。

在被调查对象（未成年人）中，有69.9%的男性和65.6%的女性回答在网络上看过“接吻”；有高达74.6%的男性和36.1%的女性回答在网络上看过“裸体”；有60.6%的男性和24.6%的女性回答在网络上看到过“性暗示”；有21.5%的男性和24.6%的女性表示在网络上看过“淫秽视频”。

表2-4　未成年犯浏览网络不良信息的时间节点

接触网络色情信息的时段		性别		总计
		男	女	
小学阶段	计数	493	17	510
	比例	52.8%	31.5%	
初中阶段	计数	468	37	505
	比例	50.1%	68.5%	
高中阶段	计数	42	0	42
	比例	4.5%	0%	
总计	计数	934	54	988

注：百分比和总计以响应者为基础。

从表2-4可以看出，有52.8%的男性未成年犯和31.5%的女性未成年犯表示从网络上最初接触这些（色情）信息的时间是在“小学阶段”；有50.1%的男性和68.5%的女性表示从网络上最初接触这些（色情）信息的时间是在“初中阶段”。而表示从网络上最初接触这些（色情）信息的时间是在“高中阶段”的，男性和女性加在一起不足5%。由此可见，从幼童开始，人们就已经成为网络色情信息的受害者。

表2-5　未成年犯所接触网络不良信息的形式统计

你看到的这些信息的形式是		性别		总计
		男	女	
图片	计数	630	44	674
	比例	66.0%	77.2%	
歌曲	计数	258	8	266
	比例	27.0%	14.0%	
视频	计数	701	40	741
	比例	73.5%	70.2%	
小说	计数	303	12	315
	比例	31.8%	21.1%	

续表

你看到的这些信息的形式是		性别		总计
		男	女	
短信	计数	134	7	141
	比例	14.0%	12.3%	
游戏	计数	299	25	324
	比例	31.3%	43.9%	
其他	计数	22	2	24
	比例	2.3%	3.5%	
总计	计数	954	57	1011

从上表2-5可以看出，这些（色情）信息的呈现形式，以图片和视频最高。也可以理解为以图片和视频形式呈现的色情信息对青少年更具有吸引力。

网络色情信息通过互联网的快速传播已经遍布网络空间的各个角落。有专家将网络色情信息的表现形式概括为：色情小说、超级链接、淫秽色情图片、色情电影、网络色情交易平台、网络视频（含视频聊天）等。近年来，一种叫做“裸聊”的色情表演在网上蔓延，聊天者裸体展现在摄像头下，通过网络视频将图像传给对方。一些不法分子打着“视频聊天”的幌子，雇用女性从事色情表演获取暴利。①

网络色情不断颠覆传统的性道德与性伦理，把人性在现实生活中被压抑的荒诞、兽性的部分显现出来，瓦解传统的性道德，导致青少年性道德认识弱化、性道德选择混乱、性道德情感淡漠，表现在：其一，追求性快感，忽视爱情体验。真正的“性爱”是“灵与肉”的完美结合。然而，网络色情这种渲染混乱的性爱模式忽视心灵情感的满足，沉迷于网络色情的青少年在网络中通过不断寻求性刺激获得快感和满足，这种对性快感的过度追求使他们忽视情感健康，逐渐沦为毫无情感的做爱机器，导致性情感的彻底迷失。其二，性责任观念淡化。网络色情的传播可以产生“去责任化”的效应。网络色情忽视性爱责任，强调肉欲至上，质疑天长地久和忠贞不渝的爱情观。性信息泛滥的后果，使识别能力较弱的青少年无力鉴别真伪，导致在“性与爱”、“性欲与社

① 张曙光：《论网络色情文化对青少年性道德的冲击》，载《经济研究导刊》2009年第23期。

会规范”等价值取向上出现迷惘。[①]

（五）网络暴力与网络欺骗泛滥

网络暴力通常有两种不同的含义：其一，指网络作品（如网络小说、网络电影、网络视频等）所包含的展示暴力的描述或场景；其二，指借助互联网实施的针对他人的、野蛮且不讲道理的人身攻击行为。也有学者认为，网络暴力是指个体对他人或者社会团体有害的暴力网络活动。网络暴力不会在受害者身体方面有直接的表现，但是受害者却可以感受到这种活动的暴力性，并导致长期的心理上的创伤。

与此相近似的还有网络欺凌行为。一般认为，网络欺凌行为包括利用信息交流技术，通过互联网平台张贴有损于他人的信息等方式实施蓄意的、重复的和敌意的行为。

如果说网络虐狗、虐猫属于网络暴力[②]，绝大多数人会赞同。倘若说人肉搜索也属于网络暴力，或许很多人会表示不理解。

> 2007 年某晚，姜某从北京的家中跳楼身亡。她在自己的博客“北飞的候鸟”中以日记形式记载了自杀前两个月的心路历程，将丈夫与她认为同其夫具有不正当两性关系的一名案外女性的合影照片贴在博客中。姜某自杀前将自己博客的密码告诉一名网友，并委托该网友在 12 小时后打开博客。姜某跳楼自杀后，网友将其博客的密码告知姜某的姐姐。此后，大旗网刊登了《从 24 楼跳下自杀的 MM 最后的日记》专题，将丈夫王某的姓名、照片、住址、工作单位等身份信息予以披露。姜某的同学张某在其注册的博客“北飞的候鸟”上刊登了《哀莫大于心死》等文章；天涯社区出现了《大家好，我是姜某的姐姐》一帖。有大量网友留言，对王某的行为表示不耻和痛骂。一些网民发起了对王某的“人肉搜索”，随之公布了王某的身份，还有王某的单位、王某父母的地址和电话。一时间，群情激愤。有网民给王某单位领导打电话，严重影响了王某的工作，导致他不得不从单位离职；有网民到王某父母住所门口墙壁上刷写“逼死贤

---

① 张曙光：《论网络色情文化对青少年性道德的冲击》，载《经济研究导刊》2009 年第 23 期。

② 网络上曾经流传着两段视频，其中一段是活剥小猫——几名青少年男女将一只猫咪悬吊树上，一女子手握刀具，竟以活剥猫皮为乐，可怜的猫咪发出阵阵撕心裂肺的凄厉叫声。另一段是虐狗——视频中，一名据称是初中生的男子放了一条比特犬在撕咬另外一条小土狗，由于体形差距太大，再加上比特犬生性凶猛，小土狗根本没有反抗的能力，只能发出凄惨的嚎叫声，随后便一动不动地躺在地上。

妻”、“血债血偿”等标语，并设置灵堂祭奠死者。这些也严重影响了王某父母与邻里的正常生活。

对于何谓人肉搜索，目前尚无权威界定。一般认为，人肉搜索是以互联网为媒介，部分基于用人工方式对搜索引擎所提供信息逐个辨别真伪，部分又基于通过匿名知情人提供数据的方式搜集信息，以查找人物或者事件真相的群众活动。通常，每次人肉搜索活动由一起公众关注事件引发。该事件可以是犯罪行为（如撞人后逃逸），或者为主流道德观所憎恶的行为（如丈夫婚外恋导致妻子自杀），或者是其他事件的当事人。事件发生后，对此事件或人物好奇或感兴趣的网友在网络上贴出公告，号召其他网民帮助提供目标对象的身份和相关信息。响应者借助人际关系等手段获得目标对象的个人信息后发布到网上。其他网友帮助核实，或者以此为基础进一步寻找目标对象更多的资料信息，接力棒在网友之间传递，最终加以汇总并发布。

人肉搜索是不是违法？不可一概而论。假如搜寻的是公民有权知晓并获得的公共信息，或者虽然是个人信息，但是为了维护更重要的价值，如生命（为了挽救拟将自杀者的生命而对其住址、联系方式、家庭成员等进行的搜索）、公共安全（对嫌犯身份的搜索）等，可以对隐私给予一定限制。而本案中，姜某已经逝去，网友出于道德义愤对“负心汉”王某进行人肉搜索，并相继公布了王某的电话、工作单位等个人信息，并顺带公布了“第三者”的照片，以及原本与此事无关的王某父母的住址、电话等信息，这些冲动之下的非理性做法已经突破了法律的边界。①

网络暴力主要是指行为人针对未经证实或已经证实的网络事件，在网上发表具有攻击性、煽动性和侮辱性的言论，或者在网上公开当事人现实生活中的个人隐私，对当事人及其亲友的正常生活进行行动和言论侵扰，致使其人身权利受到损害的行为。青少年是网络暴力的直接受害者，同时也是网络暴力的参与者。青少年好奇心强，容易接受新鲜事物，人际交往愿望强烈，是网络社区最主要的用户。而网络的虚拟性、开放性和互动性具有去个性化的心理暗示功能，促使青少年出于群体保护和从众心理而参与网络暴力。青少年参与的网络暴力主要表现为“传播嘲笑他人的故事、漫画、图片和笑话等”、“在网络游

---

① 王某认为，被告网站披露了其“婚外情”等个人隐私，并含有侮辱和诽谤的内容，侵犯了其隐私权和名誉权，遂将涉案的三家网站的开办者诉至法院。一审法院判决张某和北京某互动信息技术有限公司构成对王某隐私权和名誉权的侵犯，判令上述两被告删除相关文章及照片，在网站首页刊登道歉函，并分别赔偿王某精神损害抚慰金 5000 元和 3000 元及公证费。另一家网站因在合理期限内及时删除了相关内容，被判免责。本案上诉后，二审法院判决驳回上诉，维持原判。

戏中使用暴力语言”、“传播未经证实的消息或言论”、“传播不雅图片或视频”、“参与人肉搜索”、“传播攻击性或侮辱性的言论或图片”、“传播煽动性言论或图片”、“未经他人允许以他人的名义发布消息”、“未经他人许可，获得他人的社交网站或聊天工具密码，散布其个人隐私”等。网络暴力不利于青少年形成正确的自我意识、培养正确的社会态度，也不利于青少年发展健康的文化心理。对于遭遇到的网络暴力，青少年普遍出现负面情绪。青少年在遭遇网络暴力时，往往产生愤怒、焦虑的情绪。①

在网络传媒商业化、信息化和国际化背景下，传媒中普遍存在价值多元化、现实界限模糊、道德缺位等问题，对青少年成长及其社会化产生了重大影响。网络等大众传媒是诱发青少年攻击、暴力等问题行为的重要原因。传媒内容会对青少年的暴力行为产生影响，暴力视频游戏或电视与青少年攻击行为存在正相关关系。这是因为，来自虚拟世界的暴力经验会导致青少年社会信息加工的偏差，使他们更容易习得攻击态度和形成敌意性归因偏见，也更容易实施攻击行为。② 其中，媒体的“不良内容”与攻击行为相关性最高，表明媒体中的暴力、恐怖、色情等不良内容对攻击行为的影响最为明显。③ 青少年对媒体的依赖度非常高，他们“对社会的基本认识，对游戏规则的把握，甚至人生观、价值观的形成，90%以上的影响来自传播媒介”④。因此，来自媒体的负面影响，如接触媒介暴力很容易使青少年在潜意识中形成一种“暴力正当化、合法化、美学化”的不恰当观念，进而产生“对抗社会”、“反社会”的心理冲动和攻击行为。⑤ 由此可见，网络媒介不良接触是当前影响青少年攻击行为的一个重要的风险因素。

除了网络暴力，欺骗是网上偏差行为的另一种重要表现形式。网络用户把自己隐藏在面具背后（如改变自己的性别），蓄意给他人造成错误的印象。还有一些欺骗行为是高技巧性的对自己网上身份的操作，这和现实生活中自我表露的不断调整有直接关系。欺骗不仅体现在网恋中，或者个人对个人的网上接触；同时，网上欺骗也发生在论坛、聊天室中。互联网是一个可以尝试不同身

---

① 操学诚、牛凯、赵曙光、王玫玫：《青少年网络暴力现象与预防研究》，载《预防青少年犯罪研究》2012 年第 9 期。

② 刘裕、张媛、唐薇：《媒介不良接触对青少年攻击行为的影响及其作用机制》，载《中国特殊教育》2014 年第 10 期。

③ 刘裕、张媛、唐薇：《媒介不良接触对青少年攻击行为的影响及其作用机制》，载《中国特殊教育》2014 年第 10 期。

④ 喻国明：《传媒的负面影响与青少年教育》，载《中国青年研究》2005 年第 2 期。

⑤ 袁智忠、易连云：《影像暴力对青少年的道德影响》，载《高等教育研究》2009 年第 1 期。

份和个性的地方，改变性别的现象在网络世界里经常发生。女性在网上把自己说成男性，去体验更多的权力感；男性把自己装扮成女性，有时是为了想得到更多的关注。[①] 这些情况严重的还可能引发犯罪（具体参见下文）。

（六）对学习丧失兴趣，出现厌学、逃学等现象

研究表明，网络成瘾与学习成绩是负相关的。中国青少年网络协会发布的《中国青少年网瘾报告（2009）》称，目前我国城市网瘾青少年约占青少年网民的 14.1%，约为 2404.2 万人。该报告称，18—23 岁的青少年网民中网瘾比例（15.6%）最高，其次为 24—29 岁的网瘾比例（14.6%）以及 13—17 岁的网瘾比例（14.3%）。与 2005 年相比，13—17 岁的网瘾青少年比例有所下降，18—23 岁的网瘾青少年比例有所上升。自我评价学习成绩越不好的在校学生中，网瘾青少年的比例越高。在认为自己“成绩较差”的学生中，网瘾青少年的比例达到 28.7%；在认为自己“成绩一般”的学生中，网瘾青少年的比例为 14.5%。而在自我评价“成绩很好”和“成绩较好”的学生中，网瘾青少年的比例均在 11%左右。近一半网瘾青少年（47.9%）把“玩网络游戏”作为其上网的主要目的并且花费的时间最长，属于“网络游戏成瘾”。

“ACE 模型”中的 A、C、E 是指 Anonymity（匿名性）、Convenience（便利性）和 Escape（逃避现实）。Young 认为，这是网络导致用户成瘾的 3 个特点。匿名性是指人们在网络里可以隐藏自己的真实身份，因此用户在网络里便可以做任何自己想做的事、说自己想说的话，不用担心谁会对自己造成伤害。便利性是指网络使用户足不出户，点击鼠标就可以做想做的事情，如网上色情、网络游戏、网上购物、网上交友的服务都很便宜。逃避现实是指当碰到倒霉的一天，用户可能通过上网找到安慰。因为在网上，他们可以做任何事，可以扮演任何人，这种自由而无限制的心理感受引诱个体逃避现实生活而进入网络的世界。[②]

---

① 雷雳、李冬梅：《青少年网上偏差行为的研究》，载《中国信息技术教育》2008 年第 10 期。

② 雷雳、李冬梅：《青少年网上偏差行为的研究》，载《中国信息技术教育》2008 年第 10 期。

表 2-6 未成年犯案发前上网时长的统计结果

你大概平均每天上网多长时间		性别		合计
		男	女	
半小时以下	计数	45	4	49
	比例	4.7%	6.3%	4.8%
半小时至 1 小时	计数	132	8	140
	比例	13.9%	12.7%	13.8%
1—3 小时	计数	265	22	287
	比例	27.8%	34.9%	28.3%
3—5 小时	计数	169	7	176
	比例	17.8%	11.1%	17.3%
5 小时以上	计数	341	22	363
	比例	35.8%	34.9%	35.8%
合计	计数	952	63	1015
	比例	100.0%	100.0%	100.0%

从表 2-6 中可以看出，接受本课题调查的未成年犯在案发前平均每天上网时间"5 小时以上"占比最高——男性占 35.8%，女性占 34.9%。上网时长在"3—5 小时"的，占总数的 17.3%，其中男性占 17.8%，女性占 11.1%；上网时长在"1—3 小时"的，占总数的 28.3%，其中男性占 27.8%，女性占 34.9%；上网时长在"半小时至 1 小时"的，占总数的 13.8%，其中男性占 13.9%，女性占 12.7%；上网时长在"半小时以下"的，仅占总数的 4.8%，其中，男性占 4.7%，女性占 6.3%。

以上数据表明，有超过三分之一的人每天上网时间超过 5 小时；有超过半数的未成年人每天上网时间高于 3 小时。而其中大部分时间是用于网游等娱乐活动，挤占了大量宝贵的学习时间，分散了学习精力，甚至有人上课时都想着网络游戏中的情节。由于青少年尤其是未成年人普遍爱好玩乐的天性，而相比来说学习却需要付出更多的辛劳，兴趣的天平很自然就会发生倾斜。

表 2-7　未成年犯对网络不良信息危害的认知情况

你认为网络不良信息对未成年人的危害有哪些		性别		总计
		男	女	
影响道德品质	计数	495	36	531
	比例	51.6%	55.4%	
对学习失去兴趣	计数	660	55	715
	比例	68.8%	84.6%	
上网花费大，引发违法犯罪	计数	588	41	629
	比例	61.3%	63.1%	
缺少社会责任感	计数	291	30	321
	比例	30.3%	46.2%	
影响性格，变得孤僻、冷漠	计数	354	34	388
	比例	36.9%	52.3%	
导致眼睛近视	计数	496	38	534
	比例	51.7%	58.5%	
沉迷网络，影响与家人沟通交流	计数	555	52	607
	比例	57.8%	80.0%	
其他	计数	28	1	29
	比例	2.9%	1.5%	
总计	计数	960	65	1025

注：百分比和总计以响应者为基础。(响应者即为实际回收的有效问卷数)

从表 2-7 可以看出，当问及“你认为网络不良信息对未成年人的危害有哪些?”时，高达 68.8%的男性未成年犯和 84.6%的女性未成年犯认为网络不良信息导致“对学习失去兴趣”。这一论断同样通过对教师的问卷调查而得到印证——认为网络不良信息导致“对学习失去兴趣”的教师的个案百分比高达 83.7%（见表 2-8)。

表 2-8 网络不良信息对未成年人的危害认知（教师视角）

网络不良信息对未成年人的危害认知	响应		个案百分比
	N	百分比	
影响道德品质	299	16.2%	84.0%
对学习失去兴趣	298	16.1%	83.7%
上网花费大，引发违法犯罪	200	10.8%	56.2%
缺少社会责任感	214	11.6%	60.1%
影响性格，变得孤僻、冷漠	251	13.6%	70.5%
导致眼睛近视	260	14.1%	73.0%
沉迷网络，影响与家人沟通交流	310	16.8%	87.1%
其他	14	0.8%	3.9%
总计	1846	100.0%	518.5%

（七）诱发未成年人的违法犯罪行为

表 2-9 是本课题组对未成年犯进行实地问卷调查的统计，从表 2-9 中数据可知，当问及“你此次犯罪是否是受网络不良信息的影响？”时，有 42.4%的男性未成年犯和 20.3%的女性未成年犯作了肯定的回答。

表 2-9 犯罪与受网络不良信息的关系认知

此次犯罪是否是受网络不良信息的影响		性别		合计
		男	女	
否	计数	550	51	601
	比例	57.6%	79.7%	59.0%
是	计数	405	13	418
	比例	42.4%	20.3%	41.0%
合计	计数	955	64	1019
	比例	100.0%	100.0%	100.0%

有的青少年为了筹集上网费用，不惜铤而走险，将罪恶之手伸向无辜之人乃至始终疼爱他的亲人。

尚未成年的小新沉浸在网络里，学习成绩陡然下降，初中还没有毕业便辍学。因担心儿子整天沉迷于网吧，小新的妈妈让他照看家里的台球桌。小新把看台球桌挣的钱拿去上网。后来家里不再让其看台球桌，也不再提供上网的钱，小新就想到了偷。小新偷了爸爸2000多元在网吧待了一个星期。爸爸的一顿打骂对小新来说已经起不到任何作用。仅仅几天后，上网的欲望又像虫子一样噬咬着他的心。此时，爸爸月初给奶奶生活费时说的一番话浮现出来。“爸爸说爷爷那儿有4000多块钱，当时他听了也没太注意，后来就想去偷爷爷的钱。中午我就去爷爷家，晚上，看爷爷奶奶都已经睡了，就去翻，可一想怕把奶奶吵醒了，就想用菜刀把奶奶砍伤了再翻……”睡梦中的奶奶倒在了血泊中，响声惊动了爷爷。不顾一切的小新又将菜刀砍向了他。爷爷受伤后逃出家门。①

本课题组在对华东相关省、市的调研中发现，涉毒犯罪呈上升趋势。这其中，女性尤其是青少年女性占比较大。

表2-10 未成年犯所犯罪名的统计分析

你此次犯罪的罪名		性别		总计
		男	女	
故意杀人	计数	63	9	72
	比例	6.6%	14.1%	
故意伤害	计数	158	10	168
	比例	16.6%	15.6%	
强奸	计数	170	7	177
	比例	17.9%	10.9%	
抢劫	计数	503	11	514
	比例	52.8%	17.2%	
贩毒	计数	28	7	35
	比例	2.9%	10.9%	
寻衅滋事	计数	47	1	48
	比例	4.9%	1.6%	
抢夺	计数	27	2	29
	比例	2.8%	3.1%	
盗窃	计数	97	4	101
	比例	10.2%	6.3%	

① 杨艳红：《挣脱“网”的束缚》，http://news.anhuinews.com/system/2010/09/28/003364422.shtml。

续表

你此次犯罪的罪名		性别		总计
		男	女	
猥亵妇女	计数	12	1	13
	比例	1.3%	1.6%	
诈骗	计数	8	0	8
	比例	0.8%	0%	
敲诈勒索	计数	10	0	10
	比例	1.1%	0%	
赌博	计数	4	0	4
	比例	0.4%	0%	
聚众斗殴	计数	16	0	16
	比例	1.7%	0%	
其他	计数	33	14	47
	比例	3.5%	21.9%	
总计	计数	952	64	1016

注：百分比和总计以响应者为基础。

在所犯罪名中，有2.9%的男性未成年犯和10.9%的女性未成年犯回答是“贩毒”。也就是说，在贩卖（运）毒品犯罪中，涉罪女性是男性的三倍多，远远高于其他类型犯罪中的男女比例。

北京市朝阳区人民法院的统计分析也印证了这一点。根据北京市朝阳区人民法院少年法庭的调查统计和分析，发现QQ、手机陌陌、微信、酒吧等已成为未成年人接触毒品的主要途径，特别是网络社交毒品购销渠道以及快递运输渠道的畅通，使得未成年人正在由贩毒案件中的“马仔”逐渐升级为“主角”。国家禁毒委发布的《中国禁毒报告》披露①，2009年全国登记吸毒人员共133.5万人，2010年为154.5万人。2011年全国登记吸毒人数增长近25万，达179.4万人。2012年一年猛增30多万，登记吸毒者总数达到209.8万人。2013年全国登记吸毒人员达247.5万人，一年内又陡增近40万！仅5年时间，我国登记吸毒人数翻了近一番。按照世界公认的一个显性吸毒者背后有4—7个隐性吸毒人员的规律计算，目前我国吸毒总人口在800万以上。吸毒

① 此处数据系根据2009至2013年共五年间的《中国禁毒报告》整理而成。参见向楠、冯杰：《青少年正成为合成毒品泛滥的最大受害者》，载《中国青年报》2014年8月28日第7版。

人口猛增的同时，吸毒人群结构也在发生变化，青少年涉毒者比例明显上升。国家禁毒委公开的数据显示，2009 年，我国登记吸毒人群中，35 岁以下青少年占 58.1%。然而到了 2014 年 4 月，这一比例猛增至 75%。在北上广等大城市，青少年吸毒者在吸毒人群中的比例更高。以北京为例，北京市禁毒委发布的数据显示，截至 2014 年 5 月底，北京市登记在册的 2.6 万余名吸毒人员中，35 岁以下青少年达到 2.2 万余人，比例已高达 88%！所有登记在册的吸毒人员中，滥用阿片类传统毒品（从植物中提取的毒品种类）的人群数量保持稳定，但合成毒品（完全用有机合成的方法制造的毒品）滥用人群的数量却大幅度增加。新发现的吸毒人员中，以摄入合成毒品的人员居多。据北京市朝阳区人民法院少年法庭在统计分析了 2007 年以来审结的 24 起未成年人涉毒案件后发现，25 名被告人中，16 人成长于单亲家庭或重组家庭。在所有被告人中，9 人系女性，所占比重为 36%，明显高于一般刑事案件女性被告人约占 10%的比重。近年来，未成年人涉毒犯罪案件在涉案毒品种类、犯罪诱因、毒品来源等方面呈现新特点。①

截至 2014 年 12 月，我国登记吸毒人员 295.5 万人，实际预估人数超过 1400 万名。在发现滥用新型合成毒品的 145.9 万人中，35 岁以下的青少年占比高达 75%。青少年大都缺乏对毒品危害性的认识，他们涉毒的主要原因或是在好奇心驱使下而寻找刺激，或为“寻找安慰”、“排遣烦恼”而被吸毒分子欺骗引诱，或受周围环境的影响和社会不良现象的“熏陶”。② 实际上，许多吸毒者接触过新型合成毒品后，便很难戒除。新型合成毒品直接作用于人的中枢神经系统，有兴奋、致幻作用，部分还具有中枢抑制作用。与罂粟、大麻、古柯等天然毒品原植物中提炼出来的传统毒品相比，毒性更强、更容易让

---

① 向楠、冯杰：《青少年正成为合成毒品泛滥的最大受害者》，载《中国青年报》2014 年 8 月 28 日第 7 版。

② 2008 年 6 月，我国《禁毒法》开始实施。2011 年，国务院又颁布了《禁毒条例》，作为《禁毒法》的配套法规。2014 年中共中央、国务院又联合印发了《关于加强禁毒工作的意见》，把禁毒工作纳入国家安全战略。2015 年 8 月 18 日中宣部、中央网信办、公安部、教育部、共青团中央、国家禁毒委等部门联合发布《全国青少年毒品预防教育规划（2016—2018）》，指出以 10 岁至 25 岁青少年为重点，力争通过三年努力，18 岁以下未成年人涉毒违法犯罪人数占涉毒违法犯罪总人数比例不高于 0.3%，人民群众对青少年毒品预防教育工作满意率达到 95%以上。落实毒品预防专题教育课时。小学五年级至高中二年级每学年至少安排 1 课时毒品预防教育专题课程。毒情严重地区学校，要在 2016 年秋季开学前将毒品预防教育纳入常规课程，每学年至少安排 2 课时的毒品预防教育专题课程。省级、地市级教育和禁毒部门要结合本地区毒品问题特点，在 2016 年秋季开学前，将毒品预防教育内容纳入地方课程教材中。

人成瘾。①

网络有时还成为青少年吸毒、贩毒人员的聚集、联络平台。2014 年 6 月，上海嘉定警方摧毁了一个特大网络视频吸毒团伙。吸毒人员通过网络展示自己的吸毒状态、交流吸毒心得，还通过网络联络进行毒品交易。随着网络传播的兴起和新型毒品的泛滥，青少年是最容易受网络吸毒侵害的高危人群之一，他们应如何预防网络吸毒？青少年有强烈的好奇心，但千万不要放任这种好奇的欲念。毒品使青少年面临生与死的抉择，一旦尝试而坠入黑暗的深渊，最终被毒品夺去年轻的生命。一日吸毒，永远想毒，终身戒毒。众多吸毒的青少年正是轻信了同学或朋友“毒品并不可怕，吸一两次不会上瘾”的话而坠入苦海的。如果你面对着毒品的诱惑，你的面前就是万丈深渊，千万不能多迈一步，只有一个选择，远离毒品，克制好奇。②

色情信息是某些网站吸引青少年的一块招牌。有些网站隐讳或露骨地提供一些色情信息，如买春、卖处、一夜情、换妻游戏，有的甚至非常露骨地宣称自己可以为顾客定制所谓的色情服务。在这些肉体交易中，绑架、抢劫、诈骗事件时有发生。网络为青少年提供了性追求及性体验的平台，有意外的邂逅，有放荡的聊天，有虚幻的爱，有刺激的性等，他们可以随心所欲地尝试各种层次、各种形式的性体验，不会受到良知、道德的谴责，长此以往可能导致青少年放荡不羁，过分追求性刺激，性行为失控甚至产生性犯罪。青少年对性抱有好奇感，具有较强的性冲动，在网络强大的声色刺激下，不成熟的人生观、价值观、道德观很容易被瓦解，网络色情信息让他们体验刺激的同时，产生了一种脱离现实的不满足感，为了获得现实生活中的性快感不惜铤而走险。③

小红在某中学读初一，平时爱用手机聊天工具和陌生人结交、聊天，遇到兴趣相投的也相约见面。2015 年 4 月的某一天，小红与张某和另外一名男网友约好见面，小红放学后没有和家里人联系，便和张某二人一起乘车到张某的家中聚会。当天晚上，男网友回家，贪玩的小红便借宿在张某家。夜里，张某通过用烟头烫伤小红手臂等手段，对小红进行威胁，最终实施了强奸行为。小红回家后，其母亲发现了她身上的伤痕，经过盘问，小红最终将被强奸的事情告诉家人，

① 陈亦帆、朱慧：《新型毒品吸食人群中青少年超七成》，http：//news. cnhubei. com/xw/sh/201506/t3292547. shtml。

② 《盘点吸毒自毁前途的明星，青少年应该怎样预防吸毒》，http：//www.sohu.com/a/123169311_578285，最后访问时间：2017 年 1 月 1 日。

③ 张曙光：《论网络色情文化对青少年性道德的冲击》，载《经济研究导刊》2009 年第 23 期。

家人随后报案，张某因涉嫌强奸罪被抓。①

对未成年犯的实地调研统计表明：对男性未成年犯造成不良影响的不良信息按程度排序依次为："恐怖暴力"信息、"淫秽色情"信息、"虚假信息"；对女性未成年犯造成不良影响的不良信息按程度排序依次为："价值观扭曲的信息"、"恐怖暴力"信息，而"淫秽色情"信息和"虚假信息"并列第三位。

表 2-11　未成年犯受互联网不良信息影响的内容

你认为受互联网哪些不良信息影响		性别		总计
		男	女	
淫秽色情	计数	234	4	238
	比例	57.6%	33.3%	
恐怖暴力	计数	266	6	272
	比例	65.5%	50.0%	
价值观扭曲的信息	计数	78	7	85
	比例	19.2%	58.3%	
反科学的信息	计数	31	0	31
	比例	7.6%	0%	
虚假信息	计数	101	4	105
	比例	24.9%	33.3%	
其他	计数	8	1	9
	比例	2.0%	8.3%	
总计	计数	406	12	418

由于网络的"匿名性"，网友之间往往并不知晓对方的真实身份。有的人正是利用网络的这一特点，虚构自己的身份。例如，在本课题组的调研中就直接接触到一名重度网瘾的女性犯人刘某，因诈骗罪被判有期徒刑。

刘某从小跟爷爷长大，小学五年级才被接到父母身边。父母对她的表现不满意，总是拿她跟别人比。她觉得自尊受到伤害，在家里感觉不到温暖，于是，就开始从网上寻找慰藉。她从小学六年级开始玩

① 裴晓兰：《初中女生借宿男网友家遭强奸》，http://news.southcn.com/community/content/2015-08/11/content_130421106_2.htm，最后访问时间：2015 年 8 月 11 日。

网游，深陷其中，甚至为此离家出走。为了把她拉回正常的学习轨道，初二时她被父母送到陕西的一所管理严格的中学继续上学，并在陕西上完高中。高中毕业后，她回原籍河南参加高考，被某师范学院计算机专业（大专）录取。大专毕业后，她被分配到当地某单位上班。上班后她继续玩网游，买装备，花费很大，微薄的工资常常入不敷出。由于她级别高，认识很多资深玩家。受害人也是深度网瘾玩家，他跟刘某在网上接触一段时间后就开始谈恋爱。刘某让男友把一百多万元打到自己的账号，先后用其中的钱款购买了大量装备。后来男友报案，经公安机关侦查，男友才得知他女朋友的真实姓名，才发现他与之交往三年的女朋友并不是网络聊天中的模样（贴的是网上搜来的别的女孩儿的照片）。刘某最终因诈骗罪被判有期徒刑14年。

二、网络不良信息危害未成年人健康成长的影响因素

(一) 网络自身难以克服的缺陷

毋庸讳言，网络在给我们的生活带来便利的同时，也给我们带来很多烦恼。互联网有其自身无法克服的缺陷。互联网引发的诸多问题，如对自由的滥用；社会责任感的弱化；现实社会参与性意向的减弱与人际沟通障碍；助推网络违法犯罪的蔓延；等等；其根源在于互联网本身。开放性和匿名性是互联网的生命。离开了开放性和匿名性，网络势必丧失其原有的活力。韩国实行网络实名制的失败就是前车之鉴。另外，网络服务提供者的逐利心使其不具备完全阻断网络不良信息的动因。

网络的开放性和匿名性造就了独特的网络文化。网络文化，从广义上说，是指网络时代所代表的新的文明成果与状态的总和；从狭义上说，是指与网络时代相关的人们的交往活动、价值观念与生活方式①。网络文化主要是陌生人之间的一种虚拟关系。现实生活中相互熟识的人之间即便利用网络（微信、QQ等）进行联络和交流，大多并不是看重了互联网的“匿名”属性提供的“伪装”效果，而更多的是出于经济（免费）和时效性、便利性的考虑。由于在虚拟的网络环境下彼此之间是陌生人，没有了身份暴露的顾虑，在网络聊天、论坛中，谎话、脏话随处可见，不少青少年就是在网络上学会了撒谎，并以此为乐。青少年在这种不规范的网络环境中完成社会化的过程，其危险是显而易见的。当他们在现实社会的人际交往中碰到冷遇或挫折时，往往不是积极

---

① 扈海鹂：《网络文化：人的社会性解释的新起点与新挑战》，载《文化研究》2002年第9期。

地调节和完善，而是选择放弃，转而沉溺于网络交往，转向虚拟社会寻求安慰和满足，面对现实社会的人际环境，常常选择逃避，并由此形成恶性循环①。

这种遇事就退隐于网络的恶性循环，久而久之就会形成无法摆脱的网络依赖，其中尤其是对网络游戏的依赖。表 2-12 是本课题组对未成年犯在案发前“上网经常做什么”的问卷调查统计。

表 2-12 未成年犯上网行为内容统计

你上网经常做什么	响应		个案百分比
	N	百分比	
聊天	890	26.2%	84.6%
玩网络游戏	732	21.6%	69.6%
查阅学习资料	70	2.1%	6.7%
浏览时事新闻	113	3.3%	10.7%
维护个人博客、主页	210	6.2%	20.0%
收发邮件	94	2.8%	8.9%
听音乐、看电视	761	22.4%	72.3%
网上购物	223	6.6%	21.2%
看小说等	276	8.1%	26.2%
其他	25	0.7%	2.4%
总计	3394	100.0%	322.6%

从表 2-12 可以看出，对于“你上网经常做什么?”的问题，回答“玩网络游戏”的个案百分比达 69.6%。

表 2-13 是针对同一个问题面向普通学生的问卷调查统计。当问及“你经常上网做什么?”时，只有 44.4%的调查对象回答“玩网络游戏”。

① 张华强：《不良网络文化影响下的青少年犯罪》，载《山东省团校学报》2008 年第 1 期。

表 2-13　普通学生上网行为内容统计

你上网经常做什么	响应		个案百分比
	N	百分比	
聊天	1936	19.7%	75.2%
玩网络游戏	1143	11.6%	44.4%
查阅学习资料	1480	15.0%	57.5%
浏览时事新闻	972	9.9%	37.8%
维护个人博客、主页	379	3.9%	14.7%
收发邮件	328	3.3%	12.7%
听音乐、看电视	2000	20.3%	77.7%
网上购物	636	6.5%	24.7%
看小说等	874	8.9%	34.0%
其他	92	0.9%	3.6%
总计	9840	100.0%	382.4%

在本课题组对未成年犯的问卷调查中，当问及网上暴力血腥场面等信息的表现形式时，有 45.1%的男性和 35.0%的女性回答来自网络游戏；有 68.7%的男性和 78.3%的女性回答来自网络视频（见表 2-14）。

表 2-14　未成年犯所接触的网络暴力信息的形式统计

你看到的这些信息的形式是		性别		总计
		男	女	
图片	计数	505	37	542
	比例	52.7%	61.7%	
游戏	计数	432	21	453
	比例	45.1%	35.0%	
视频	计数	658	47	705
	比例	68.7%	78.3%	
小说	计数	241	13	254
	比例	25.2%	21.7%	
影视	计数	461	29	490
	比例	48.1%	48.3%	
其他	计数	23	2	25
	比例	2.4%	3.3%	
总计	计数	958	60	1018

注：百分比和总计以响应者为基础。

对网络的过度依赖很容易演变成为网瘾。"网瘾"的概念，最初由美国心理学家格登博格（Goldberg）提出，随后，匹兹堡大学的金伯利·扬博士（Dr. Kimberly Young）发展完善了他的这一概念。"网络成瘾"（Internet Addiction，IA）、"网络成瘾症"或"病态网络使用"（Pathological Internet Use，PIU），指在无成瘾物质作用下的上网行为冲动失控，表现为由于过度使用互联网而导致个体明显的社会、心理功能损害。按照金伯利·扬的观点，上网成瘾者主要有以下特征：（1）耐受性增强，即上瘾者要不断增加上网的时间才能获得和以往一样的满足；（2）出现戒断症状，如果一段时间（从几小时到几天不等）不上网，就会变得焦躁不安，不可抑制地想上网，时刻担心自己错过什么；（3）上网频率总是比事先计划的要高，上网时间总是比事先计划的要长；（4）企图缩短上网时间的努力总是以失败而告终；（5）花费大量时间在与互联网有关的活动上，如安装新软件、整理和编辑下载大量的文件等；（6）上网使其社交、学习、工作等社会功能受到严重影响；（7）虽然能意识到上网带来的严重问题，仍然继续花大量时间上网。①

根据2005年中国青少年网络协会发布的青少年网瘾调查报告，我国网瘾青少年约占青少年网民总数的13.2%。② 其中，男性青少年网民上网成瘾的比例（17.07%）约比女性青少年网民（10.04%）高出7个百分点。另有约13%的青少年存在网瘾倾向。

我国青少年容易上网成瘾大体上是受到主客观因素的影响。他/她们身心发育尚不成熟是导致易上网成瘾的主观原因。具体表现在：（1）自控能力欠缺。他/她们正处于求知欲旺盛的时期，对于外界的各种新鲜事物都充满了好奇。互联网作为一个新兴事物更能吸引他们的目光，他/她们在好奇心的促使下，抱着试一试的心理接触网络。但他/她们正处于心理、行为上的变动期，价值观和行为方式尚未定型，与成年人相比，其自制性和自律性较弱，一旦上网便难以抵制网络的诱惑，往往可能被网上光怪陆离、层出不穷的新游戏、新世界吸引住而难以脱身。（2）认知能力有限。我国青少年从小接受的是正面教育，但是虚拟网络毕竟充斥着大量"垃圾信息"和"虚假资讯"。对于分辨能力有限的青少年来说，面对网上新奇、刺激的信息极易受其诱惑。（3）自我意识强烈。少年是一生中烦恼、困惑最多的时期，是人生中自我意识和叛逆心理最强烈的时期，他/她们急于摆脱家庭、学校的管制，丢开书本，追求独立个性和成人化倾向，确立自我价值。③ 网络恰好提供了这样一个可以让他/

① 中国青少年网络协会：《中国青少年网瘾调查报告》（2005）。

② 根据网络调查的结果，这一比例达到16.6%。

③ 中国青少年网络协会：《中国青少年网瘾数据报告》（2005）。

她们无拘无束展示自我的虚拟空间。互联网所具有的参与者“去身份化”以及自由平等的属性，为青少年创造了自由翱翔的天地。网民的观点越新、奇、特，可能得到的反响越大、回应越多。现实中难以实现甚至无法企及的东西和梦想，在网络上就有可能成为现实。互联网一方面是逃避现实的避难所，另一方面又是青少年获得成就感、满足感的平台和场所，由此形成心理依赖。

在互联网环境因素中，网络匿名性是导致青少年网上偏差行为的主要原因。有人从互联网媒介层面入手，认为网上偏差行为的出现应当从网络自身寻找原因。其中，“线索滤掉理论”（Cues-Filtered-out）最有代表性。线索滤掉理论主要包括社会缺场（social absence）、社会线索减少（reduced social cues）和去个性化（de-individual）。“社会缺场”是指在以互联网为媒介的交流过程中，由于交流双方看不到对方，因此导致很多线索的缺乏和流失。由于网络超空间的特征，网上交际是以身体缺场为前提的，这和传统面对面的人际交往是不同的。因为身体缺场，和面对面的人际互动相比，网络人际互动缺少了很多线索，这将导致个体在互动情景中对判断互动目标、语气和内容能力降低，就会出现更多的去抑制行为和极端行为。由于网络匿名性和不完善的规范，导致个体对自我和他人感知的变化，从而使得受约束行为的阈限降低，导致偏差行为的出现。①

（二）既有青少年普遍存在的心理不成熟，也有个体人格特性差异的原因

网络上到处充斥着暴力、色情淫秽信息。这些节目或游戏会带来感官上的刺激。重复的暴力渲染很容易使得青少年认为暴力是普遍存在的，是解决问题的有效途径。网络中有些内容过度宣扬的哥们儿义气，放大黑帮人物的豪气，恰好契合了青少年的英雄情结，很容易产生共鸣。这就很容易使青少年把剧中人物的价值观内化为自己的价值观，如此潜移默化，在生活中自觉或不自觉地加以模仿。他们的行为，又会引起后来者的模仿，引起恶性循环。研究表明，观看具有攻击行为影片的儿童②，在容忍度和遵守规则方面有减弱的迹象。暴力会对青少年的心理造成强烈刺激，虚拟世界中暴力节目的不断重复强化了他们对真实世界的错误认知，容易导致心理失衡、情绪失控。网络色情信息为青少年提供了性追求及性体验的平台。意外的邂逅，放荡的聊天——他们可以随心所欲地尝试各种层次、各种形式的性体验，却不会受到良知、道德的谴责。

---

① 雷雳、李冬梅：《青少年网上偏差行为的研究》，载《中国信息技术教育》2008年第10期。

② 《儿童权利公约》第1条规定，“为本公约之目的，儿童系指18岁以下的任何人，除非对其适用之法律规定成年年龄低于18岁。”

青少年对性抱有强烈的好奇、抑制不住的性冲动，在网络强大声色的反复刺激下，他们尚不成熟的人生观、价值观、道德观瞬间被瓦解。

青少年的身心特点决定了他们对这些感性的刺激缺乏理性的思考，容易对所传递的暴力模式或男女交往模式甚至同性交往模式产生认同感、亲近感甚至激发其无限向往。这些刺激的短期影响会涉及唤醒水平的增强。① 一旦攻击性唤醒或性冲动唤醒水平过度，就很容易激起侵略性反应。

网络不良信息容易诱发未成年人违法犯罪。网络不良信息所传播的扭曲的价值观念、偏差的行为模式会影响未成年人的价值判断标准，诱发违法犯罪心理，导致未成年人出现不良行为和犯罪行为。在所调查的未成年犯中，41.1%的未成年犯认为自己犯罪是受网络不良信息的影响。其中，受网络暴力恐怖信息影响的占65.5%，受网络淫秽色情信息影响的占56.4%，受网络虚假信息影响的占24.9%，受价值观扭曲信息影响的占20%。②

研究发现，那些更容易受到网络不良信息影响、对网络产生深度依赖（网络成瘾或存在网瘾倾向）的青少年，与个体的人格特性具有很大关联。

青少年上网行为的影响因素分为个体和环境两个方面。在个体因素中，人格作为稳定的特质受到关注。研究发现，网络成瘾者或成瘾倾向者的稳定性、有恒性、敢为性、世故性、自律性、内外向等因子评分显著低于正常使用网络者，在敏感性、怀疑性、紧张性等因子上的评分显著高于正常网络使用者。也有研究显示，网络成瘾者人格特征存在不同程度缺陷，如其神经质因子的分值显著高于对照组。关于神经质与网络成瘾高相关的一个解释是高神经质的青少年易情绪化、冲动、焦虑、依赖性强、有逃避现实等特点，为避免社交问题而转向网络，获取互联网带来的愉悦感和满足感。进一步研究发现，网瘾者具有不成熟的防御机制，与病态人格存在明显相关。③

青少年的人格维度与网络偏差行为、父母监控维度之间的相关性较为复杂。有专家对人格五维度（开放性、外向性、宜人性、责任性、情绪性）、父母监控三维度（知晓度、消极控制与反馈、自主反馈）和网络偏差行为进行量化分析后发现，除外向性和消极控制与反馈，开放性和消极控制与反馈以及外向性和网络偏差行为的相关不显著外，其余各维度两两相关显著，其中知晓

---

① ［英］Ronald Blackburn 著：《犯罪行为心理学——理论、研究和实践》，吴宗宪等译，中国轻工业出版社2000年版。

② 《未成年人接触网络不良信息的状况及危害》——“共青团在构建健康网络环境中作用研究”子课题三，http：//qnzz.youth.cn/qckc/201510/t20151026_7242226_1.htm。

③ 金灿灿、邹泓：《父母监控与青少年网络偏差行为的关系：人格类型的调节作用》，载《中国特殊教育》2013年第6期。

度及自主反馈与开放性、外向性、宜人性、责任性呈显著正相关，与情绪性呈显著负相关，消极控制与反馈和人格五维度的相关情况恰好相反。相对于父母监控其他两维度，知晓度与人格五维度的相关较强。网络偏差行为与宜人性、责任性呈显著负相关，与情绪性呈显著正相关。值得注意的是，网络偏差行为和开放性呈显著正相关。网络偏差行为和知晓度、自主反馈呈显著负相关，和消极控制与反馈呈显著正相关。这表明父母对子女的知晓度和自主反馈程度越高，消极控制与反馈越低，子女的网络偏差行为越少。①

（三）社会环境有待改善

青少年可能身处的不利环境是导致易上网成瘾的客观原因。目前，网吧遍布大街小巷，尽管有关部门出台了一系列禁止未成年人进入网吧的条例，但在实践中对网吧尚缺乏有效的管理措施。富有互动娱乐性的网络游戏和网上聊天室对青少年有着强大诱惑，促使他们将网吧当作乐土。②

表 2-15 是本课题组关于未成年犯在案发前上网地点实地问卷调查的统计数据。统计数据显示，当问及“你一般在哪里上网？”时，有高达 78.6%的男性未成年犯和 53.1%的女性未成年犯回答在“网吧”上网。

表 2-15　未成年犯上网地点统计

你一般在哪里上网		性别		总计
		男	女	
家中	计数	336	34	370
	比例	35.0%	53.1%	
网吧	计数	755	34	789
	比例	78.6%	53.1%	
学校	计数	35	2	37
	比例	3.6%	3.1%	
手机上网	计数	486	41	527
	比例	50.6%	64.1%	

① 金灿灿、邹泓：《父母监控与青少年网络偏差行为的关系：人格类型的调节作用》，载《中国特殊教育》2013 年第 6 期。

② 中国青少年网络协会：《中国青少年网瘾数据报告》（2005）。

续表

你一般在哪里上网		性别		总计
		男	女	
同学或亲戚家	计数	50	3	53
	比例	5.2%	4.7%	
其他	计数	33	2	35
	比例	3.4%	3.1%	
总计	计数	961	64	1025

注：百分比和总计以响应者为基础。

相比之下，对同一个问题，普通学生的情况则大不相同。有77.0%的男生和80.0%的女生回答在“家中”上网；在“网吧”上网的男生比例为11.9%，女生比例为1.7%。

表2-16　普通学生上网地点统计

你一般在哪里上网		性别		总计
		男	女	
家中	计数	987	1017	2004
	比例	77.0%	80.0%	
网吧	计数	153	22	175
	比例	11.9%	1.7%	
学校	计数	145	135	280
	比例	11.3%	10.6%	
手机上网	计数	754	805	1559
	比例	58.8%	63.3%	
同学或亲戚家	计数	185	97	282
	比例	14.4%	7.6%	
其他	计数	43	53	96
	比例	3.4%	4.2%	
总计	计数	1282	1271	2553

注：百分比和总计以响应者为基础。

通过以上对比可以看出，青少年在“网吧”上网的频度与违法犯罪概率呈正相关态势。居民区乃至学校周边黑网吧盛行，以及网吧非法接纳、容留未成年人上网乃至过夜，是一个极大的隐患。近年来，黑网吧经营正由大变小、化整为零，逐渐从城中向乡镇转移。此类黑网吧有极强的隐蔽性，规模小、分散性大，逐渐成为黑网吧查处取缔工作的新难点。国务院发布的《互联网上网服务营业场所管理条例》规定，擅自设立互联网上网服务营业场所，或者擅自从事互联网上网服务经营活动的，由工商行政管理部门或者由工商行政管理部门会同公安机关依法予以取缔，触犯刑律的，依照刑法关于非法经营罪的规定，依法追究刑事责任。然而，依旧有人见利忘义，我行我素，与工商、文化、公安等部门打起了游击。

2015年全国“两会”之际，各地网友通过人民网“地方领导留言板”推出的2015年“两会来了，我托书记省长捎句话”互动栏目，表达了希望地方政府与执法部门加大执法监督和惩处力度，严厉查处取缔黑网吧的愿望。河南省一位网友在给省委书记的留言中写道：“我是一个在深圳外出务工的农民，因现实生活的多种因素，不能把孩子带在身边。近一段时间，在家带孩子的老人跟我们说孩子经常偷偷去车站旁的网吧上网打游戏，这使我们很担心。”山西太原市阳曲县城内有几十家网吧，有的有执照，有的是黑网吧，几乎每天有未成年人、学生在网吧通宵玩游戏，看不健康的网络电影、视频，网吧从业者违法违规，还提供假身份证供未成年人使用，赚取昧心钱。网吧门外有专门的人放哨，对前往寻找孩子的家长进行阻拦。网吧经营者有恃无恐，毒害青少年，群众对之恨之入骨。有的网吧还潜伏在居民楼里或者县城边的村子里，逃避监管。许多中小学生因此荒废学业甚至步入歧途，绝大多数“黑网吧”还存在“包夜”通宵经营现象。①

> 武汉市洪山区某小学五年级男孩小斌2015年3月20日中午放学后没有回家，家人召集亲朋十几人四处寻找，于21日凌晨1点，在鲁磨路曹家湾一黑网吧将其找到。接到孩子家长的举报，武汉晚报记者昨天在曹家湾暗访，发现这处黑网吧还在接纳未成年人上网。
>
> 20日下午，住在鲁巷双糖小区的孙先生发现，在小学读书的孩子早已经放学，却迟迟没回家。眼看下午3点了，孙先生夫妇有些急躁，他们找到学校，仍然没有看到儿子。随着时间的流逝，孙先生夫妇慌了神。两人赶紧向亲友求助，一起寻找小斌，学校不少老师也加入寻找的队伍。十几人在学校附近的网吧、游戏厅等四处搜寻，甚至

① 《孩子家长捎话两会：严打“黑网吧”，净化青少年成长环境》，http://leaders.people.com.cn/n/2015/0313/c178291-26689554.html，最后访问时间：2015年3月13日。

还到了火车站查看监控。还有朋友在微博中发布寻人启事。凌晨1点，经过10个小时的搜寻，孙先生夫妇终于在离学校约两站路的一处黑网吧找到了小斌。小斌说，自己近期成绩不好，无法回家面对父母，周五放学后，他漫无目的地走在街上，最后进了这家网吧，上网的目的主要是想暂时缓解一下心中的压力。小斌的妈妈告诉武汉晚报记者，小斌读五年级，在班里成绩一直比较靠前，她和孙先生平时对小斌要求很高，给他造成了一定的心理压力。"孩子只有十岁，黑网吧竟然为了几块钱，不问年龄，就允许其上网。孩子在网吧，接触不良少年，可能很快走上邪路。"对此，孙先生夫妇痛恨不已，但又无可奈何。记者以没有身份证为由，询问附近有没有不要身份证但能上网的网吧。有知情人便指着巷子深处说，走进去一打听就找到了。穿过一个百货店，通过一个小门可走进另一处私房，私房有三层，七八十台电脑，网吧里面人声鼎沸，打游戏的呐喊声、叫好声连成一片。再看这些上网者，80%都是10—15岁的初中生。老板娘坐在收银台前，不少来上网的少年，就算没有身份证出示，对方也不会因为其是未成年人而拒绝。①

一个10岁的孩子，是否成年原本从外表就可以一眼看出。网吧公然接纳未成年学生进入，不但不按规定验看身份证件而且帮助提供虚假身份证件，自然是明知故犯、蓄意为之。

现实社会环境中的诸多违法行为自然也延伸到了互联网。在国家网络安全宣传周法治日，360互联网安全中心率先发布了《2015年青少年上网安全分析报告——数据篇》。从具体途径来看，在PC端，青少年主要因社交而上当受骗，这一群体占52%，其次是购物网站（20%）、游戏网站（20%）；而在手机端，诈骗短信排名第一，占39%，其次是钓鱼网站（29%）、诈骗电话（26%）。统计数据显示，中国16岁以下的青少年网民数量为1亿至1.2亿，占中国网民总数的16%—20%，我国网络用户呈现出低龄化的特点。青少年是祖国的未来，也是互联网的未来。提高青少年的网络安全意识，保护青少年的上网安全亟待解决。2015年6月7日，恰逢国家网络安全宣传周青少年主题日，360互联网安全中心发布了《2015年青少年上网安全分析报告——案例篇》，对10个典型案例进行了详细的分析和介绍，包括网店代理诈骗、代刷交易诈骗、兑奖缴费诈骗、兑奖盗号诈骗、低价装备诈骗、游戏盗号诈骗、二手钓鱼诈骗、照片木马诈骗、搜索推广诈骗和网购退款诈骗，对青少年网友的

① 宋菁：《黑网吧容留小学生包夜，上网少年面对记者夺门而逃》，http://news.cjn.cn/sywh/201503/t2625421.htm。

网络安全教育具有很大的参考价值。其中，网上兼职诈骗、虚假中奖诈骗、游戏交易诈骗、二手交易诈骗和虚假购物诈骗是青少年最常接触，最容易受到侵害的5种网络诈骗形式。①

网络虚拟环境并不是一个干净的世界。根据本课题组对未成年犯的实地问卷调查，当问及案发前“你是如何看到这些（暴力凶杀）信息的？”时，有66.4%的男性和77.6%的女性回答“无意间看到过”；有28.2%的男性和43.1%的女性回答是“浏览网页时自动跳出来的”。这说明大量的不良信息并非只有通过刻意搜索才能得到，而是在网上随处可见，有的甚至是网站出于某种目的而主动向网民推介。网络上无处不在的色情与暴力信息契合了青少年躁动、叛逆、追求新奇的心理特点，令很多人深陷其中，无法自拔②。

（四）家庭监管不到位，亲子之间存在沟通障碍

中国传统的教育理念是“严父出孝子”，即认为只有严格管教之下培养出来的孩子才有出息。有的家长给孩子划定了严格的条条框框，不允许越雷池一步，动辄得咎。有的家长则出于“望子成龙”的心理，过分看重孩子的学习成绩，稍有波动就批评甚至打骂，给孩子造成很大的心理负担。这样的家庭管教方式很容易造成孩子的逆反心理，导致孩子转而逃避到网络、在虚拟环境中寻求精神慰藉。另一种极端的现象就是溺爱，目前独生子女比较普遍，孩子成了家里的小皇帝，五六个大人都围着他转，要星星不给月亮，孩子做错了也舍不得批评，日复一日使得他们养成了任性、乖张的性格，缺乏合作精神，毫无社会责任意识，做事不计后果。

在我国，外出务工人员逐年增加，有的甚至夫妻双方都外出务工，把年幼的孩子留在老家由老人照管。有的老人年老多病，又没有文化，不仅无法照顾孩子的学习，甚至连生活料理也成困难。老人的生活圈子小，消息相对闭塞，孩子在外面究竟干了什么全然不知，有的孩子甚至有意对爷爷奶奶或姥姥姥爷隐瞒真相。另外，中国家庭素有“隔代溺爱”的传统，祖辈看孙辈全都是好的，孩子做错了事，不但不责罚，反而加以袒护，或者大错轻罚，小错不罚。这就等于纵容他们犯错，久而久之，旷课逃学、泡网吧、酗酒、偷窃等，他们如脱缰野马，越走越远。本课题组在对华东某省份的实地调研中发现，有的外出务工人员虽然随后也把子女接到打工的地点插班上学，但由于这样的学校大多位于城乡结合部，生源参差不齐，加之学校周边

① 张萌：《网络安全周青少年日，360揭秘青少年网络诈骗五大形式》，http://www.cctime.com/html/2015-6-7/2015671650103080.htm，最后访问时间：2015年6月7日。

② 根据中国青少年网络协会2010年1月发布的调查数据，截止到2009年，青少年中网络成瘾人数达到2404.2万人，比2005年增长了一倍。

社会环境不良，社会闲散人员在附近游荡、滋事，黑网吧星罗棋布，转学过来的孩子一时不适应新的环境，又没有合适的对象进行倾诉，只好转而投入虚拟环境的怀抱。

表2-17是本课题组对未成年犯就其犯罪时的状况所做的实地问卷调查的统计数据。数据表明，有18.0%的男性未成年犯和10.9%的女性未成年犯的“父母在外打工，自己留在农村老家”；有16.2%的男性和7.8%的女性未成年犯“跟随外出打工父母在城市生活”；有18.3%的男性和32.8%的女性未成年犯“离家出走，在外流浪”；而回答犯罪时已经“辍学”的，男性未成年犯高达42.5%，女性未成年犯高达40.6%；有32.8%的男性和51.6%的女性未成年犯“自己单独在城市打工”。

表2-17 此次犯罪时未成年犯所处场景

在此次犯罪时，你符合下列哪种情形		性别		合计
		男	女	
父母在外打工，自己留在农村老家	计数	172	7	179
	比例	18.0%	10.9%	
跟随外出打工父母在城市生活	计数	155	5	160
	比例	16.2%	7.8%	
父母在监狱服刑	计数	37	1	38
	比例	3.9%	1.6%	
父母都已去世	计数	43	0	43
	比例	4.5%	0%	
离家出走，在外流浪	计数	175	21	196
	比例	18.3%	32.8%	
自己单独在城市打工	计数	314	33	347
	比例	32.8%	51.6%	
辍学	计数	407	26	433
	比例	42.5%	40.6%	
其他	计数	87	7	94
	比例	9.1%	10.9%	
总计	计数	958	64	1022

注：百分比和总计以响应者为基础。

父母平时早出晚归，忙于工作，无暇顾及孩子的生活和学习，有时一天甚至几天也顾不上跟孩子说句话，对孩子的“知晓度”、与孩子之间的情感沟通几乎成了空白。有的则属于离异家庭或组合家庭，孩子得不到关爱甚至认为自己多余，这些对孩子的成长更为不利。根据本课题组对未成年犯以及普通学生分别所作的实地问卷调查（见表2-18和表2-19），在未成年犯中表示“我平时很少见到父母”的比例高达37.7%；而在普通学生中，这一比例仅为12.7%。在未成年犯中表示“父母经常打骂我”的比例为21.8%；而在普通学生中，这一比例仅为6.2%。在未成年犯中表示“我的父母已离婚”的比例高达22.0%；而在普通学生中，这一比例仅为7.3%。

表2-18　未成年犯所处家庭情况

下列说法是否符合你的实际情况	是		否	
	计数	行N%	计数	行N%
父母总是帮助和鼓励我	363	65.2%	194	34.8%
我平时很少见到父母	208	37.7%	344	62.3%
父母之间经常吵架	176	32.2%	371	67.8%
与父母关系好，无话不谈	165	30.0%	385	70.0%
经常与父母一起看电视，出去游玩	132	24.0%	418	76.0%
父母经常打骂我	120	21.8%	430	78.2%
我记得父母的生日	224	40.5%	329	59.5%
父母不关心我交什么朋友	136	25.0%	408	75.0%
我经常帮父母做家务	245	44.8%	302	55.2%
我的父母已离婚	121	22.0%	430	78.0%

表2-19　普通学生所处家庭情况

下列说法是否符合你的实际情况	是		否	
	计数	行N%	计数	行N%
父母总是帮助和鼓励我	1019	78.9%	273	21.1%
我平时很少见到父母	164	12.7%	1128	87.3%
父母之间经常吵架	150	11.6%	1141	88.4%
与父母关系好，无话不谈	737	57.1%	554	42.9%
经常与父母一起看电视、出去游玩	767	59.3%	526	40.7%

续表

下列说法是否符合你的实际情况	是		否	
	计数	行 N%	计数	行 N%
父母经常打骂我	80	6.2%	1209	93.8%
我记得父母的生日	963	74.7%	326	25.3%
父母不关心我交什么朋友	131	10.2%	1157	89.8%
我经常帮父母做家务	904	70.0%	388	30.0%
我的父母已离婚	94	7.3%	1193	92.7%

2014年元旦前后，时年22岁的男子陈某通过手机网络聊天，结识家住万宁万城镇的19岁女子小娟（化名）。同年1月11日晚，陈某和朋友入住万宁市万城镇某商务酒店客房。次日凌晨1时许，小娟称在万城镇“莎某”酒吧聚会时被他人非礼，她为此找陈某哭诉，称自己被人欺负。陈某趁机劝慰小娟，并将对方带到自己入住的酒店客房。二人聊天时，陈某假意安慰小娟，却伸手乱摸，欲有进一步动作。小娟当场拒绝，陈某扇小娟耳光，强行与小娟发生了关系。小娟报警后，陈某在事发酒店被警方抓获，并最终被法院判处3年零8个月有期徒刑。①

当前，我国中学生多属独生子女，且城镇居民以楼房式独门独户的家居结构为主，这在某种程度上不利于身为独生子女的中学生与同龄伙伴交流。在工作生活压力较大的今天，他们的父母极有可能因忙于工作和生计而忽略了与子女的情感沟通。那么在现实生活中缺少情感交流的中学生，便会在网络中寻找可归依的群体，迷恋于网上的互动生活。②

有研究表明，青少年父母监控状况存在性别差异，具体表现为父母对男生的知晓度显著低于女生，对男生的消极控制与反馈高于女生。从男女两性的特点来看，女孩愿意沟通，自我表露的倾向更强，父母能够从她们那里获取更多信息，对其了解程度更深。

父母对未成年子女既不能不闻不问，也不可事事包办、横加干预。学者通常将青少年的人格分为和谐型、一般型、情绪型三种类型。对和谐型和一般型人格的个体，知晓度可以显著降低网络偏差行为，对情绪型个体而言，知晓度

① 王忠新：《万宁19岁女孩遭非礼后找网友哭诉，却在酒店被强暴》，载《南国都市报》，http://www.hinews.cn/news/system/2015/04/23/017505522.shtml。

② 中国青少年网络协会：《中国青少年网瘾数据报告》（2005）。

却无此作用。父母的知晓度抵御或减缓了子女的网络偏差行为，实际起到保护性因素的作用，但是这一保护作用只针对和谐型和一般型人格的个体，而情绪型人格的青少年则相对缺少诸如父母知晓这类保护因素的支持，这很可能是引起高情绪化或神经质个体的网络成瘾和偏差行为更多的原因之一。对三种人格类型，都存在一个共性问题：青少年的独立性需求日益增强，当感知到父母过多的干涉，可能会认为父母不能信任自己有能力独立解决问题，从而失去自信，转而向网络寻求掌控感和慰藉，出现网络依赖和偏差行为。从这个角度说，良好的父母监控应该发挥其知晓度的重要作用，避免过于严厉的管束和责罚，给予孩子更多自主的空间。父母监控与人格的形成极可能是相互影响的。父母的消极监控导致情绪型人格的形成，带有情绪性特质的青少年亦有可能引发父母的不良监控。①

根据北京市海淀区人民法院专门从事未成年人案件审判工作的法官对该院审理的案件的调查统计，21%的少年犯来自单亲、继亲或婚姻动荡家庭，而这一比例在普通学生中仅为8%。在双亲健在的未成年犯中，父母关系较差或一般者近三分之二，远高于普通学生的比例。此外，半数以上的未成年犯曾脱离家庭监护，除独居者外，其共同生活对象包括同性朋友、男女朋友、工友等；而脱离父母监护的情况在普通学生中所占比例极低。②

未成年犯家庭教育方式不当，亲子关系较差。在未成年犯家庭中，溺爱型占34%，放任型占21%，另有23%的家庭以打骂体罚为主。普通学生家庭多以说服教育为主。在未成年犯家庭关系方面，41%的未成年犯与父亲关系不好或一般，32%的未成年犯与母亲关系不好或一般，甚至有37%的未成年犯表示恨过自己的父亲或母亲，而在普通学生中选择与父母关系不好或一般的仅占14%。

另一项针对未成年犯的调查数据显示，未成年犯“觉得不能正常得到父母关爱”的占22%，未成年犯认为自己存在情感交流障碍占21.4%。③

根据本课题组分别对未成年犯和普通学生就“父母对你上网有什么限制?”所作的实地匿名问卷调查统计，有15.6%男性未成年犯和11.1%的女性未成年犯回答在案发前父母“限制上一些网站”；而在普通学生中，对此问题作出肯定回答的比例分别高达27.1%（男）和32.6%（女）。只有15.4%的男

---

① 金灿灿、邹泓：《父母监控与青少年网络偏差行为的关系：人格类型的调节作用》，载《中国特殊教育》2013年第6期。

② 游涛、张莹：《以强制性亲职教育问责教养失职监护人——罪错未成年人监护人法律责任探究》，载《预防青少年犯罪研究》2015年第1期。

③ 路琦、董泽史、姚东、胡发清：《2013年我国未成年犯抽样调查分析报告》，载《青少年犯罪问题》2014年第3期。

性和9.5%的女性未成年犯回答“在电脑安装绿色防护”；而在普通学生中，对此问题作出肯定回答的比例分别高达27.5%（男）和35.3%（女）。仅有18.4%的男性和11.1%的女性未成年犯回答父母“禁止浏览网络色情信息”；而在普通学生中，对此问题作出肯定回答的比例分别高达40.3%（男）和44.5%（女）。只有18.8%的男性和12.7%的女性未成年犯回答父母“禁止玩网络暴力游戏”；而在普通学生中，对此问题作出肯定回答的比例分别高达35.6%（男）和47.0%（女）。与前述回答形成鲜明对比的是，有高达53.6%的男性和68.3%的女性未成年犯表示案发前父母对其上网“没有限制”；而在普通学生中，对此问题作出肯定回答的比例分别只有30.4%（男）和23.6%（女）。这一现象表明，很多未成年犯的家长（在子女案发前）对孩子的上网行为关心不够，或者没有意识到网络对未成年人存在的潜在威胁，更谈不上已有意识地采取“在电脑安装绿色防护”的预防措施。这也在很大程度上反映出对未成年人的父母进行亲职教育的迫切性。

表2-20　父母对未成年犯上网行为的限制情况

父母对你上网有什么限制		性别		合计
		男	女	
限制上一些网站	计数	148	7	155
	比例	15.6%	11.1%	
在电脑安装绿色防护	计数	146	6	152
	比例	15.4%	9.5%	
禁止浏览网络色情信息	计数	174	7	181
	比例	18.4%	11.1%	
禁止玩网络暴力游戏	计数	178	8	186
	比例	18.8%	12.7%	
没有限制	计数	508	43	551
	比例	53.6%	68.3%	
其他	计数	68	6	74
	比例	7.2%	9.5%	
总计	计数	947	63	1010

注：百分比和总计以响应者为基础。

表 2-21　父母对普通学生上网行为的限制情况

父母对你上网有什么限制[a]		性别		合计
		男	女	
限制上一些网站	计数	345	408	753
	比例	27.1%	32.6%	
在电脑安装绿色防护	计数	349	442	791
	比例	27.5%	35.3%	
禁止浏览网络色情信息	计数	512	557	1069
	比例	40.3%	44.5%	
禁止玩网络暴力游戏	计数	453	588	1041
	比例	35.6%	47.0%	
没有限制	计数	387	296	683
	比例	30.4%	23.6%	
其他	计数	87	88	175
	比例	6.8%	7.0%	
总计	计数	1271	1252	2523

注：百分比和总计以响应者为基础。

a. 值为 1 时制表的二分组。

亲职教育主要是对孩子父母进行的教育，包含以下几个方面的含义：第一，亲职教育在施行对象上，除了为人父母者之外，因家庭结构的多元，也涵盖家庭中扮演父母角色者，以及预防性用于欲为人父母者；第二，亲职教育为终身的成人教育；第三，亲职教育提供父母亲教养子女的知识与技能，逐渐朝向专业化发展，让父母可以获得更加完备的养儿育女的知识与技巧，以成为称职、有效能的现代父母。① 亲职教育的内容涵盖以下几个方面：亲职角色；儿童发展；行为问题的类型与辅导策略；父母管教态度；人际与家人关系；幸福美满家庭之孕育；家庭解组之预防与调适；各种社会资源的有效运用。

目前，亲职教育主要靠自愿。有关部门在组织亲职教育时，只能以自愿的形式劝导监护人参加。在实践中，有很多监护人并不配合，以各种理由予以拒绝，而且“逃课”的往往是怠于履行职责严重，子女有多次违法犯罪经历，

① 张雅卿：《原住民地区幼儿园实施亲职教育之研究》，转引自杨洁：《台湾亲职教育经验及启示》，载《特立学刊》2012 年第 4 期。

最需要接受亲职教育的监护人。有些监护人身在外地，有些家长工作繁忙，不能按时来接受亲职教育。

影响亲职教育有效开展的根本障碍在于现行法律没有把“接受亲职教育”设定为监护人的一项法定义务。换句话说，我国法律并没有赋予有关部门强制监护人接受亲职教育辅导的权力。因而有关部门对这类监护人不能采取强制措施予以督促，从而导致罪错未成年人的家庭教育状况无法得到改善。在这方面，德国和我国台湾地区的做法值得借鉴。《德意志联邦共和国基本法》第 6 条因此规定，“抚养与教育子女为父母之自然权利，亦为其至高义务，其行使应受国家监督”。德国将监护人教养失职行为认定为犯罪。《德国刑法典》第 171 条规定了“违背监护或教养义务罪”——严重违背对未满 16 岁之人所负监护和教养义务，致使受监护人身心发育受到重大损害，或致使该人进行犯罪或卖淫的，处三年以下自由刑或罚金刑。我国台湾地区 1997 年修订“少年事件处理法”时增设了强制性亲职教育责任，后经两次修订日臻完善。该法规定少年之法定代理人或监护人，因忽视教养，致少年有触犯刑罚法律之行为，或有触犯刑罚法律之虞之行为，而受保护处分或刑之宣告者，少年法院得裁定其接受一定时限的亲职教育辅导。拒不接受亲职教育辅导或时数不足者，少年法院得裁定罚款；经再通知仍不接受者，得按次连续处罚，至其接受为止。其经连续处罚三次以上者，并得裁定公告其姓名。台湾“儿童及少年福利法”第 65 条规定，少年及儿童有吸烟、饮酒、吸毒、观看暴力色情读物及音像制品、危险驾车、出入危害身心健康的场所、从事危害身心发展的工作等行为监护人未禁止的，或监护人对少年儿童具备遗弃、身心虐待、妨害接受教育等情形者，县市主管机关得令其接受一定时限之亲职教育，并收取必要费用。拒不接受或时数不足者，可罚款，经再通知仍不接受者，得按次连续处罚至其参加为止。[①] 2011 年 12 月 28 日我国台湾地区颁布“家庭教育法”，指出家庭教育包含更广范围的概念，并且在第 12 条明确指出：高级中等以下学校每学年应该在正式课程外实施 4 小时以上的家庭教育课程及活动，并应会同家长会办理亲职教育。这一法规的颁布为亲职教育的开展提供了有力保障。[②]

随着收容审查、劳动教养制度相继在我国被废除后，加之国际上对未成年人推行“福利司法”之风正盛，我国对未成年人犯罪普遍存在“轻刑化”乃至“去刑罚化”的倾向，许多问题少年因年龄小而难以纳入法律的有效管控范围，有的未成年人正是自恃有法律的保护伞而为所欲为。为避免其越陷越

① 游涛、张莹：《以强制性亲职教育问责教养失职监护人——罪错未成年人监护人法律责任探究》，载《预防青少年犯罪研究》2015 年第 1 期。

② 杨洁：《台湾亲职教育经验及启示》，载《特立学刊》2012 年第 4 期。

深、积重难返，强制性亲职教育应作为跟进制度，通过对监护人责任的规制，引导其有效履行教养义务，强化未成年人犯罪的家庭预防。

虽然我国制定了家庭教育的相关政策，如《全国家庭教育指导大纲》、《中国儿童发展纲要》（2001—2010）及《中国儿童发展纲要》（2011—2020），对亲职教育提出了一些建议和要求，但是这些远远不够。国家应从法律层面保障亲职教育的实施，开展各类家长学校及建立配套的质量检测机构体系。① 未成年人犯罪与监护人教养失职密切相关，但由于监护人法律责任的立法缺失，实践中存在“家长有病，孩子吃药”的错位。为避免罪错未成年人再度成为问题家庭的代罪羔羊，应以强制性亲职教育追究教养失职监护人的法律责任，通过干预问题家庭，实现未成年人犯罪预防。应当赋予法官强制性亲职教育的裁判权，裁判对象应包括对未成年人不良行为、严重不良行为或违法、犯罪负有教养失职之过的监护人。②

（五）学校片面追求升学率，对网络时代带来的问题缺乏足够措施

不可否认，升学率目前依旧是教学活动的指挥棒。升学率不仅关系到学校的声誉，还关系到学校的生源，更关系到学校可获得的经费的多少，关系到教职工的收入。

对于网络给青少年带来的负面效应，教师并非毫不知情。表 2-22 是本课题组于 2015 年对普通学校的教师就网络不良信息对未成年人的影响所作的实地匿名问卷调查的统计数据。统计数据表明，高达 89.3%的受访教师认为网络不良信息对未成年人的影响“很大”。

表 2-22　网络不良信息对未成年人的影响（教师视角）

	频率	有效百分比
很大	176	89.3
一般	19	9.6
很小	2	1.0
合计	197	100.0

本课题组的调查还发现教师对学生上网存在普遍的担忧。当问及“您对学生上网最担心什么”时，在受访对象中有 84.8%的教师表示担心“上网太占用时间而影响学习”；有 75.8%的教师表示担心“网上不好信息把孩子教

① 杨洁：《台湾亲职教育经验及启示》，载《特立学刊》2012 年第 4 期。

② 游涛、张莹：《以强制性亲职教育问责教养失职监护人——罪错未成年人监护人法律责任探究》，载《预防青少年犯罪研究》2015 年第 1 期。

坏”；有 68.7 的教师“担心孩子在网上打游戏”（个案百分比）。

表 2-23 教师对学生上网的担心内容

您对学生上网最担心什么[a]	响应		个案百分比
	N	百分比	
上网太占用时间而影响学习	168	31.1%	84.8%
上网花费太多	26	4.8%	13.1%
担心孩子在网上打游戏	136	25.1%	68.7%
网上不好信息把孩子教坏	150	27.7%	75.8%
担心孩子网恋	56	10.4%	28.3%
其他	5	0.9%	2.5%
总计	541	100.0%	273.2%

尽管网络的消极效果已经引起学校和教师的警觉，但学校面对席卷而来的网络大潮显然缺乏有效的应对之策。在课堂与网络对学生的争夺战当中，网络似乎比课堂更具吸引力。为了赶上时代的大潮，中小学竞相开设计算机与网络课程，另外，又不得不对网络有所提防。学校能采取的措施和办法实际上很有限。其一，是德育教育。多数时候这类课程被学生视为一种模式化的“说教”而在心理上有所抵触。其二，技术化的手段，即在学校电脑上安装绿色防护软件。还有就是利用社会资源——邀请民警、法官到学校为学生开设如何防止网络违法犯罪行为的讲座，建立法制副校长制度，或者与青少年社会服务机构合作，定期开展如何避免或戒除网瘾的主题班会等活动。

在电子信息时代的大环境下，电脑和网络成为青少年不可或缺的学习工具，但缺乏老师和家长有效引导的中学生则更多地把电脑和网络当成一种娱乐工具。另外，中学生的学习压力较大，当学生“学习上经常遭受挫折，又得不到家人、老师和同学的理解。为宣泄心中的苦闷，逃避不愿面对的现实，往往在网上寻求安慰、刺激和快乐”，以宣泄平时的压抑情绪。①

事实上，学校和老师都有自己的难处。对于犯错、违反校规或者存在严重网络行为偏差的学生，只要属于九年义务教育阶段，无论问题有多严重，学校也无权开除。这就助长了问题学生或行为偏差学生的气焰。在有的地方，老师

① 中国青少年网络协会：《中国青少年网瘾数据报告》（2005）。

遇事不愿管，甚至不敢管。

无论学生染上网瘾还是出现严重的网络行为偏差，要矫正、克服它不可能一蹴而就。自德国建立第一所戒除网瘾的诊所之后，世界各国也纷纷效仿。这种机构并不禁止青少年上网而是利用心理学、教育学的知识引导青少年，帮助网瘾青少年正确使用网络远离网络，节制地利用网络愉快身心。对于一些特别严重的网瘾青少年我们可以从药物和心理两方面下手对他们进行强制性的戒网。①

尽管网络给人类带来了诸多烦恼，但多数人认为网络给人们带来的“利”远大于“弊”。因此，彻底禁绝网络是逆历史潮流而动的，也是不现实的，就如同不能在泼洗澡水时连同孩子一起泼掉一样。学校和老师能够做的，就是积极引导，力争变网瘾少年为网创人才。② 有的机构和部门推出一批青少年喜爱的论坛版主、网络电台主播、网络知名写手、网络原创歌手等，激发了青少年的创造热情。通过举办网络文化节、网络春晚等多种活动，为青少年创造一个发挥自己才艺的舞台。这些都是在探索当中逐步积累起来的宝贵经验。

（六）网络内容分类管理机制尚未建立

中国青少年网络协会2003年开始从民间角度推动网络分级，并在2004年率先推出《绿色游戏推荐标准》。2009年年底，工业和信息化部公布了《通信网络安全防护监督管理办法（征求意见稿）》，提出五级分类设想，“网络分级”成为公众关注的焦点。

中国青年报社会调查中心在几年前就通过某网站和民意中国网对公众进行的在线调查中发现，95.3%的人认为当前互联网对孩子有负面影响；62.1%的人希望采用技术手段实现网络内容分级与过滤。72.4%的人赞成网络分级，反对者占11.3%。同时，有44.5%的人认为，网络分级可以有效保护孩子。对于网络分级的实施效果，44.5%的人明确表示，网络分级可以有效保护孩子。有57.3%的人希望建立专门的儿童、青少年网站。

在内容分级方面，美国和英国关于电影分级的做法经历了时间的考验。美国电影联合会将电影分为五个等级：G级（适合所有人）、PG级（在父母指导下观看）、PG13级（不适合13岁以下儿童，须在父母加强指导下观看）、B

① 刘玮玮：《防治青少年网络成瘾的对策研究》，载《教育教学论坛》（周刊）2013年第45期。

② 全国人大常委会举行第二十五次会议指出：只有因势利导、趋利避害，才能在防御和消除网络文化负面影响的同时，引导青少年提高应对信息时代挑战的能力。戒除网瘾不能就网瘾论网瘾，要跳出网瘾看网瘾，激发创意去网瘾，变网瘾少年为网创人才是治本之策。

级（17岁以下的须在父母陪同下观看）、NC级［17岁以下（含）不得观看］。英国的电影分级制度分为六级：“U”级：普通级——适合所有观众；“UC”级：特别适合儿童观看；“PG”级：家长指导级；“12”级：适合12岁以上的人观看；“15”级：适合15岁以上的人观看；“18”级：适合18岁以上的人观看。

至于网络分级标准，我国台湾地区的做法值得借鉴。① 在我国台湾地区，在青少年家长的压力下，政府通过一项强制实施网络分级制的法规。该制度将网络分为“限级”与“非限级”两种。网络内容过分描述犯罪行为、自杀过程、恐怖血腥暴力及色情裸露而有害儿童及青少年身心发展的，应列为限级，未满18岁者不得浏览。所有网页须标示分类，一旦列为“限制级”，则禁止对儿童及少年租售、散布、播送或公然陈列。业者如果违规，将依“儿童青少年福利法”罚款10万元至50万元（新台币）。2005年，我国台湾地区推行互联网强制分级制度，由此台湾成为全球唯一强制网络分级的地区。②

网络不良信息对青少年的影响，除了上述主要原因之外，还有其他一些原因，如政府监管体制不健全、措施不到位；网络运营商过度追求经济利益，有50.6%的男性未成年犯和61.5%的女性未成年犯认为是“网站为了赚钱”忽视社会责任等。

① 网络分级制与网络实名制有联系也有区别。2011年12月16日，北京市人民政府新闻办公室、市公安局、市通信管理局和市互联网信息办公室共同发布了《北京市微博客发展管理若干规定》，要求微博用户必须进行真实身份信息注册后，才能使用发言功能。根据该规定，微博用户真实身份信息只用于后台注册，前台发言则可以继续使用匿名。此后，上海、广州、深圳以及国内四大门户网站也随即跟进。在日本，手机和手机SIM卡是捆绑销售的，通信运营商不得单独出售裸机或SIM卡。如果要购买一部手机，就必须用身份证、驾驶证等有效证件实名注册SIM卡和手机邮箱。所有使用该手机发送的信息都自动成为实名制发送。如果要注册社交网站或视频网站，也必须提供自己的手机邮箱地址，实际上等于间接采用了实名制。在澳大利亚，2008年5月，政府推出加强互联网安全的一揽子计划，并实施互联网强制过滤。此前，澳联邦政府还决定将广播管制局和电信管制局合并，于2005年7月1日成立传播和媒体管理局（ACMA），负责整个澳大利亚的互联网管理工作。ACMA要求，互联网用户必须年满18周岁，并用真实身份登录；未成年人上网必须由其监护人与网络公司签订合同。参见魏岳江：《世界各国如何推行网络实名制》，载《上海信息化》2012年第3期。

② 刘兴亮：《分级制能否遏制网络色情泛滥?》，载《中国社会导刊》2006年第15期。

表 2-24　未成年犯对网络不良信息出现的原因认识

你认为网络不良信息出现的原因有哪些		性别		总计
		男	女	
网站为了赚钱	计数	486	40	526
	比例	50.6%	61.5%	
政府对网络的监管不到位	计数	385	35	420
	比例	40.1%	53.8%	
缺少未成年人网络保护法律	计数	415	37	452
	比例	43.2%	56.9%	
社会浮躁	计数	298	28	326
	比例	31.0%	43.1%	
未成年人的好奇心理	计数	520	43	563
	比例	54.1%	66.2%	
其他	计数	28	0	28
	比例	2.9%	0%	
总计	计数	961	65	1026

注：百分比和总计以响应者为基础。

第三章　中小学教师对网络不良信息的认知

刘胡权*

近年来，随着科学技术的发展，互联网、手机等新兴媒体的广泛应用，给人们的生活带来了极大的便利，满足了人们的诸多需求。对于未成年人而言，这些新兴的科技手段给中小学生学习和娱乐开辟了新途径，但同时，一些腐朽落后的思想文化和有害信息借机传播，对广大未成年人的健康成长产生了一定的负面影响。我们国家历来十分重视未成年人的思想道德建设，2001 年的《公民道德建设实施纲要》、2004 年的《中共中央国务院关于进一步加强和改进未成年人思想道德建设的若干意见》、2010 年的《国家中长期教育改革和发展规划纲要（2010—2020）》等相关重要文件都对净化社会文化环境、营造有助于未成年人思想道德成长的氛围作了具体要求。基于这些重要的政策依据，面对网络不良信息对未成年人影响的潜在危机，“网络不良信息与未成年人保护”课题组为研究如何治理网络不良信息对未成年人的影响，开展了调查研究。

一、样本基本情况

教师是除家长之外，在学校范围内对未成年人进行思想道德教育的主要群体。因此，教师对网络不良信息的认识与态度，会影响未成年人的认识与态度。通过对教师群体网络不良信息观的调查，有助于教师群体更好地面对学生的问题，从而有针对性地开展教育教学工作，也有助于教师的自我教育，提升自身的网络媒介素养。

为兼顾教师群体的不同变量，真实反映教师群体的认知看法，我们考虑到了不同性别、年龄、区域、任教年级等教师变量。本次调查共发放问卷 359 份，有效回收率为 98%，其中男性 30.9%，女性 69.1%；城市学校 56.5%，

---

* 刘胡权，北京教育学院讲师，教育学博士。

乡镇学校 26.9%，农村学校 16.6%；中小学教师的年龄在 22—60 岁；教师的任教年级，小学主要是四五年级，占比 26.2；初中是一二年级，占比 45.3%；高中是一二年级，占比 18.5%。从变量的设计及回收情况来看，能够较好地反映教师的网络不良信息观。

二、教师对学生上网情况的认知

信息是动态流动的，信息的输出与输入是一个动态的过程。信息本身传达的是主体背后的一种需求，这些需求良莠不齐，目的、动机、态度、价值观等纷繁复杂。之所以说是“不良信息”，是就信息的性质而言，它产生了一种负面的影响，不利于甚至是阻碍了生命体的成长与发展。网络是一个平台，一种信息获得的手段。当作为主体的未成年人上网时，信息就会呈现在未成年人面前，未成年人根据自己的主体需求（这种需求可能是生命体的自然需求，也可能是有价值观指导的需求），去选择信息输入自己的大脑。不良信息有可能被过滤掉，也有可能迎合了主体不成熟的自然需求，对其行为产生了不良的影响。因此，了解这样一个过程，有助于我们有针对性地避免网络不良信息的影响。教师对此的认识，直接决定着教师的教育行为。以下几点，是从问卷反映出的教师对学生上网情况的认识。

1. 学生主要是在家中、使用手机上网

42.4%的教师认为，学生选择在家中上网；31.2%的教师认为，学生选择使用手机上网；14.2%的教师认为，学生在网吧上网；在学校和同学或亲戚家上网的比例较小。这显示，伴随互联网的普及化、手机的智能化，家中和使用手机是学生选择上网的主要地点和方式，而网吧等校外场所上网的比例逐渐降低，当然在一些不发达地区，网吧仍是学生上网的主要地点。此外，值得我们注意的是手机上网逐渐普遍化，对未成年人产生了一定的影响。根据中国互联网信息中心发布的《2009 年中国青少年上网行为调查报告》，手机已经成为中国青少年第一位的上网工具。2009 年，中国青少年手机网民达 1.44 亿人，同比增长 73.5%。其中，未成年网民规模达 7917 万人，占青少年网民总体的 40.6%，63%的未成年网民使用手机上网。中学生网民使用手机上网的比例为 69.3%，小学生网民为 36.6%。这一数据一直在呈增长趋势。

由此我们看到，信息技术的快速发展使得手机成为日常生活的必需品，满足了未成年人对新鲜事物较强的好奇心，使用手机也成为一种习惯性的生活方式。但是，如果手机也成为不良信息潜入的最佳选择，且未成年人不能科学使用手机，极易受到不良信息的影响。因此，教师需要在教育教学中渗透有关不良信息的知识，帮助学生形成良好的信息素养，学会判断不良信息。教师也要让学生意识到，手机作为一个承载信息的工具，关键是要学会适切使用，选择对生活、学习有帮助的信息，而不是为了猎奇、寻求刺激而受到不良信息的影响。同时，我们也需要注意，3G/4G手机虽然使得未成年人有了更多的选择，但也因为选择受到了更多的限制，使得他们不得不回到网吧，并不是因为网吧的网速快，而是因为那里更自由。所以，我们仍不能放松对网吧的监管。教师要了解学生的心理，学生尤其是青春期的学生，有追求自由的心理，如果教师不能遵循学生心理而过于军事化的管束，只能将学生逼向另一个层面。

2. QQ、微信是学生最常使用的网络工具

53.8%的教师认为，学生近半年经常使用QQ，34%的教师认为，学生近半年经常使用微信，微博、博客等其他工具的使用率比较低。这显示，学生永远是新科技、新媒体的追随者和使用者，无论是QQ还是微信，都反映了学生的交往需求比较旺盛，如何引导学生形成良好的交往观，是新时代面临的新的挑战。

互联网以及各种网络工具的迅猛发展，迎合了学生渴望交流、渴望得到更多的信息、乐意尝试新鲜事物等年龄特点。他们愿意尝试各种新的网络工具，希望通过这些工具解决自身生理成熟和社会成熟的矛盾、自我发展和社会发展的矛盾、现实存在和未来前景的矛盾。因此，学生与网络的结合成为必然趋势。据统计，全世界网络用户平均年龄为31.9岁，而且出现了整日在互联网上漫游的群体。各种网络工具的出现，扩大了学生的交往面，改变了学生的人际关系模式。通过这些网络工具获取信息、进行网上交友，也是学生社会化的一条重要途径。在网络上，他们可以与许多互不相识的人交谈、来往，互相帮助，互相倾诉；可以根据个人的兴趣、学习的需要交到自己想交的朋友；可以无拘无束、轻松快乐。调查发现，中学生热衷于在网上聊天、交友和游戏等，29%的中学生有结交虚拟情人的体验，75%的中学生常到娱乐站点。各种网络工具满足了学生喜欢交往的要求，使学生在交往过程中得到自我实现的感觉，且这种感觉容易上瘾。

但是，网络并不能取代真实社会，这种社会化只是一种虚拟的社会化，人与人之间的交往存在机器的阻隔，是一种“人—机—符号—符号—机—人”形式的交往。这种形式的交往去除了互动双方的诸多社会属性，带有“去社会化”的特征，与真实社会情境中的社会化相去甚远，这对于学生的发展有极大的影响。长时间的虚拟交往会减少学生实际的人际交往机会，弱化真实实践的交往能力，忽略了近在咫尺的现实中的亲情和友情，甚至会产生人格障碍和人际交往障碍，出现一些较为集中的行为或情感上的偏差，使得他们无法面对真实社会。而且，基于学生交往的内在需求而渗透各种不符合这一年龄特征的负面信息，很容易使得广大学生在无形中受到不良影响而自身却不知。

对于教师而言，一方面要意识到虚拟交往是学生的一种交往需求，是社会化的一条重要途径，既要满足他们网络虚拟交友的需求，又要引导他们在网络交往热衷化的同时警惕各种不良信息的出现。要做到这些，教师自身也要保持对新鲜事物的好奇心和兴趣，自己也要充分体验、认识、利用这些新媒体工具，进而获得教育的可能，从而让学生意识到如何在虚拟空间学会交友，如何辨别不良信息，如何处理不良信息。另一方面教师不是要教给学生这些方面的知识，而是要教给他们这些方面的基本原则与方法，并采用大量的实践案例，让他们意识到问题的重要性。

3. 学生主要利用闲暇时间上网且比较频繁

教师认为，学生选择上网的时间主要是在周六日、寒暑假、晚上放学后等大块的闲暇时间，周六日上网的学生占到39.4%，寒暑假上网的占到29.2%，晚上放学后上网的占到26.8%，课间休息和其他时间所占比例较小。

41.2%的教师认为，学生每周上网1—2次；34.9%的教师认为，学生每周上网3—4次；17.2%的教师认为，学生每天都上。因此，有近90%的教师认为，学生每周上网在1—4次。对于每次上网的时间，54.5%的教师认为，学生每次上网半小时至1小时；25.3%的教师认为，学生每次上网1—3小时；13.1%的教师认为，学生每次上网半小时以下。若以学生每次上网1小时、每周2次计，那么学生至少每周上网2小时；若以学生每次上网3小时、每周4次计，那么学生最多每周上网12小时。

可以想象，目前无论是小学生还是初中学生，都面临着较大的学业压力，虽然我们一直在倡导“减负”，但是好像对于学生个体而言，却是“越减压力越大”。这种压力不是通常的作业压力，而是与之相伴随的各种潜在的压力，如家长担心作业少影响学生的学习成绩，于是给孩子报了各种各样的辅导班，孩子看似在学校没什么压力，可是在课外却要上各种学习班，孩子缺少自主的时间，这些时间都被家长塞得满满的。学生一旦获得了自主的时间，要不就是在网络上抓紧放松，要不就是坐着发呆不知道该怎么打发时间，现在的孩子只会学习却丧失了会玩的能力。因此，一些不良信息就抓住了学生的这些特点及时间，以“让学生放松、减压”之名，达到污染学生的目的，这好比饮鸩止渴，只能越陷越深。

对于教师而言，既然知晓学生的这些情况，就应该引导学生学会使用闲暇时间，为学生提供闲暇时间开展各种活动或学习的可能，让他们看到，生活原来可以这样过，人生应该不虚度。同时，需要给学生提供各种反面案例，让他们看到，人生的起起伏伏是因为那些关键事件或关键人物，那些不良信息是如何影响人的，从而知晓目前人生阶段的特征，进而自主把握人生的方向。

4. 学生上网主要是聊天、网游

22.9%的教师认为，学生上网主要是聊天；22.4%的教师认为，学生上网主要是玩网络游戏；16.4%的教师认为，学生上网查阅学习资料；16.6%的教师认为，学生上网听音乐、看视频；其他如维护个人博客、收发邮件、浏览时事新闻、网上购物、看小说等所占比例较小。可见，学生的网络生活还是比较丰富多彩的，以聊天和网络游戏为主，辅之以查阅学习资料和娱乐。

对于学生的上网，30.3%的教师担心学生上网太占用时间而影响学习，27.9%的教师担心网上不良信息把孩子教坏，24.2%的教师担心孩子在网上打游戏，还有11.5%的教师担心孩子网恋，5.6%的教师担心上网花费太多。可见，教师对学生上网的主要担心还是影响学习、怕学生学坏等。因此，笔者认为，教师要明确自身的角色与职责，教师不仅仅是知识的传授者，教师更主要的功能是“育人”。近年来，虽然我们在大力提倡素质教育，但是应试教育却依然扎扎实实，当然这有很多方面的原因。但对于教师而言，不能只从认知、学习的角度去做一个“教书匠”，而更应该从心灵成长方面去做“导师”。否则，我们培养出来的人都是“精致的利己主义者”，没有基本的伦理道德，如果社会全是这样的人，那么这个社会还有什么可爱的？

对于学生而言，网络的诱惑力是很大的，这样一个虚拟的空间，满足了学生在现实世界所体验不到的所有需求和感觉。未成年人身心不成熟的特点，使得他们难以自律，要想很好地控制自己上网的时间和内容的选择，唯有他律。但是，他律也并非决然“断网”，视网络为洪水猛兽，“堵”是难以奏效的。因此，教师在此问题上的角色更多的是一个引导者、体验者，与学生一起使用网络，分享自己在网络中的身心体验，分享我们的困扰及处理的方法、态度，唯有分享，才能让学生在“共情”中习得经验，他们才会正视这些问题。问题的关键就在于，教师自身并未摆正自己的角色定位，并未从“立德树人”的角度去引导孩子的成长。试想，教师自身如果没有深切的网络体验，没有网游、聊天的经历，而去跟学生大谈应该如何如何，学生何以能够接受，双方缺乏基本的经验基础，缺乏“共情”的体验，那么教育就是苍白的，难以深入学生内心，深入不到学生内心的教育还能称为教育吗？顶多只能算是训诫，对学生而言起不到什么作用。

三、教师对网络不良信息的认知

互联网正如一把信息的“双刃剑”，充斥着良莠不齐的信息，有人认为是一个“信息垃圾箱”。当然，有垃圾的信息，也有有用的信息，全看主体如何选择、如何看待、如何使用。即便是负面信息，也会发挥正面的价值。但是，由于未成年人的未成熟性，他们难以辨别是非，容易受其影响。作为成人，我们需要为其营造一个适合他们成长的社会环境，使得他们的情感、认知扎根发芽，能够抵御不良信息的影响。教师，作为“示范”者，理应发挥这样的作用，呵护、支持学生的成长，让学生领略世界的美好，拒斥丑陋、拒斥不良信息。教师要引领学生发展、形成一定的价值观，自己本身就要成为价值观的“标识器”。

1. 教师对淫秽色情、暴力恐怖、不良道德等网络不良信息认知度较高

所谓网络不良信息，通俗来讲，就是指那些影响人的成长、发展的负面信息。根据已有的现象，我们依据一般的内容划分，将其分为六大类，即淫秽色情信息、暴力恐怖信息、不良道德信息、反科学信息、反政府信息、虚假信息。这六大类是通常出现的、对人的影响较大的不良信息。

淫秽色情信息是指那些带有淫秽色情的图片、小说、视频等网站、博客，据有关部门统计，我国以中文为主的黄色网站有5万多个，每天浏览过黄色网站的人数占上网人数的3.8%左右。可见，淫秽色情信息通过网络对青少年造成了“精神污染”，严重毒害着青少年的身心健康，有人称之为“电子海洛因”。暴力恐怖信息往往通过枪战、暗杀、绑架、帮派行会等方式表现出来。很多大型的网络游戏及相关网站存在暴力内容，这对青少年的负面影响是肯定的。不良道德信息是指那些有悖伦理道德的恶俗信息，如炫富、消极厌世、恶搞等。反科学信息，即以一种非科学的方式封闭人的思维、奴役人的精神、毁灭人的情感、扼杀人的尊严和自由的非理性信息。例如，算命、测字、装神弄鬼等庸俗的“世风”。反政府信息，即以一种煽动的方式宣传违背历史潮流和社会发展规律的政治谬论，动摇人们的理想、信念和意志、情操的有害信息，如“法轮功”等邪教组织。

在问卷中，我们给出了一些新闻网站首页的标题，让教师判断这些是否是网络不良信息，从教师的认知来看，他们对淫秽色情、暴力恐怖、不良道德等网络不良信息认知度较高，尤其是淫秽色情信息，详见表3-1。但是，对于反科学信息、反政府信息、虚假信息等认知度不高，也可能是因为这些信息出现的较少，或者是教师对这些信息的辨识度不高。

就此判断，教师的职业身份决定了教师对淫秽色情、暴力恐怖、不良道德等网络不良信息较为敏感，这几类不良信息不仅对学生，对其他年龄段的人的影响也很大。而对于其他几类，如反科学信息、反政府信息、虚假信息等教师对其略微不敏感，这也说明教师自身在这些方面的素养需要提升，教师需要具备较高的科学素养、政治素养，需要对真假美丑等具备较高的辨识度。因为教师的工作是一项育人的工作，是一项需要基于生命体验去影响、引导人的发展的工作，教师的生命体验越丰富，素养越高，对学生的影响越大。教师需要用

自己看见、体验到的美好，去引导学生追求“真善美”。学生在生命早期的美好的体验越多，越能够在未来的生活中抵御各种不确定的风险，而这需要教师内在心灵的哺育。

表 3-1　教师对网络不良信息的认知

不良信息分类	新闻网站首页的标题	百分比
淫秽色情信息	女星野外换衣全程	9.4%
	美女全裸艳舞	10.5%
暴力恐怖信息	少年在亲戚家偷钱后杀死姐弟俩	6.8%
	黑色行李箱内惊现全裸女尸	8.2%
	网上相约烧炭自杀	8.8%
不良道德信息	郭美美炫富	6.9%
	读书无用，不如嫁个有钱人	8.0%
	某大学公布学校 50 个美女的 QQ	6.5%
	某知名大学教授论文抄袭	3.4%
	凤姐对你回眸一笑，你酥了还是吐了	6.6%
反科学信息	网上测字算命	6.1%
反政府信息	香港“占领中环”游行活动	2.7%
	网上买卖枪支信息	8.3%
虚假信息	“非典”期间，板蓝根包治百病	3.7%
	有教授认为李白是唐朝“第一古惑仔”	4.2%

2. 教师认为网络不良信息对未成年人影响较大

教师认为，淫秽色情、暴力恐怖、不良道德信息对未成年人影响较大。87.9%的教师认为，网络不良信息对未成年人的影响很大；认为“一般”或“很小”的仅占 11.9%。具体而言，各种网络不良信息对未成年人的影响排列如下：28.0%的教师认为淫秽色情信息，25.9%认为暴力恐怖信息，21.2%认为不良道德信息，8.8%认为虚假信息，8.6%认为反政府信息，7.6%认为反科学信息。

教师认为，网络不良信息对未成年人的危害主要有以下几种：16.8%的教师认为，沉迷网络，影响与家人的沟通交流；16.1%的教师认为会对学习失去兴趣；16.2%的教师认为影响道德品质；13.6%的教师认为，影响性格，会使学生变得孤僻、冷漠；14.1%的教师认为会导致眼睛近视；10.8%的教师认为，上网花费大，会引发违法犯罪；11.6%的教师认为会导致学生缺少社会责任感。61.7%的教师认为，网络不良信息会引发未成年人的不良行为；仅有38.2%的教师认为并非由网络不良信息引起或由其他原因引起。

正如上文所言，教师的职业身份特征决定了教师肯定对不良信息有一定的认知，但是需要“知行合一”。如果只是认知到了影响，而不去防御或阻止这种影响，那教师就是失职。或者说，如果教师只是自己知道这种影响，而未能让学生也知道这种影响，对于作为教师的人而言，这也是一种失职。毕竟，每个学生个体的成长，既需要教师的引导，也需要自主的成长。作为教师，我们可能是先知先行者，也可能是先知后行者。如果是先知先行，那就要带领学生一起“知行”；如果是先知后行，那更需要跟学生一起“知行”。

3. 教师认为，不良网站、网络游戏是未成年人接触网络不良信息的主要途径

29.3%的教师认为，不良网站是未成年人接触网络不良信息的主要途径；21.6%的教师认为，网络游戏是主要途径；17.2%的教师认为是网络聊天；10.2%的教师认为是各类论坛；其他如各种综合性网站、个人主页、电子邮件、微博、微信、搜索等占比较小。

对于不良网站和网络游戏，一方面需要政府加强监管，采用技术等手段过滤或关闭这些不良网站，对网络游戏等实行分级管理的机制；另一方面也有赖于教师加强对学生的思想政治教育和合理引导，避免他们沉迷网络，影响身心健康。如果说前者更多是从政策、技术等方面的“硬”约束的话，那么后者则是从教育、心灵等方面的“软”约束。对教师而言，“软”约束体现的是教师的专业素养，我们认为，教师的专业素养不仅仅包括专业知识、技能等方面，更应该体现为教师为解决学生问题而整体、系统调动自身所有资源的一种能力。如果说专业知识、技能方面的教师形象是“技术熟练者”的话，那么解决学生问题的教师形象应该是“反思实践者”。从“立德树人”的角度而言，我们倡导作为“反思实践者”的教师专业发展，而不要将教师专业发展窄化为“技术熟练者”。

4. 教师认为，网络不良信息出现的原因比较多元

24.5%的教师认为，主要是政府对网络的监管不到位；21.5%的教师认为，主要是网站为了赚钱，谋求经济利益；21.1%的教师认为，主要是缺少未成年人网络保护法律；19.2%的教师认为，是为了满足未成年人的好奇心理；还有13.5%的教师认为，主要是社会浮躁，社会环境不太好。

总的来看，教师们对网络不良信息的归因还是比较理性的，从发生学的角度来看，网络不良信息的出现乃至成为影响未成年人的重要因素，其原因不外

乎以下几个方面：一是网络本身的特点，网络空间的虚拟性、开放性、动态的易变性，使得作为一个场所或空间的信息负载平台充满不确定性和去中心化，这一平台汇集了不同态度、动机、价值观和行为习惯的机构、用户的需求，潜移默化地影响着进入网络中的人；二是未成年人的未成熟性，辨别是非能力较弱，社会经验欠缺，道德情感尚在发育，自律和选择能力较弱，但同时好奇心强，主体意识萌发，愿意尝试各种新鲜事物，极易受到不良信息的影响，比较脆弱；三是服务网络与未成年人的相关机制不够健全，政府对新兴事物的适应、应变和监管能力稍弱，相应的服务机制尚未健全，不同主体的自律能力稍差，相应的技术应对还不够成熟。总之，网络不良信息的出现是一个复杂的问题，需要一种统筹、综合治理的思路去全力解决。

四、教师对改善网络不良信息影响的建议

基于上述教师对网络不良信息出现原因的多元化思考，在改进建议方面，教师们基本上都认同已有的相关建议。唯一不同的是，他们在对不同建议选择的占比略有不同，这显示了他们对解决这一问题的优先路径。通过这种优先路径，我们也能够反观教师对自身角色、专业发展等方面的认知。

1. 应加强技术研发和处理

教师认为，应该限制上一些不良网站、在电脑安装绿色防护禁止浏览网络色情信息、禁止玩网络暴力游戏。92.4%的教师认为，应该在电脑上安装不良信息过滤软件，93.5%的教师认为，要加大网络安全技术的开发研究，从源头上减少不良信息。技术手段的处理成为教师们认为解决这一问题的优先路径。这可能代表了大多数教师对网络不良信息处理的观点，“技术优先”的路径值得我们深思。如同上文所言，教师对此类问题的认知更多的是倾向于技术处理，是从“硬约束”角度去改善，而不是从“软教育”的角度。换言之，教师对自身角色或专业发展的认识，也更多的是一种“技术熟练者”，而不是真正切入问题情境，去解决问题中的人或人在情境中的问题。诚然，我们不否认网络不良信息的产生有其技术及政策监管等方面的原因，但是我们更相信“人心”在抵御各种不确定性风险中的作用或价值。如果教师过于依赖或相信技术路径，而对自己眼前的学生漠视，认为更重要的任务是好好学习的话，那就是一种极其不负责任，就是一种“人的空场”，我们反对或警惕这种立场。

2. 应营造良好的社会环境，合力避免未成年人受网络不良信息的影响

92.2%的教师认为，家长要加强对未成年人的监护，避免其上网接触不良信息；93.2%的教师认为，要加强对网吧的整顿，限制未成年人进入；93.8%的教师认为，应加强行业自律和自我管理能力。可见，教师从家长、网吧、行

业这三个主体方面，认为应合力解决，不同主体承担不同的责任。家长是首要的，不能忽视网吧的整顿，行业的自律机制也需要建立。“合力论”不论是在这个问题上，还是在其他问题上，都已经表达得太多，但它似乎也只是表达了这样一种协同解决问题的思路或愿望，回返到问题本身还是该怎样就怎样，缺乏一种有效的机制，这样一种愿望很容易在集合之时发挥不出整体的影响力，原因很多，可能是视角或路径不同，或者利益不同。如果是这样的话，还不如倡导“本位论”来取代“合力论”，即每个组织或机构或主体，各自守好自己的本位，尽己所能去解决这一问题，遇到超出自己本位范围的，再寻求相应主体的支持。对于教师而言，同样如此，尽可能地通过各种活动去整合各种资源，发挥一定的集合影响力。但是，教师需要从“立德树人”的角度去超越对自己职业的认识与理解。

3. 应加强未成年人思想教育和网络法制教育工作

93.8%的教师认为，应该加强未成年人的思想教育和网络法制教育工作；72%的教师在课上讲过如何应对不良信息，28%的教师没有讲过。82.5%的教师认为应该加强对微博、微信中传播网络色情信息的监管，70.7%的教师认为自己有监管未成年学生不接触网络色情信息的义务。教师从家长、网吧、行业的主体过渡到自身，认为自身也应担负起教育未成年人的责任，并将其排在技术和社会环境的后面，这也反映了教师对自身角色的认知和定位，即优先解决技术路径问题，其次考虑不同主体的责任担当，最后发挥教育的作用。其实不然，从“化育人心”的角度来看，还是需要依靠教育从根本上去解决问题，否则“术”的层面再多，也难以触及根本，难以触及内心。这就对教师职业提出了根本的要求，或者说是回返到教师职业本身去考虑，“师者，所以传道、授业、解惑也”。现代教育的发展，使得教师过于追求所谓的“专业化”，而远离了学生本身，远离了问题本身。无论是思想政治教育还是道德法制教育，都旨在化育人心，如何化育？这既需要教师有很高的专业素养，也需要教师体验践行，需要教师走进学生的生活世界，发现吸引或困惑学生的问题，在不断地与学生“相似”中去发现问题解决的答案。如果远离学生生活，只是靠所谓的专业知识和理论教化，难以进入学生的内心，更别提问题的解决了。

4. 应制定未成年人网络保护法律，加强网络信息制度建设

91.9%的教师认为，应该制定未成年人网络保护法律；89.2%的教师认为，应该实行网络信息分级制度；80.5%的教师认为，应该实行网络实名制加强监管。可见，教师群体将法律、制度建设放在了最后，认为制度建设应该在技术建设、社会环境建设、思想教育建设之后。教师群体对于改善网络不良信息的对策建议值得我们深思。

教师，是社会中的一员；学校，也是社会中的一个机构。教育，离不开社会，离不开经济、政治、文化等各种生活。但是，教育又相对独立。说教育相对独立，是从教育“化育人心”、“立德树人”的角度去理解，“人同此心、心同此理”。千百年来，虽然物质财富在极大增长，技术手段在更新换代，但是作为人的内在的情感、精神等方面的进化却缓慢得多，较之物质文明、制度文明、精神文明不仅进化得慢，而且在某些层面上甚至在退化。因此，具体到网络不良信息的改善，教师给出的认知路径是“技术建设—社会环境建设—思想教育建设—法制建设”，反映了一定的现实性。但是，对于问题的解决究竟是否具有可行性？到底是应该“技术优先”还是“教育优先”？如果教育优先的话，对教师的综合素质有怎样的要求？教师需要得到哪些方面的支持？学校何为？家长何为？社会何为？是“合力论”还是“本位论”？所有这些问题的解答都值得我们深思。笔者认为，无论如何，回到学生个体的成长本身，回到网络不良信息发生影响的过程本身，回到教师专业素养的提升，这是前提。在此前提下，再去反思和建构问题解决的路径及可能需要的各种支持，可能会是问题的解决之道。

第四章　网络暴力游戏与未成年人的保护

王鹏飞　郭文旭*

为了解未成年人接触网络暴力游戏的情况以及对未成年人的不良影响，中国青少年研究中心开展了“网络不良信息与未成年人保护”课题研究。基于此次调研的统计数据，分析网络暴力游戏对未成年人健康成长的危害，并提出相应的对策建议。

一、未成年人接触网络暴力游戏的现状和特点

1. 未成年人接触网络暴力游戏的现状

网络游戏是未成年人上网的主要目的，但是网络游戏以成人游戏为主。就上网目的看，中国青少年研究中心“网络不良信息与未成年人保护”课题组2015年对部分未成年犯的调查结果显示，在未成年犯群体中，玩网络游戏的占比达到69.6%，成为继聊天、听音乐和看电视之后的未成年犯上网的主要目的。在普通未成年人群体中，以玩网络游戏为上网目的的未成年人占比也达到了44.4%。

就市场上网络游戏的绿色度而言，2016年1月中国青年网发布的《第七次中国游戏绿色度测评统计报告》① 的数据显示，在测评的1369款网络游戏中，测评结果为三星及以上的网络游戏（绿色游戏）占比仅为28%。存在洗刷罪恶、鼓励劫掠行为的游戏占比27%，暴力度和恐怖度达到三星的网络游戏占比分别为2.78%和0.29%。可见，网络游戏中大部分都不适合未成年人。

---

* 王鹏飞，西北政法大学刑事法学院讲师。
郭文旭，中国政法大学国际经济法学院2015级学生。

① 《第七次中国游戏绿色度测评统计报告》，http://youxi.youth.cn/160301/index.shtml#part9，最后访问时间：2016年5月9日。

在网络游戏中，防沉迷系统安装情况不佳。根据中国青年网游戏频道《第七次中国游戏绿色度测评统计报告》的数据显示，防沉迷系统不完善或者没有安装防沉迷系统的占比达到79%。

在网络暴力游戏的影响方面，调查数据显示，59.18%的未成年犯表示打网络暴力游戏容易上瘾，59.18%的未成年犯表示网络暴力信息可以诱发青少年违法犯罪。同时，网络暴力游戏将生命符号化、数字化，对未成年人犯罪具有推动作用。

2. 未成年人接触网络暴力游戏的特点

第一，网络暴力游戏是未成年人接触网络暴力信息的主要途径。在对网络暴力信息的专项调查中，有27.2%的未成年学生表示自己是通过网络游戏接触到网络暴力信息的，这成为继图片、视频之后的第三大网络暴力信息的接触途径。而在未成年犯群体中，通过网络游戏接触到网络暴力信息的未成年人占比则更高，达到44.3%。

第二，网络暴力信息成为网络不良信息中未成年人犯罪的主要诱发因素。在调查中，“此次犯罪是受到网络不良信息影响”的未成年犯占比达41.1%，而其中系受到网络暴力恐怖信息影响而犯罪的占比达到65.5%，成为网络不良信息中诱发未成年人犯罪的首要因素。

第三，对网络暴力游戏的接触限制方面在未成年学生群体和犯罪人群体中存在差异。在对于“在家里，父母对你玩网络暴力游戏是否限制”的调查中，有41.3%的未成年学生表示父母会禁止自己玩网络暴力游戏，而仅有18.3%的未成年犯的父母会禁止子女玩网络暴力游戏。这说明，在网络暴力游戏的接触上，未成年犯受到的限制较少。

二、网络暴力游戏影响未成年人健康成长的理论分析

在媒介影响效果的诸理论中，涵化理论最具代表性，是关于媒介内容对公众认知与态度的长期影响效果的理论。作为媒介暴力的一种，网络暴力游戏中充斥大量的暴力信息内容，通过涵化理论的分析，能够充分说明网络暴力游戏对于未成年人的认知与态度的影响效果的生成机制。

涵化理论（Cultivation Theory），也称培养理论、教养理论、涵化假设、涵化分析等。该理论由美国学者格伯纳于20世纪60年代末期提出，其核心内容是研究电视传媒对受众认知以及行为攻击性的影响问题。其研究发现，电视节目对受众认知的涵化效果有二：一是认知扭曲的效果。在这方面，格伯纳主要探讨了电视媒介对社会现实和危险程度的认知误导问题。其认为电视节目中充斥的暴力内容会使公众对社会现实状况的认知产生歪曲，大大增加了人们对现

实社会环境中危险程度的判断，为人们营造出了一个黑暗世界的形象，成为引发人们错误认知的罪魁祸首。二是媒介事实与现实世界混淆的效果。其认为观众长期大量收看这些夸大了社会危险性的电视节目信息，会将媒介事实和社会现实同一化，认为现实世界中充满了暴力行为，并且自身处于暴力威胁之中。

1. 网络暴力游戏对未成年人的认知误导功能

网络暴力游戏对未成年人的认知误导功能包括三个方面：一是在于对暴力是非观的误导。网络暴力游戏将攻击行为合法化、正当化，将暴力作为游戏的唯一通行证，通过对杀伤行为在装备、晋级等方面即时性的奖励，强化了未成年人对于攻击行为正确性的认知，认为“力量即正义”，弱者就应当被消灭，不必有任何怜悯之心。网络暴力游戏增大了未成年人对攻击行为的宽容和认可度。王玲宇、张国良（2005）研究发现，青少年对网络暴力游戏的偏好程度与暴力赞成程度呈现相关性，越喜爱暴力游戏的青少年，其暴力赞成程度也越高。[①] 二是在于对社会暴力问题现状的误导。网络暴力游戏中侵犯行为的过度设定，会使未成年人形成对社会环境和危险性的错误判断。陈韵博（2015）研究发现，青少年玩家的暴力网游接触量越大，越倾向于高估自己被攻击的可能性，高估暴力犯罪的发生比例，并且越倾向于认为世界是卑鄙的。[②] 三是网络暴力游戏促使未成年人模糊虚拟世界与现实世界的界限。暴力网游世界与现实世界，其人物、价值观、生存法则、规则、环境均存在根本性的区别。虚拟世界中玩家不受任何道德、法律的制约，暴力至上，玩家暴力程度与生存可能性呈正相关关系，失败可以重来，游戏人物可以通过交易获得重生，除了过关晋级不用考虑任何事。但是现实社会却完全不同。许多沉迷网络暴力游戏的未成年人将游戏人物以及环境与现实人物混淆，将游戏中的攻击行为带入现实生活中。受其影响的未成年人犯罪行为往往更为凶狠，甚至认为杀人之后，被杀的人还能够像游戏人物一样死而复生。

2. 网络暴力游戏对未成年人的暴力脱敏效果

脱敏是指在反复面对一个会导致焦虑、恐惧的刺激时，焦虑、恐惧等负面情绪反应逐渐消退的现象；暴力脱敏则特指持续暴露于暴力刺激时的情绪反应钝化现象。[③] 网络暴力游戏导致玩家在生理指标上的变化，以及一系列认知和

---

① 王玲宇、张国良：《网络暴力游戏对青少年的“涵化”影响——对上海市中学生的调查》，载《当代青年研究》2005 年第 5 期。

② 陈韵博：《暴力网游与青少年：一个涵化视角的实证研究》，暨南大学出版社 2015 年版，第 164—185 页。

③ 郭晓丽、江光荣、朱旭：《暴力电子游戏的短期脱敏效应：两种接触方式比较》，载《心理学报》2009 年第 3 期。

行为的改变，是网络暴力游戏脱敏效果的体现。Bruce 等（2006）通过事件相关电位（ERP）研究证明了长期接触暴力游戏的个体，对暴力图片会产生脱敏。[①]“事件相关电位”，是一种呈现大脑认知活动的技术手段，通过对神经系统多种刺激引发的脑电位的检测和记录，来反映认知过程中大脑的生理改变，从而窥测被试对象的心理活动。郭晓丽等（2009）的研究也肯定了暴力游戏的脱敏效果，指出实验中的暴力游戏组观看暴力视频过程中生理唤起的水平更低。[②] 学者们的研究证实，网络暴力游戏通过攻击行为和血腥场面的呈现和不断重复，反复给玩家以感官上的刺激，呈现出一个混乱而放纵的世界，使长期沉溺于暴力网游的玩家再次接触到暴力刺激时产生反应钝化，直至在现实世界中亲自实施杀害行为时，也表现出惊人的冷漠和冷静。

三、网络暴力游戏危害未成年人健康成长的表现

1. 网络暴力游戏危害未成年人身体健康

网络暴力游戏在未成年人身体方面的危害，主要是针对网络暴力游戏引发未成年人网络沉迷，进而长时间连续上网造成对其健康、生命的损害而言的。近年来，“16 岁学生玩网游后猝死”、“连续上网猝死网吧　男子打网游 36 小时死亡令人唏嘘”等通宵玩游戏而猝死的新闻屡见报端。同时，网络暴力游戏对视力伤害严重。电脑显示屏伴有一定的辐射和电磁波，沉迷网络暴力游戏的未成年人长时间注视电脑屏幕，会诱发眼睛疾病。在中国青少年研究中心的调查统计中，有 81.7%的家长认为上网会导致孩子眼睛近视。此外，网络暴力游戏还会诱发其他疾病。网络暴力游戏玩家的游戏动作具有单一性和重复性，久坐不动加长期持续同一动作，容易导致骨骼疾病以及腰部、肩部等身体部位疾病。而部分暴力网游开发商为了增强玩家体验感，在游戏的部分环节增加了高强度的闪烁画面，这些闪烁画面在造成眼部疾病的同时，也容易导致如癫痫病的发生。有媒体介绍，从部分医院接诊情况中发现，目前网络已成为导致癫痫发病的重要诱因，复发门诊中，约三成患者是在网络上看电影或玩游戏

---

① Bruce D, Bartholow BJ, Bushman MA. Chronic violent video game exposure and desensitization to violence: behavioral and event-related brain potential data. J Exp Soc Psychol, 2006, 42: 532-539. 转引自颜玉平、唐炜玮：《短期接触暴力游戏对敌意归因偏见的影响》，载《校园心理》2013 年第 2 期。

② 郭晓丽、江光荣、朱旭：《暴力电子游戏的短期脱敏效应：两种接触方式比较》，载《心理学报》2009 年第 3 期。

时，被高强度闪烁的画面刺激导致发病。①

2. 网络暴力游戏危害未成年人心理健康

网络暴力游戏对未成年人的心理危害主要包括两个方面，一是价值观的冲击，二是虚拟世界与现实世界的混淆。

(1) 价值观的冲击。

第一，形成麻木的生命观。网络暴力游戏中充满了砍杀、决斗、大规模屠杀等血腥的场景，并且将对手杀死作为升级或者过关的必要条件。经过长期的暴力游戏接触之后，未成年人的“暴力恐惧”会逐渐转化为一种“暴力娱乐”，网络暴力游戏成为未成年人发泄情绪和疏解压力的工具，对暴力游戏逐渐产生依赖感。同时，网络暴力游戏将生命化作一种符号或者说一个数字，未成年人杀死一个又一个敌人的时候只是杀死一个又一个符号、数字，不具有任何怜悯之心。未成年人长期痴迷于网络暴力游戏，会形成一种麻木的生命观。

第二，形成暴力思维和暴力崇拜。在网络暴力的世界里，所有的问题都是通过武力解决的。沉溺于网络暴力游戏中的未成年人，由于长时间体验暴力血腥场面，使其自身习惯暴力行为模式，逐渐形成暴力解决问题的思维和倾向，认为暴力是解决问题最有效的方式。在现实世界中遇到矛盾和纠纷，容易丧失理智，以暴力手段解决冲突。同时，网络暴力游戏以攻击砍杀作为游戏的基本模式，以杀死对手作为晋级和获得奖赏的必要条件，并且每当杀人行为完成后或者进行到一定程度便随之出现即时性的奖励。而杀人多、级别高的玩家便因此拥有了炫耀的资本。于是，在网络暴力游戏环境中，暴力行为被不断强化，暴力美学被不断推崇，诱发未成年人的暴力崇拜心理和反社会倾向。

第三，形成拜金主义金钱观。未成年人玩网络暴力游戏需要支付一定的上网费用和游戏费用。尤其是网络暴力游戏中的一些技能、装备等，是顺利晋级的关键，也往往需要支付一定的金钱才能得到。但是，大多数沉迷网络的未成年人并没有收入来源，为了支付游戏费用，便铤而走险，实施侵财犯罪行为。

(2) 虚拟世界与现实世界的混淆。在网络暴力游戏的环境中，未成年人可以随意杀戮而不需承担任何责任。其是暴力行为的实施主体，是主动参与者，是对手生死的决定者，而游戏人物的背后，是另一个与其互动的玩家。游戏人物的死亡，代表着作为对手的玩家在网络游戏空间内的死亡。因此，长期沉溺于网络暴力游戏的未成年人，容易混淆虚拟世界中的“对手”和现实世界中的人。同时，网络游戏追求背景和人物的逼真性，与现实世界的高度契合

---

① 《沉迷网游或致癫痫　高强度闪烁刺激可导致发病》，http://www.chinanews.com/ty/2013/06-28/4981618.shtml，最后访问时间：2016 年 5 月 9 日。

性，对于心智尚未成熟，对网络游戏缺乏理性认知的未成年人，很容易混淆虚拟世界与现实环境的区别，形成身临其境的幻觉，完全陷入游戏的角色中，并将网络环境中的行为带入现实世界，引发暴力犯罪。甚至部分未成年人“以为人被杀死后，可以像游戏人物一样，在下一局中死而复生，继续厮杀”。①

3. 网络暴力游戏对未成年人行为模式的不良影响

（1）网络暴力游戏引发未成年人严重不良行为。

第一，网络暴力游戏导致未成年人厌学、逃学。未成年人初次接触网络暴力游戏往往是出于娱乐、释压的目的，但是，由于部分未成年人自控力差，家长和学校的管控力度又不足，导致其沉迷于网络暴力游戏的打打杀杀之中不能自拔。在网络暴力游戏中，没有任何道德制约和法律制裁，并且往往以攻击行为的程度来获取奖励，未成年人在其中找到成就感和自我价值感，找到了在学习中不能体会到的乐趣，进而引发厌学情绪，逃避现实。加上部分学校管理不到位，教师责任感不强，学生逃课打游戏而不能及时被发觉，造成学生越陷越深，而难以回归正常的学习生活中。

第二，网络暴力游戏导致未成年人夜不归宿。一些未成年人由于在成长的关键时期缺乏家庭关爱，或者父母教育方式不当，为逃避父母的压力以及家庭矛盾，转而对网络暴力游戏产生依赖。沉迷网络暴力游戏的未成年人，更倾向于去网吧上网，由于网吧中的未成年人一般处于无人管护的状态，因而往往通宵上网，夜不归宿。

第三，网络暴力游戏引发未成年人打架斗殴。网络暴力游戏已经成为诱发未成年人打架斗殴的主要原因之一。网络暴力游戏中的暴力信息对未成年人的行为习惯的养成具有极强的引导性，参与校园暴力的学生中很多是受到网络暴力游戏的不良影响。还有一部分未成年人在玩暴力网游的过程中与他人产生矛盾，从网上的骂战演变为现实中的打架斗殴行为。

（2）网络暴力游戏引发未成年人的犯罪行为。

第一，网络暴力游戏引发未成年人暴力行为模仿。网络暴力游戏最主要的特征是通过暴力血腥场面的强化和玩家的角色扮演，营造出身临其境的攻击氛围，使玩家在仿现实的环境中肆意实施砍杀行为而不受任何约束。玩家通过主动扮演角色，与游戏融为一体，通过逼真的画面、音效的设计，使长期沉迷网游的未成年人产生认识上的偏差。此外，暴力网游具有示范效果，向未成年人展示如何去杀人，传授杀人的具体方法和犯罪工具。未成年人思想不成熟，行为具有高度的模仿性，容易追求刺激而将网络中的搏杀行为带入现实环境中，

① 《网络暴力不断侵袭青少年灵魂　游戏背后的噩梦》，http://zjnews.zjol.com.cn/system/2013/09/26/019614376.shtml，最后访问时间：2016 年 5 月 3 日。

由网络玩家转变成现实罪犯。

第二，网络暴力游戏引发未成年人激情犯罪。网络暴力游戏向未成年人灌输了一种暴力可以解决一切问题，并且只能依靠暴力才能解决问题的思维模式和行为方式，使其形成暴力、冲动的性格。长期的暴力游戏接触使未成年人变得情感冷漠，淡化了现实中的暴力行为的负罪感，增加了自身的攻击倾向。加之沉迷网络游戏的未成年人往往存在控制力差的弱点，因而在遇到纠纷时，会瞬间激发未成年人的暴力冲动而引发犯罪行为。

第三，网络暴力游戏引发未成年人侵财犯罪。未成年人一般为没有收入来源的学生，而玩网络暴力游戏却需要大笔的上网费用以及游戏费用。未成年人往往由于无力支付游戏费用，又无法摆脱网瘾的折磨，因而引发侵财犯罪。中国青年网对网络游戏评测结果显示，存在花钱打造设备的游戏占到总量的46%。由此可见，网吧违规接纳未成年人上网，以及网络暴力游戏中金钱交易的项目设置，推动了未成年人侵财犯罪的发生。

4. 网络暴力游戏影响未成年人的社会化

个体社会化，是指个体在社会环境影响下，认识和掌握社会事物、社会标准的过程，通过这个过程，个体得以独立地参加社会生活。个体社会化的过程也就是一个“自然人”变成“社会人”的过程。个人社会化的主要任务是掌握基本的生活技能，接受并认识各种社会生活、社会行为规范，树立明确的个人生活目标，承担不同的角色任务，为适应社会生活打下良好基础。网络暴力游戏导致未成年人个体社会化的阻滞，表现在如下几个方面：

第一，网络暴力游戏影响未成年人人际交往。长期沉迷网络暴力游戏的未成年人，在网络环境中攻击行为被不断强化，暴力思维被不断巩固，久而久之他们的性格和行为表现均发生强烈变化，具体表现为情感冷漠、孤僻、偏激、暴躁易怒，以及富有攻击性，无法与人进行正常的交流，使其现实生活中的人际交往能力受到冲击。同时，网络环境与现实社会具有明显的区别，未成年人长期适应了网络暴力游戏中的规则和行为模式，过渡到现实社会的互动行为中，会出现社会适应能力变弱的情况。

第二，网络暴力游戏影响未成年人自我定位。未成年人在现实世界中面临生活、学习等各方面的竞争和压力，而在网络暴力游戏的环境中，其内心的负面情绪有了宣泄和抒发的渠道。未成年人在网络暴力游戏环境中不受各种行为规则的束缚，可以肆意决定游戏人物的生死，长此以往，会对自制能力差的未成年人造成心理依赖，并对未成年人产生涵化效应，引发角色混同。长期下来，会直接影响未成年人在现实生活中的自我定位。

第三，网络暴力游戏影响未成年人生存能力。个体社会化的过程是一个通过正常的生存技能和行为规范的学习和接受，逐渐提升自己适应社会能力的过程。而网络暴力游戏直接影响未成年人生存技能的习得和生存能力的提升。在我们的调查中，有过半的未成年人表示打网络暴力游戏容易上瘾，而有相当一部分的未成年人已经出现了网络游戏成瘾的现象。未成年人沉迷于网络暴力游戏环境中，将自己与现实社会隔离，虚拟的网络环境给了未成年人自我封闭的天地。网络暴力游戏世界的自闭性、价值观误导性和金钱依赖性，隔断了未成年人正常的生存技能的习得与行为规范的接受，妨碍了未成年人正常的个体社会化进程。

四、治理网络暴力游戏的危害、保护未成年人合法权益的对策建议

1. 未成年人的人身权益保护

未成年人沉迷网络暴力游戏，长期持续上网引发身体损伤甚至死亡，这类报道屡见不鲜。这与未成年人的父母、老师监管不到位，部分规章制度执行不力以及部分网吧违规经营，放任未成年人持续上网有直接的关系。因此，在未成年人人身权益的保护方面，家长和学校应当加强对未成年人的管护和引导，政府部门也应当严格落实有关防沉迷和网络实名制政策，加强网络暴力游戏的治理力度，同时应当对网络暴力游戏沉迷的未成年人采取针对性的心理治疗措施，使未成年人脱离网络沉迷的状态。

（1）游戏时间的限制。游戏时间的限制问题分为两个方面。一是家长和学校应当加强沟通，对未成年人进行有效监管，防止未成年人逃学逃课潜入网吧进而沉迷网络暴力游戏。同时，在家庭和学校环境中，对未成年人玩网络游戏的时间进行严格控制，对长时间上网玩游戏的行为予以及时制止。并可以通过在电脑上安装技术软件，对未成年人进行全方位的管控。二是政府部门应当严格落实有关政策、标准。早在2005年，新闻出版总署就会同有关部门、专家学者共同研究制定了《网络游戏防沉迷系统开发标准》，力图利用技术手段对未成年人在线游戏的时间予以限制。随后八部委进一步发布了《关于保护未成年人身心健康　实施网络游戏防沉迷系统的通知》、《“网络游戏未成年人家长监护工程”实施方案》，力图进一步推动未成年人网络游戏防沉迷工作。为保障使用者游戏适度，该标准中提出了对不同的累计在线时间的游戏收益作出不同的处理，将累计在线时间达到3—5小时的（疲劳游戏时间）游戏收益减半，5小时以上的游戏收益降为零。从该标准以及八部委的发布的文件内容上看，是可以保证未成年人游戏时间的限制，促进健康上网的，但是问题在于未得到有效的落实。鉴于此，应当充分发挥政府干预功能，加强对网络游戏市场的监管和审查，强制网络游戏中游戏时间限制的设计，从源头上做好未成年

人防沉迷工作。

（2）游戏背景的设置。近年来，因痴迷网络游戏导致未成年人视力下降的案例呈上升趋势。一方面是由于长时间面对显示屏导致眼睛过度疲劳而引发，另一方面是由于游戏背景的颜色、亮度等设计不科学而对眼睛造成刺激所致。因此，应当要求网络游戏研发企业在游戏设计的过程中，注意游戏背景的设置问题，包括降低闪烁频率和强度，增大游戏背景颜色的柔和度等方面。

（3）网络暴力游戏数量的削减。网络暴力游戏数量的削减，包括三个方面：一是市场上网络暴力游戏总体规模的减少，通过对暴力游戏的立法杜绝和打击力度的增大，正向减少市场上暴力网游数目；二是已有的暴力游戏暴力性质的转化，通过内容的革新，将其中暴力内容以非暴力内容替代；三是非暴力游戏的开发研制，通过非暴力网游的大幅度研发，抢占网游市场，反向降低网络暴力游戏在网游市场中的比例。

第一，暴力游戏的杜绝和打击。目前，我国关于网络暴力游戏的立法比较匮乏，多属于行政规章，立法层级较低，执行力度有限。建议将网络暴力游戏的杜绝和打击上升到法律层面，一方面，可以考虑纳入《未成年人保护法》以及《预防未成年人犯罪法》中，禁止开发和传播网络暴力游戏，并对于违法开发和传播网络暴力游戏的运营商制定严格的处罚措施。另一方面，对开发传播网络暴力游戏情节严重的，可以参考制作、贩卖、传播淫秽物品罪，将制作传播网络暴力游戏的行为纳入《刑法》进行规制。通过立法的加强，从源头上减少网络暴力游戏的开发和传播。

第二，暴力性质向非暴力性质的转化。对市场上已有的网络暴力游戏，应当结合内容的暴力程度和整改的空间进行有区别的处理：内容过分宣扬暴力崇拜、凸显屠杀细节和血腥恐怖氛围的，予以严肃取缔；在游戏的内容和情节上，取代暴力元素存在一定的空间的，则通过游戏细节上的暴力元素非暴力化，对暴力网游进行强制性整改后，审查合格的，重新投放市场。同时，在游戏背景的设计理念上，应当减少对现实世界的模仿和逼真度的追求，避免未成年人虚拟世界与现实世界的混淆，如Q版人物的渗透、血液颜色的替换等，与现实世界作出区别。

第三，非暴力游戏的开发研制。加强非暴力游戏的开发和研制，一方面可以抢占网络游戏市场，中和网络暴力游戏在市场中所占的比例；另一方面也可以通过游戏内容的设计，发挥网络游戏在未成年人教育方面的功能。比如，在游戏内容中加入中国优秀的传统文化以及道德规范，强化游戏中攻击行为的负面评价，强化游戏中受攻击人物的伤害后果、负面影响，将人性关怀融入游戏中，同时也可以在故事情节设计上加入一定的历史知识，寓教育于娱乐活动中，发挥网络游戏在未成年人的教育中的独特优势。

（4）加大违规网吧的打击力度，对网吧营业时间进行限制。禁止互联网经营场所接纳未成年人进入网吧在我国已有明确的法律依据，在有法可依的前提下，加强有法必依，执法必严与违法必究就成为政府监管部门的职责。政府部门对于网吧的整顿和治理应当常态化，并应当拓宽群众对网吧违规接纳未成年人上网的违法行为的举报途径，实现全民共同参与，同时应当严格落实法律法规对于网吧经营者的惩罚性规定，加大有关法律法规的执行力度以及对经营者的打击力。此外，为防止青少年沉迷网络游戏而持续通宵上网导致身体伤害后果的出现，应当对网吧营业时间进行限制，如可以将网吧经营时间限制在早8点到晚12点范围内，严禁通宵经营，防止玩家“连轴转”，保障玩家有足够的休息时间。

（5）对沉迷网络暴力游戏的未成年人采取有针对性的心理治疗措施。对沉迷网络暴力游戏的未成年人，还应当采取有针对性的心理治疗措施。目前，对此的主要治疗方法是认知行为疗法。在网络暴力游戏成瘾的心理发生原因中，认知上的扭曲占有十分重要的地位。认知行为疗法基于不良情绪和行为表现受控于不合理的认知和信念的理论基础，着力于找到不良认知所在，并进一步帮助未成年人重建认知结构和观念，纠正错误的认知，从而纠正其不良情绪或行为。

2. 未成年人财产权益保护

财产权益保护在网络游戏语境下主要是玩家虚拟财产保护的问题。网络虚拟财产是一种数字化、非物化的财产形式，属于无形资产的一种，是由网络游戏开发商所设计的，具有一定的交换价值。实践中，很多玩家都经历过账号被盗、虚拟财产遭受损失的问题，由于立法保护的缺失，玩家往往会面临维权困难，投诉无果的困境，公安机关也因取证困难而无法处理的情况。因此，在财产权益保护问题上，立法保护是根本，而强化游戏开发运营商的责任意识以及技术上的完善，则是虚拟财产保护的关键方面。

（1）立法保护。目前，网络游戏虚拟财产的立法保护尚属于空白状态，因网络游戏所引发的虚拟财产的纠纷处于无法可依的状态。而网络虚拟财产的获得往往是玩家付出了大量的劳动或者花费了一定的资金，对其的保护不仅是对玩家财产权益的保护，也是保障网游市场规范化运转的基本要求。因此，应当承认网络虚拟财产的财产属性，将网络游戏虚拟财产解释进入民事法律的“公民个人财产”之中，作为公民合法财产之一种予以保护，同时将非法占有他人网游虚拟财产纳入刑事法律中“侵犯财产罪”一章予以规制。同时，应当强化游戏开发运营商的责任，游戏开发运营商在性质上是提供游戏服务的服务提供者以及保管玩家虚拟财产的财产保管者，因而对自身在游戏服务、管理上的过错而造成玩家财产损失的，应当承担责任。

（2）技术保护。为防止玩家的网络游戏虚拟财产损失，网络游戏开发运营商应当加强技术保护措施。一方面，应当设置安全完善的账号登录系统和虚拟财产恢复系统，保障玩家的账号安全以及虚拟财产被窃取之后能够通过一定的验证程序找回。另一方面，网络游戏开发运营商应当做好完善技术、漏洞修复等工作，保障玩家在游戏过程中的运行顺畅，防止因技术故障而导致的财产损失。

网络暴力游戏对未成年人的物质财产也会产生损害，这主要表现在网络暴力游戏中大量收费项目的设置，甚至部分环节的费用缴纳成为晋级的必要条件，这使过关心切的未成年人不得不投入大量金钱，给缺乏经济来源的未成年人造成很大的负担。因此，应当强化网络游戏开发商、运营商的责任，在未成年人网络游戏的设计上，减少金钱依赖度，使玩家升级与游戏付费相脱离，转而将收费环节置于游戏背景的更换、人物装饰的改良等方面，对于有经济基础的未成年人玩家，付费促进游戏体验感，而对无经济基础的未成年人玩家，不付费也不会对晋级造成较大妨害后果，降低网络游戏晋级以及未成年人对金钱的依赖程度。

3. 未成年人受教育权益保护

未成年人的受教育权益保护是针对未成年人网络暴力游戏沉迷导致逃学、逃课甚至荒废学业的问题而言的。未成年人沉迷网络暴力游戏的一个重要原因是家长、学校在未成年人的正确引导和管控方面责任感不足。中国青少年研究中心 2011 年“未成年人网络沉迷状况及对策”课题组的调查结果显示，对未成年人沉迷网络的原因，家长和教师群体更多地归因于网吧管理不严等外部原因，从家庭、学校的自身教育引导方面的不足找原因的较少。《义务教育法》第 5 条规定，适龄儿童、少年的父母或者其他法定监护人应当依法保证其按时入学接受并完成义务教育；社会组织和个人应当为适龄儿童、少年接受义务教育创造良好的环境。《预防未成年人犯罪法》第 14 条规定，未成年人的父母或者其他监护人和学校应当教育未成年人不得有下列不良行为：旷课、夜不归宿。第 16 条规定，中小学生旷课的，学校应当及时与其父母或者其他监护人取得联系。第 23 条规定，学校对有不良行为的未成年人应当加强教育、管理，不得歧视。因此，保障未成年人受教育的权益，是家长和学校的重要义务。就未成年人家长而言，应当注意与子女多沟通和交流，给予子女足够的关爱和充分的尊重，对子女的上网行为进行正确的监督和引导。学校应当对教师进行专门的培训，掌握如何指导学生正确使用网络的方式方法。应当严格落实班主任的责任，疏通与家长之间的沟通反馈渠道，防止学生逃学逃课等脱管现象的出现。通过家长、学校责任的强化落实，充分保障未成年人的受教育的权利。

第五章　网络色情信息与未成年人保护

李守良　李　战*

为深入研究网络色情信息对我国未成年人影响的现实状况，中国青少年研究中心开展了“网络不良信息与未成年人保护”课题调研。基于此次调研的统计数据，分析网络色情信息对未成年人的危害，并提出相应的治理对策。

一、网络色情信息的概念

我国对网络色情信息的界定长期存在争议，因为不同民族、不同地域和不同社会发展阶段的人基于文化传统、宗教习俗和个体情感的差异而有不同的界定。正是对色情信息的表达具有主观性的特征，所以色情信息很难有客观的标准。在我国，色情与淫秽界限模糊，容易混淆。在 1985 年，国务院《关于严禁淫秽物品的规定》将淫秽物品定义为“具体描写性行为或露骨宣扬色情淫荡形象的即为淫秽物品”。该定义较笼统，未能对淫秽物品的种类、形式等内容加以具体的说明。1997 年《刑法》第 367 条对“淫秽物品的范围”进行了具体界定：“本法所称淫秽物品，是指具体描绘性行为或者露骨宣言色情的诲淫性的书刊、影片、录像带、录音带、图片以及其他淫秽物品。有关人体生理、医学知识的科学著作不是淫秽物品。包含有色情内容的有艺术价值的文学、艺术作品不视为淫秽物品。”色情信息只是淫秽信息的一部分。根据 2004 年《互联网站禁止传播淫秽、色情等不良信息自律规范》的规定可以确知：“色情信息是指在整体上不是淫秽的，但其中一部分有第三条中 1 至 7 的内容，对普通人特别是未成年人的身心健康有毒害，缺乏艺术价值或者科学价值的文字、图片、音频、视频等信息内容。”因此，网络色情信息具有体量大、形式多样的特点，也有跨地域、国界的，不受时空阻隔的传播快而广的特点，亦有隐秘性特征。间接或直接以营利为目的的团伙与个人，以网络为媒介，传播具

* 李守良，兰州大学法学院讲师，法学博士。
李战，山东省枣庄市希望共青学校教师。

有色情性质的图片、文字、音频与视频等内容。这些色情信息容易使未成年人沉迷其中，甚至诱发违法犯罪行为。

二、未成年人接触网络色情信息的状况

1. 未成年人主要是通过网络图片、视频等形式接触色情信息

网络色情信息以图片、视频以及性暗示等多种形式表现。对未成年人接触的网络色情信息的调查数据显示，在所调查的普通未成年人中，21.4%的在网上看过裸体图片，20.2%的看过性行为视频；在所调查的未成年犯中，32.4%的看过裸体图片，26.4%的看过性行为视频。通过上述数据对比发现，未成年犯在犯罪前浏览色情信息的比例高于普通未成年人。在性别特征方面，在普通未成年人中，男性与女性未成年人在浏览色情信息方面差别不大；在未成年犯中，男性与女性有明显的区别，男性未成年犯更倾向于裸体图片。在地域特征方面，生活在城市与农村的未成年人浏览的网络色情信息，没有显著差异，这与网络信息传播超越地域性等特性相关。

2. 未成年人接触网络色情信息主要集中在初中阶段

对未成年人接触网络色情信息的年龄阶段的调查数据显示，普通未成年人在小学阶段接触网络色情信息的占43.6%，初中阶段的占46.3%，高中阶段的占10.1%；未成年犯在小学阶段接触网络色情信息的占48.4%，初中阶段的占47.6%，高中阶段的占4.0%。总体而言，未成年人接触网络色情信息主要集中在初中阶段，而未成年犯接触网络色情信息的年龄相对更低，在小学阶段接触网络色情信息的比例超过普通未成年人。

3. 普通未成年人多数是被动接触网络色情信息，而男性未成年犯多数是主动接触网络色情信息

针对未成年人接触网络色情信息途径的调查数据显示，普通未成年人主动搜索色情网站的占4.6%，通过垃圾短信提供的网址链接的占15.0%，浏览网页时自动跳出来的占55.6%，朋友（同学）通过手机发送的占11.1%。由此可知，绝大部分普通未成年人是被动获得网络色情信息。在所调查的普通未成年人中，男性与女性未成年人在接触网络色情信息的途径方面有所区别，其中，男性未成年人主动搜索色情网站的占9.2%，通过垃圾短信提供的网址链接的占20.8%，浏览网页时自动跳出来的占70.0%，朋友（同学）通过手机发送的占17.7%；女性未成年人主动搜索色情网站的占2.7%，通过垃圾短信提供的网址链接的占17.7%，浏览网页时自动跳出来的占72.9%，朋友（同学）通过手机发送的占10.6%。通过数据对比发现，男性未成年人会更加主动搜索色情网站获取色情信息，更容易受朋友或同学的影响。

针对未成年犯接触网络色情信息途径的调查数据显示，未成年犯主动通过搜索色情网站获得色情信息的占28.9%，通过垃圾短信提供的网址链接的占17.8%，浏览网页时自动跳出来的占29.2%，朋友（同学）通过手机发送的占22.4%。与普通未成年人相比，未成年犯主动搜索获取网络色情信息的比例远高于普通未成年人，这说明未成年犯受网络色情信息的影响更严重。在所调查的普通未成年犯中，男性与女性未成年犯在接触网络色情信息的途径方面有所区别，其中，男性未成年犯主动搜索色情网站的占51.8%，通过垃圾短信提供的网址链接的占30.6%，浏览网页时自动跳出来的占48.8%，朋友（同学）通过手机发送的占39.1%；女性未成年犯主动搜索色情网站的占5.4%，通过垃圾短信提供的网址链接的占23.2%，浏览网页时自动跳出来的占75%，朋友（同学）通过手机发送的占25%。通过数据对比发现，男性未成年犯会更加主动搜索色情网站获取色情信息，受到朋友或同学的影响更大。

4. 未成年人接触网络色情信息的心理反应主要是感到厌恶，而未成年犯主要是感到好奇和刺激

关于未成年人接触网络色情信息心理反应的调查数据显示，普通未成年人看到色情信息时感到刺激的占6.3%，好奇的占14.3%，厌恶的占63.5%。由此可知，多数普通未成年人对网络色情信息是抵触与不接受的。未成年犯在犯罪前接触网络色情信息时，感到好奇的占46.6%，比普通未成年人高约32个百分点；感到刺激的占33.7%，比普通未成年人高约27个百分点；感到厌恶的占16.6%，比普通未成年人低约47个百分点。由此可见，未成年人接触网络色情信息的心理感受的不同在一定程度上决定了网络色情信息对未成年人价值观念和行为方式选择的影响。

5. 未成年人接触网络色情信息后的处理方式较为理性，而未成年犯更倾向于模仿和分享

调查数据显示，普通未成年人在接触到网络色情信息后对网络色情信息的处理，自己看看而已的占7.8%，模仿的占1.6%，转发给同学或朋友的占2.6%，关闭或删掉的占58.3%，举报的占22.8%；未成年犯在犯罪前接触网络色情信息后的处理方式是自己看看而已的占41.5%，模仿的占14.2%，转发给同学或朋友的占12.7%，关闭或删掉的占23.8%，举报的占6.8%。由上述数据的比较分析发现，多数普通未成年人接触网络色情信息的处理方式相对理性，但是未成年犯在犯罪前更倾向于转发给同学和模仿。

三、网络色情信息对未成年人的危害

在社会化过程中，未成年人容易被接触的网络色情信息误导和吸引，沉迷网络色情信息，甚至诱发违法犯罪行为。具体来说，网络色情信息对未成年人的危害主要表现在以下几个方面：

1. 影响未成年人的学习

未成年人的自控力相对较弱，在面对网络色情信息诱惑时，更容易被吸引，产生不健康的欲望，妨碍了未成年人的心理发展，分散其学习精力，导致学习成绩下降，甚至出现辍学等不良行为，荒废学业。根据对网络色情信息对普通未成年人的危害的调查数据显示，15.5%的普通未成年人认为影响到学业，而未成年犯的比例则占到 19.0%。根据对未成年学生的教师的调查，16.1%的教师认为网络色情信息使未成年人对学习失去兴趣，仅次于对学生道德品质的影响。

2. 危害未成年人的道德品质培养

未成年人的人生观、价值观处于形成阶段，网络色情信息对未成年人的道德心理造成直接侵害，抑制其形成健全的人格，导致其道德观念淡化、性道德弱化与性责任淡化，致使未成年人出现卖淫、嫖娼、非法同居等性越轨现象增多，从而引发严重的社会问题。根据对网络色情信息对普通未成年人的危害的调查数据显示，14.8%的普通未成年人认为影响到道德品质，而未成年犯中 14.2%的赞同此观点。根据对普通未成年人的家长的调查，担心网络色情等不良信息把孩子教坏的占 28.1%，16.2%的未成年学生的教师赞同此观点。

3. 危害未成年人的心理健康发展

孟子曾言："食、色，性也。"性爱，是人的基本欲望。奥地利学者弗洛伊德也认为："性欲是每个人的体格和人格的一部分。性，是一种本能，它决定了我们的性别角色和社会角色，也是人类接触外在世界的方法之一。透过对性的认识，我们才知道自己要扮演一个怎样的人、如何建立自我的观念、如何尊重异性及如何和别人交往。"[①] 性是人的本能，虽然网络色情信息在一定程度上缓解了部分网民的性压抑，但是对于身心发展不成熟的未成年人，网络色情信息带来了许多负面影响，尤其对未成年人心理健康危害较大。由于我国的家庭教育和学校教育中性教育缺失，导致未成年人对性认知的缺失，在好奇、寻求刺激等心理驱使下，许多未成年人通过网络了解相关性知识。然而，网络色情信息中传播的关于性行为、性态度、性道德等内容是畸形的、扭曲的，不利于未成年人建立基于自尊自爱的健康性伦理观，从而对未成年人的行为方式产生不良影响。个案调查发现，正是由于色情网站传播的畸形的性观念，诱发

① ［奥地利］西格蒙德·弗洛伊德：《性欲三论》，国际文化出版公司 2007 年版，第 157 页。

了未成年人的性犯罪行为。受到这种错误观念的引导，未成年人会认为性关系没有情感，也没有所谓的责任与义务，更不会受法律的约束，从而导致性倾向出现偏差，严重影响未成年人的身心健康发展。

4. 诱发未成年人性违法犯罪行为

部分未成年人由于长时间受到网络色情信息的影响，导致其在现实社会中尝试采取各种形式的性体验，没有感受到良知与道德的谴责，长此以往可能导致青少年放荡不羁，过分追求性刺激，从而导致性行为失控甚至出现性犯罪。根据调查可知，未成年人性犯罪与网络色情信息的诱惑密切相关。12.8%的普通未成年人认为因接触包括色情信息在内的不良信息导致上网花费大，引发违法犯罪；16.7%的未成年犯认为网络色情信息容易诱发违法犯罪行为，这也是近年来未成年人性犯罪的重要原因；65.8%的未成年人的家长认为未成年人的不良行为很大程度上是由包括色情信息在内的网络不良信息引起的，而87.9%的未成年人的老师赞同此观点。

四、网络色情信息泛滥的原因

在互联网迅速发展的今天，未成年人面对形形色色的色情信息，在生理、心理发展尚不成熟的阶段容易受到诱惑，加之不法团体与个人为谋取高额利润主动危害未成年人，而政府监管存在技术与人员等方面的问题。

1. 未成年人网络保护立法不足

在我国，以刑法为主的法律对网络传播色情信息进行了规定和处罚，但是在立法上没有对网络色情信息明确定义，从而使部分网络色情信息查处无法可依，对未成年人的网络保护立法不足，缺乏专门的未成年人网络保护法。根据调查，19.3%普通未成年人认为网络不良信息泛滥在于缺少未成年人网络保护法律，21.3%的未成年人父母赞同此观点，未成年人的老师赞同的比例为21.1%。

2. 网络监管不足

国家虽明确限制网络色情信息的传播，也采取了建立诸如网络审查制度等措施，但网络色情信息大量泛滥使事实审查变得非常困难。在网络空间中，网络行为具有跨地域性、即时性与虚拟性、隐秘性等特点。犯罪嫌疑人往往远程异地管理，容易隐藏，这给犯罪的侦办带来较大的难度。我国虽设立网络监察部门，但因人员与经费的缺乏及相关技术因素的原因，在现实社会中很难做到有效监控。调查发现，20.4%的普通未成年人认为网络不良信息泛滥是政府监管不到位造成的，22.6%的未成年人父母赞同此观点，未成年人的老师认同的比例为24.5%。因此，由于网络色情信息容易伪装，传播迅速，不容易察觉，给侦破和收集证据带来困难，从而使非法传播网络色情信息的犯罪多发。

3. 互联网行业自律性较差

在互联网协会积极推动下，现阶段很多网站各自制定了自律规范，但互联网自律规范多流于形式，不断暴露出新问题。很多网站对论坛、博客等的管理处于失控状态，这给不少不法团伙或个人传播不良信息提供了场所和渠道。调查发现，20.4%的普通未成年人认为网络不良信息泛滥是由于网站为了赚钱，20.6%的未成年人的父母认同此观点，未成年人的老师赞同的比例为21.5%。

4. 对未成年人的性教育不足

因传统文化对性的禁忌，我国对性教育重要性的认识不足，从而在对未成年人的性教育中，无论社会、学校和家庭都始终处于半遮半蔽的状态。未成年人在青春发育期，这诱发了未成年人对性的注意和追求，甚至是不正常的需求。在网络普及的时代，网络上形式多样的色情信息是未成年人获取性知识的重要来源。根据调查可知，22.4%普通未成年人认为网络不良信息泛滥与未成年人的好奇心理有关，19.4%的未成年人父母赞同此观点，未成年人的老师同意此观点的比例为19.2%。因此，未成年人对性知识好奇和缺少指导，且因其生理与心理发育不完全，从而造成未成年人对性知识的认识出现偏差，进而导致未成年人早恋、不健康的性行为，甚至导致性犯罪。

5. 未成年人网络素养的教育不足

随着我国经济的进一步发展和人民生活水平的逐步提高，不管在城市还是在农村，网络越来越普及。未成年人有更多机会接触网络，但其对网络信息鉴别能力差，加之好奇心强烈，容易受网络色情信息的引诱。

总之，在互联网普及的时代，我国对未成年人的性教育处于“犹抱琵琶半遮面”的状态，未成年人受生理发育及好奇心等因素影响，通过互联网了解性知识，但不法团体和个人为了谋取利益，主动诱骗未成年人接触色情信息，加之网络监管困难，造成网络色情信息泛滥，从而给未成年人的身心带来极大伤害。

五、治理网络色情信息、保护未成年人合法权益的对策建议

网络色情信息给未成年人的身心带来较大伤害，为了未成年人的健康成长，我们要从网络色情信息的整治、未成年人上网的引导、未成年人的性道德教育及相关立法的完善等方面采取措施，使未成年人免受网络色情信息的毒害。

1. 加强对未成年人上网的引导与教育

不法团伙或个人，基于丰厚获利的考虑，要想其主动放弃传播网络色情信

息确有难度，这就需要家庭、学校与社会对未成年人上网进行引导，倡导未成年人文明、安全上网，积极有效利用网络资源，从正面培养未成年人对网络色情信息的识别与判断能力，增强其自身抵御诱惑的能力，从而有效防止网络色情信息的不良侵害。除此之外，还要对未成年人进行法制宣传与教育，增强未成年人的守法意识，从源头上杜绝网络色情信息对未成年人的侵害。只有通过学校、家庭与社会三位一体的对学生的积极引导，才能更好地使未成年人远离网络色情信息，从而减少网络色情等不良信息的影响，更远离犯罪。

2. 加强对网络色情的监督与打击力度

职能部门要将监督与打击网络色情信息当成一项长期的任务来抓，对制造与传播色情信息的个人与团伙严厉惩罚。这不仅需要职能部门的努力，还需要全社会的共同参与。通过政府的协调，将广大网民的举报信息汇总与分析，对涉及网络色情信息的网站坚决查处，并追究相关参与人员的责任，从而构建健康的网络世界。

3. 互联网信息服务提供商应加强行业自律

为了遏制网络色情信息的传播，单靠监管部门有限的人力与财力，是很难兼顾众多网站的，这就需要互联网信息服务提供商增强社会责任感，加强其行业的道德自律。因为网络的隐秘性使得不少社会监控没法起到好的作用，从而互联网信息服务提供商的行业自律就显得尤为重要。动员各地互联网协会开展形式多样的宣传活动，引导网站经营者增强社会责任感，规范自身的经营行为。

4. 建立网络实名和网络分级制度

为了更好地对网络色情信息进行有效监督，应建立网络实名制度。只有建立网络实名制度才能更好地监督网络色情信息状况、追究相关人员责任，从而有效减少或杜绝色情信息的传播，减少对未成年人的不良影响。

网络分级制是针对不同年龄段与不同文化层次的网民建立的一种对网站内容的分类制度。在我国现阶段，虽建立网络分级制有理论与技术上的困难，但这一新型网络管理模式有迫切性、现实性和可行性需要。这一制度可以有效监控和遏制网络色情信息。

5. 加强监管，推广具有过滤功能的绿色软件

不少网吧为了谋求更大利益，不限制未成年人进入网吧，甚至以色情网站吸引未成年人上网。为了营造更好的上网环境，有必要对网吧等公共场所上网计算机加装具有过滤功能的绿色软件，过滤掉色情信息。

6. 加强未成年人性道德教育

现阶段，泛滥的网络色情信息给未成年人带来极大伤害。为了减少伤害，

对未成年人进行必要的性教育显得尤为必要。未成年人的父母本应对孩子的性教育起到主要作用，但中国家长受传统性观念的影响，在教育中羞于谈性，性科学的教育更无从谈起，从而导致性家庭教育的缺失。

我国在教育体系中增添了青少年性教育的内容，但相关内容仍过于简略，缺乏性心理认识、性道德培养与性法制观念等内容。正是由于性教育内容的缺乏，学生将获取性知识的途径转向了网络。互联网跨地域性色情信息的传播，使学生所掌握的性伦理观念受到冲击，让性观念不成熟的未成年人不知所措。况且，一些色情网站以性科学知识为幌子，诱导未成年人误入歧途，造成极大损害。所以对未成年人进行性道德教育刻不容缓，这有利于抵御网络色情信息的不良侵害，从而使未成年人远离性犯罪。对未成年人的性道德教育，除了要净化网络，防止未成年人受到不良侵害外，还要将未成年人性道德教育纳入学校教育的范畴，从科学的角度对青少年进行性教育，端正未成年人性道德观念，并进而使其正确认识网络色情信息与网络健康性文化的区别，从而使其远离犯罪。

7. 健全网络立法，加大惩罚力度

为了有效遏制网络色情信息，在新形势下，适当修改或制定相关领域的法律、行政法规、各种条例和规定等，从而使网络运行更好地受到法律的制约，从根源上对网络色情信息的传播进行有效遏制，给不法分子以严厉的威慑，彻底消灭他们钻法律漏洞的侥幸心理。对监管部门而言，不仅有法可依，还要严格执法，增强了监督。否则，法律、法规和规定的约束就成了一纸空文，失去了本身的价值。

总之，以普通学校未成年人、未成年犯及其父母和老师为样本，从不同侧面了解未成年人接触网络色情信息的内容、途径、接触后的心理反应及处理方式等，分析网络色情信息对未成年人在学习、心理、道德品质及性犯罪等方面的严重危害，探寻网络色情信息出现的原因，提出有针对性的社会、家庭与未成年人紧密结合的三位一体的预防对策。

第六章　网络不良信息与未成年人犯罪的关系

张振峰*

网络是指互联网和移动互联网等信息传输、接收、共享的虚拟平台。根据国务院2000年颁布的《互联网信息服务管理办法》第15条的规定，网络不良信息包括反对宪法所确定的基本原则的；危害国家安全，泄露国家秘密，颠覆国家政权，破坏国家统一的；损害国家荣誉和利益的；煽动民族仇恨、民族歧视，破坏民族团结的；破坏国家宗教政策，宣扬邪教和封建迷信的；散布谣言，扰乱社会秩序，破坏社会稳定的；散布淫秽、色情、赌博、暴力、凶杀、恐怖或者教唆犯罪的；侮辱或者诽谤他人，侵害他人合法权益的；含有法律、行政法规禁止的其他内容的。网络不良信息违反法律，违反道德，违反公共安全。未成年人的身心正在发展期，缺乏社会经验，对信息的辨别能力不强，容易受到网络不良信息的负面影响。

为了调查网络不良信息对未成年人的影响状况，研究未成年人保护的对策措施，促进未成年人健康成长，中国青少年研究中心2015—2016年实施“未成年人网络不良信息与未成年人保护研究”课题研究。本课题说的网络不良信息是指网络上对未成年人思想产生混乱、心理变得异常、身体造成损害的信息，主要包括价值观扭曲、道德低下、色情、暴力、反科学等信息。本课题组在山东、广东、河南、陕西和甘肃五省未成年犯管教所中，对未成年犯进行了问卷调查，共发放问卷1200份，回收有效问卷1060份，有效率为88.3%。现把有关调查情况分析如下：

一、未成年犯群体的基本状况

1. 未成年犯群体中九成多是男性，近七成不是独生子女

调查显示，男性未成年犯占总样本的93.7%，女性占6.3%。可见，在未

---

* 张振峰，中国人民大学法学院硕士生。

成年犯群体中，男性比例远远高于女性。这说明，在预防未成年人犯罪工作中，要特别关注男孩。

在未成年犯群体中，独生子女的比例并不高，只占到总样本的 31.9%，而非独生子女的比例则高达 68.1%（见图 6-1）。这与社会上存在的独生子女更难教育和管理、更容易误入歧途的主观猜测不相吻合。可见，社会对独生子女的评价应持有更公正、客观的态度。

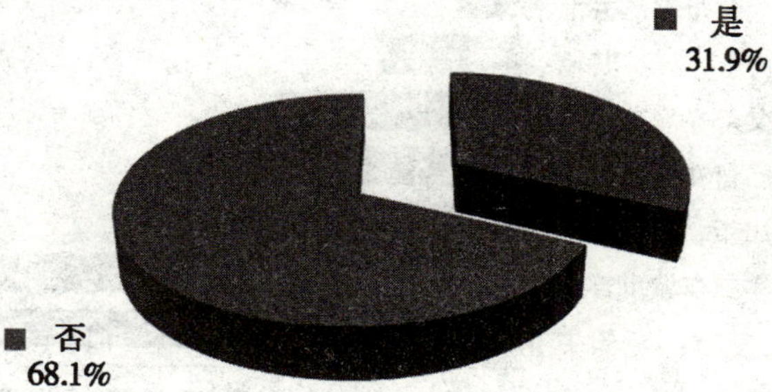

图 6-1　未成年犯是否为独生子女

2. 未成年犯普遍学历低，犯罪时大多没在上学

从整体上看，未成年犯的学历层次很低。高达 78.8%的未成年犯连初中都没有毕业，其中，有 25.8%的未成年犯要么没上过学，要么小学没毕业；拥有大专及其以上学历的未成年犯只占 0.3%（见图 6-2）。

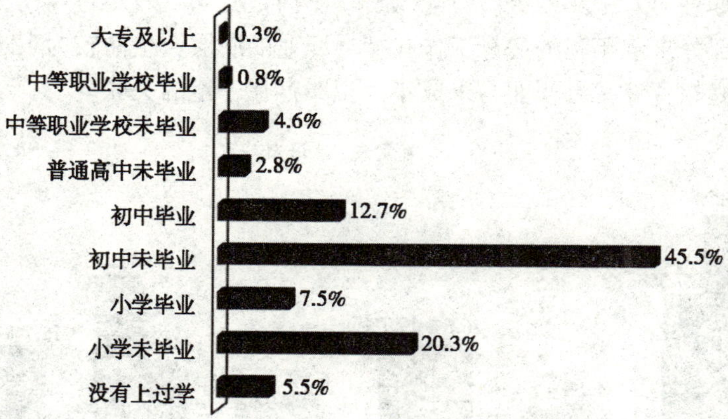

图 6-2　未成年犯的学历分布

在犯罪时，42.2%的未成年犯“辍学”，33.7%的“自己单独在城市打工”，19.4%的“离家出走，在外流浪”（见图6-3）。未成年犯的学历这么低，加上犯罪时多数没在上学，这说明在预防未成年人犯罪工作中，教育部门要重视义务教育的普及工作，特别是关注违纪违法未成年人的失学情况。

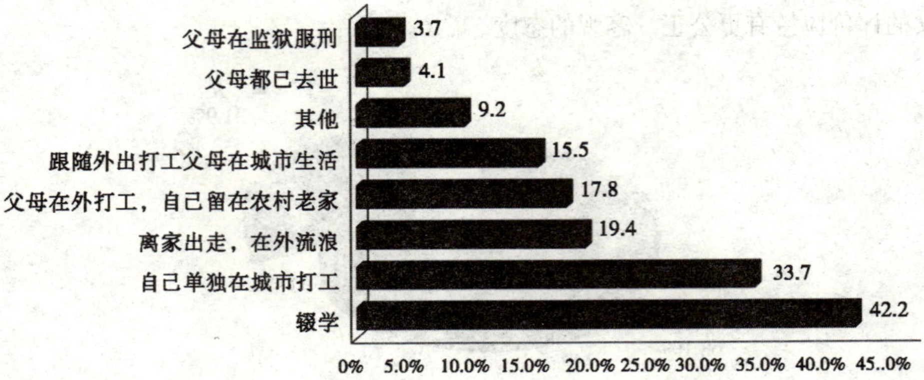

图6-3 未成年犯在犯罪时的家庭情况或自己的状况

3. 未成年犯父母的职业层级较低，家庭经济状况大多为一般

从就业情况看，未成年犯父母要么在外打工，要么从事个体经营活动，还有不少没有职业。具体来说，在未成年犯的父亲中，最多的为“在外打工”（占43.5%），其次是“个体经营”（占16.6%）；在未成年犯的母亲中，最多的为“无职业”（占30.2%），其次为“在外打工”（占27.3%）（见图6-4）。可见，大部分未成年犯的父母工作在社会职业的底层，生活较为艰难。父母职业影响家庭教育。父母职业与未成年人犯罪存在一定的关联。

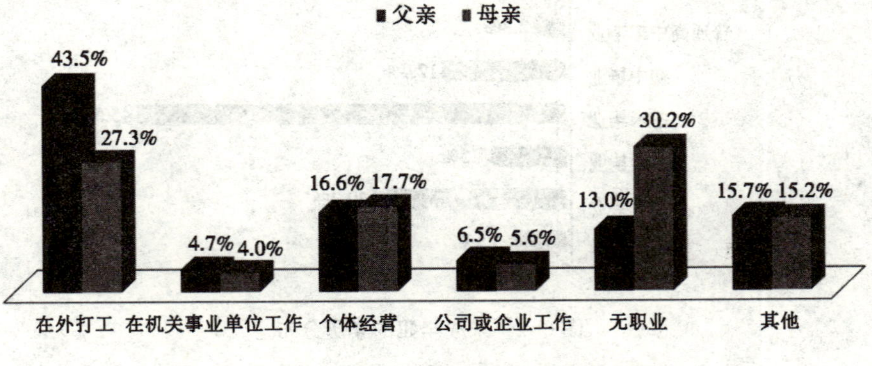

图6-4 未成年犯的父母的职业分布

关于家庭经济状况的自我评价，67%的未成年犯认为自家经济状况属于一

般，26%的认为属于困难，仅有7%的认为比周围人好（见图6-5）。有研究表明，一些未成年人在成长过程中存在攀比心理，当自己的欲望得不到满足时，如果没有很好的心理调适能力，就可能走上违法犯罪的道路。

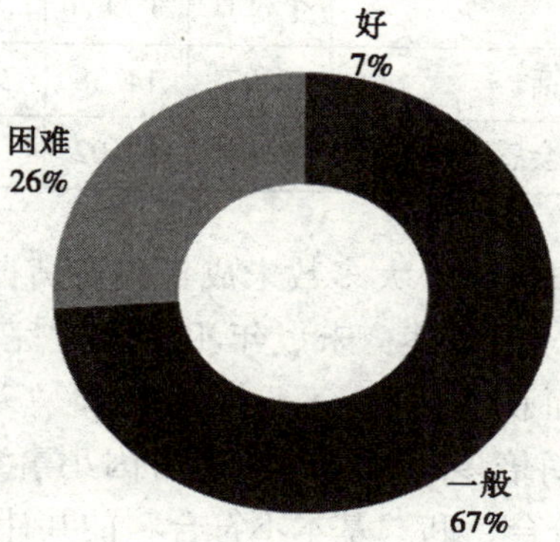

图6-5　未成年犯对家庭经济状况的自我评价

4. 未成年犯心理状况总体正常，未发现严重心理问题

课题组从“自信与目标”、“与周围的关系”、“情绪管理”、“诚实与友谊”四个维度对未成年犯的心理状况进行测量（见表6-1）。具体题项采用了李克特量表的形式。为了数据统计和行文的便利，本研究在计算频数和百分比时，将“完全不符合”、“基本不符合”、“不确定”、“完全符合”与“基本符合”分别进行了数据加总，以两类情况说明未成年犯的心理状况。

表6-1　未成年犯对自身状况的主观评价（%）

维度	指标	评价				
		完全不符合	基本不符合	不确定	基本符合	完全符合
自信与目标	我对自己充满自信	8.88	12.13	30.77	29.49	18.74
	我经常因小事拿不定主意	22.43	25.24	25.15	18.74	8.45
	生活有目标	10.09	14.65	24.54	27.74	22.99
与周围的关系	对周围的事物冷漠	15.63	20.24	32.06	19.14	12.93
	我看什么都不顺眼	25.07	24.38	29.52	13.43	7.60
情绪管理	有时情绪低落、闷闷不乐	7.64	13.91	20.37	32.62	25.47
	我经常无法控制自己的情绪	23.61	20.84	27.53	15.87	12.14

续表

维度	指标	评价				
		完全不符合	基本不符合	不确定	基本符合	完全符合
诚实与友谊	有时我也说假话	5.97	14.38	25.44	37.67	16.54
	伤害到朋友时会感到自责	8.64	10.02	19.55	30.26	31.53

从“自信与目标”维度看，大多数未成年犯充满自信，生活有目标。对于“我对自己充满自信”的描述，未成年犯认为“完全符合”和“基本符合”的共计48.23%，而认为“完全不符合”和“基本不符合”的共计21.01%，前者是后者的两倍多。对于“我经常因小事拿不定主意”的描述，未成年犯认为“完全不符合”和“基本不符合”的共计47.67%，认为“完全符合”和“基本符合”的共计27.19%，前者比后者高出20%多。对于“生活有目标”的描述，超过五成的未成年犯认为“完全符合”或“基本符合”，近三成的认为“完全不符合”或“基本不符合”，前者比后者高25.99%。

从“与周围的关系”维度看，多数未成年犯持有一种中立的态度。对于“对周围的事物冷漠”的描述，只有不到三分之一的未成年犯认为“完全符合”或“基本符合”，其他的则认为“完全不符合”、“基本不符合”和“不确定”。对于“我看什么都不顺眼”的描述，49.45%的未成年犯认为“完全不符合”或“基本不符合”，21.03%的认为“完全符合”或“基本符合”，前者是后者的两倍多。

从“情绪管理”维度看，多数未成年犯虽然有时情绪低落，闷闷不乐，但他们仍能够掌控自己的情绪。58.09%的未成年犯认为题项中所描述的“有时情绪低落、闷闷不乐”是“完全符合”或“基本符合”的，但也有21.55%的认为这种情况是“完全不符合”或“基本不符合”的。虽然未成年犯群体存在情绪低落的问题，但该群体中的大部分人还是能够控制住自己的情绪的。

从“诚实与友谊”维度看，大多数未成年犯存在较为矛盾的心理，他们有时说假话，但在伤害朋友时又会感到自责。对于“有时我也说假话”的描述，54.21%的未成年犯认为“完全符合”或“基本符合”，20.35%的认为“完全不符合”或“基本不符合”，前者比后者高出很多。对于“伤害到朋友时会感到自责”的描述，61.79%的未成年犯认为“完全符合”或“基本符合”，而只有18.66%的认为“完全不符合”或“基本不符合”，前者是后者的三倍多。

以上调查数据说明，与普通未成年人相比，大多数未成年犯在心理上没有明显异常之处，他们的主观评价尚可，没有明显的心理健康问题。因此，学界在研究未成年犯的心理状况时，应防止先入为主的臆测，对于未成年犯的心理问题要给予恰当的评估，不能一概夸大。

5. 未成年人犯罪时年龄多在十五六岁，犯罪类型多属传统

36.2%的未成年人犯罪时是16岁，28.2%的是15岁，19.4%的是17岁。可见，未成年犯的犯罪年龄集中在15—16周岁，这一年龄区间占到所有犯罪年龄的65%左右（见图6-6）。

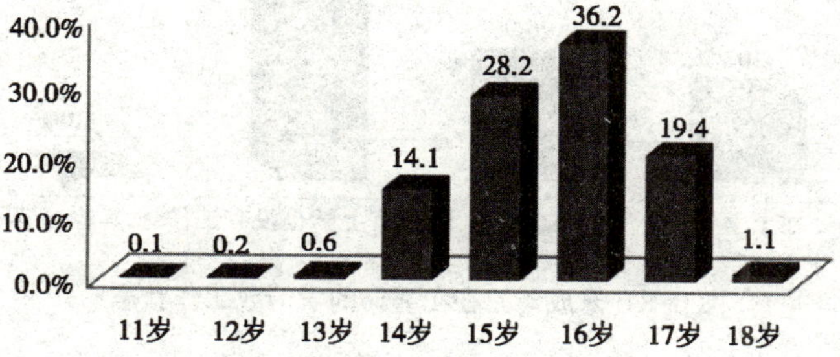

图6-6　未成年犯的犯罪年龄分布

未成年犯的犯罪类型大多是传统型，排在前三位的罪名分别是“抢劫”（占50.9%）、“强奸”（占17.3%）和“故意伤害”（占16.3%）（见图6-7）。“抢劫”罪超过一半，因此，加强对该类犯罪成因的探讨很有必要，同时，还应该加强对未成年人的法治观念教育。

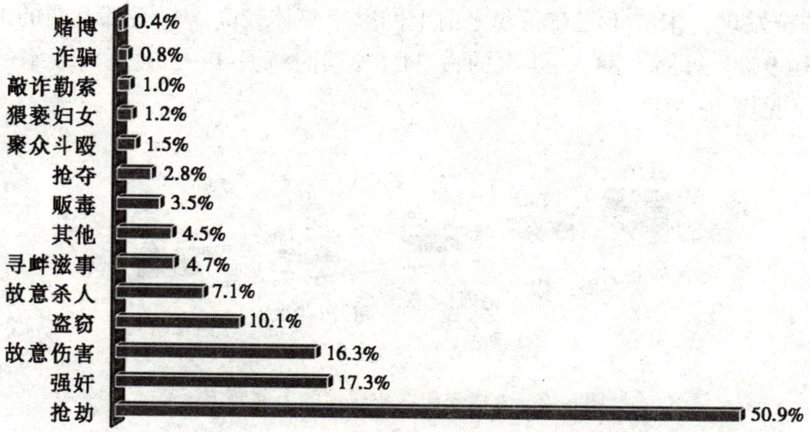

图6-7　未成年犯的罪名分布

6. 未成年人在犯罪时缺少家庭监管，多处于闲散状态

正如上文分析，未成年犯在犯罪时多处于辍学状态。三分之一多的未成年人犯罪时是自己单独在城市中打工，近20%的是在外面流浪（见图6-3）。犯罪时，大多数处于闲散状态，既没有上学也没有工作的比例高达52%（见图6-8）。

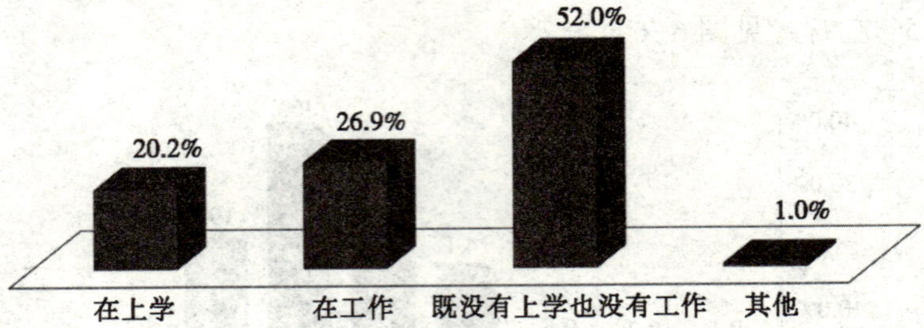

图6-8 未成年犯在犯罪时的学习或工作状态

这说明，未成年人在犯罪时大多缺少监护人的监管。因此，我国未成年人的家庭监管有待进一步加强，同时要重视发挥学校、社区、网络等对未成年人养成正确价值观、形成社会规范的作用。

二、未成年犯上网情况及对网络不良信息的认知情况

1. 未成年犯在犯罪前上网频率高、网络停留时间长

调查发现，未成年犯在犯罪之前上网频率整体较高。每天都上网的未成年犯占61.9%，每周上网3—4次的占24.5%，而每月1—2次上网频率的只占2.7%（见图6-9）。

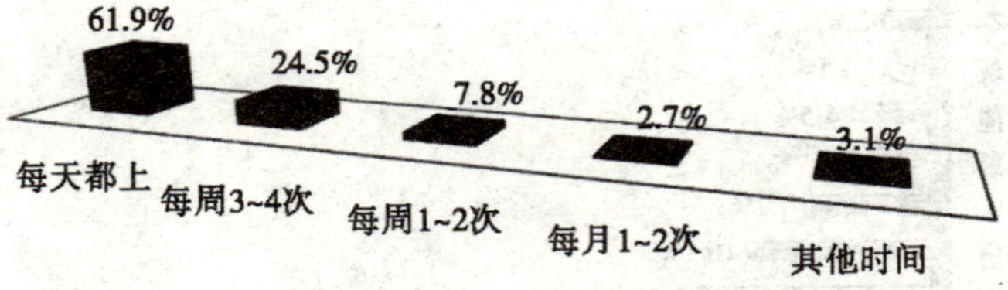

图6-9 未成年犯在犯罪前的上网频率

超过80%的未成年犯在网络上停留的时间在1小时以上，其中，一半以上的在3小时以上，超过5个小时的高达35.6%（见图6-10）。可见，网络已经占据了未成年人不少时间，教育界应更多地关注未成年人的上网情况。

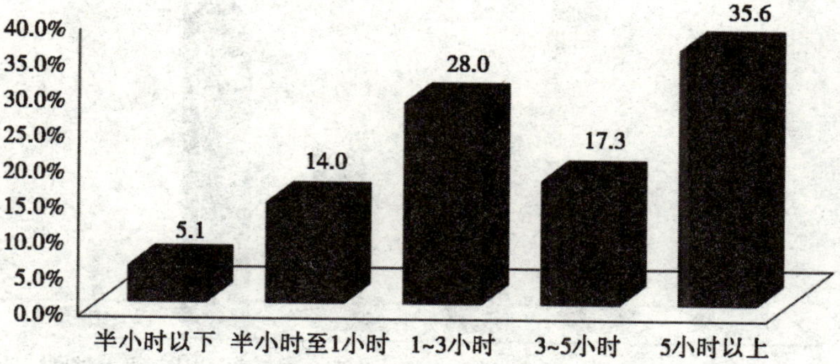

图 6-10　未成年犯在犯罪前的上网时长分布

2. 未成年犯在犯罪前上网多在闲暇时间，上网年限普遍较长

未成年犯在犯罪前上网的时间是比较灵活的，但大部分是闲暇时间。其中，晚上放学后的占 40.1%，周末的占 33.7%，寒暑假的占 23.7%（见图 6-11）。这种情况可能与学业有关。这些未成年人处于初中或高中的学习阶段，多数时间是在学校中，受到的规制多，没有太多上网的条件。而当有闲暇时间之后，他们就大量增加上网时间。

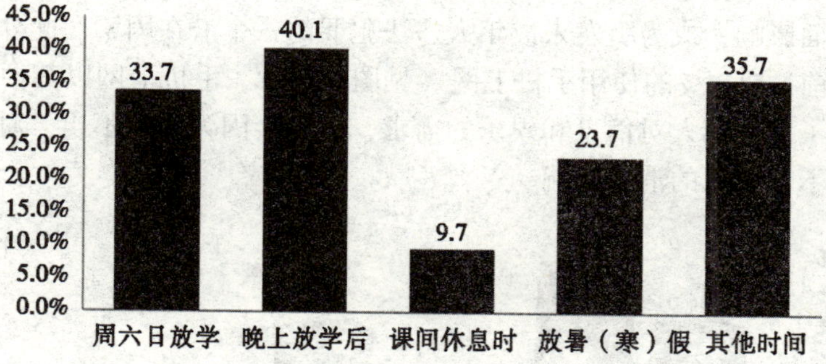

图 6-11　未成年犯在犯罪前的上网时间点分布

未成年犯在犯罪前具有较长的上网年限。网龄在 3 年以上的超过四分之三，其中，在 5 年及以上的高达 40.3%。可见，随着互联网和移动互联网的快速发展，未成年人可以较早、较方便地接触网络。

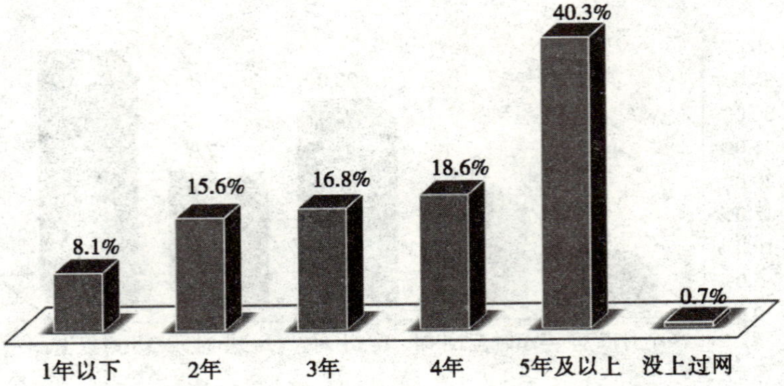

图 6-12　未成年犯的网龄分布情况

3. 未成年犯在犯罪前多在网吧上网，手机上网比例不低

未成年犯在犯罪之前经常去的上网地点是网吧，高达 76.7%（见图 6-13）。这点与我们对普通中小学生的调查结果不同，普通中小学生大多在家里上网（占 78.5%），去网吧上网的比例仅为极少数（占 6.8%）。许多研究表明，网吧容易诱发未成年人犯罪。另外，网吧中嘈杂的环境以及部分上网人的不良行为习惯（如吸烟、喝酒、骂人、打架等），都极易对涉世未深的未成年人产生负面影响，成为引发未成年人违法犯罪的一个潜在因素。此外，未成年犯在犯罪前，51.1%的使用手机上网（见图 6-13）。手机上网以其便利性和灵活性满足了未成年人对信息和娱乐的需求，但也会因为使用不当，对未成年人造成获得不良信息的消极影响。

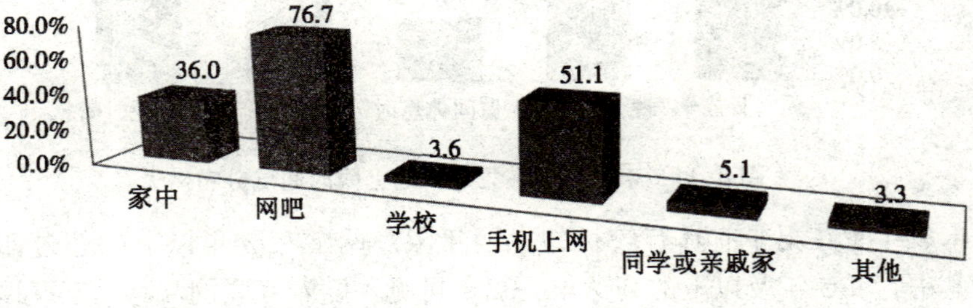

图 6-13　未成年犯在犯罪前的上网地点分布

4. 未成年犯在犯罪前上网大多为消遣和娱乐，多数没有受到父母的限制

从上网内容看，未成年犯在犯罪前上网主要是“聊天”（占 84.6%）、“听音乐、看电视”（占 72.3%）和“玩网络游戏”（占 69.6%）（见图 6-14）。可见，大多数是消遣和娱乐。

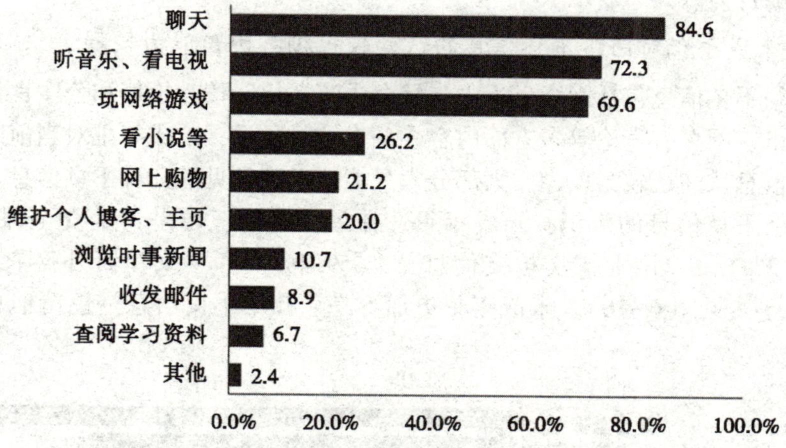

图 6-14　未成年犯在犯罪前的上网内容分布

在网络工具的使用上，91.6%的未成年犯经常使用 QQ，41.2%的经常使用微信，23%的经常使用微博。

数据显示，未成年犯在犯罪前，父母对其上网多数没有限制，这一比例为 54.8%。主要限制是玩网络暴力游戏和浏览网络色情信息，“禁止玩网络暴力游戏”的为 18.3%，“禁止浏览网络色情信息”的为 17.7%（见图 6-15）。

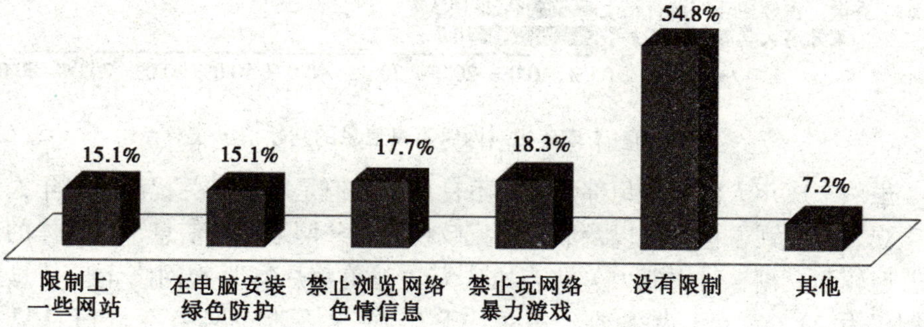

图 6-15　未成年犯父母亲在家中对上网的限制情况

与我们同期的调查相比，在上网限制方面，未成年犯的父母与普通中小学生的父母的做法存在较大不同。普通中小学生父母对子女上网，“没有限制”的为 27%，“禁止浏览网络色情信息”的为 42.4%，“禁止玩网络暴力游戏”的为 41.3%，“在电脑安装绿色防护”的为 31.4%，“限制上一些网站”的为 29.8%。可见，普通中小学生的父母对子女的上网行为关注更为密切，限制更多，而未成年犯的父母对子女上网行为的关注度较低，限制较少，这可能也是未成年犯群体较易受到网络不良信息的影响，做出一些有违反社会规范甚至违法犯罪的行为。

5. 未成年犯对网络不良信息的认知较模糊，辨识能力较弱

网络不良信息包括网络世界中与社会主流文化、核心价值和公序良俗相背离的资讯、网页、言论等多方面内容。调查结果显示，未成年犯对当前网络上的不良信息认知还较为模糊，大部分人只能认识到常见的几种不良信息。对于多项网络不良信息的辨识，未成年犯选择最多的前三位是“美女全裸艳舞”（占 73.2%）、“网上买卖枪支信息”（59.4%）和“女星野外换衣全程”（57.2%）（见图 6-16）。未成年犯更加容易认知的不良信息是色情信息和暴力信息。

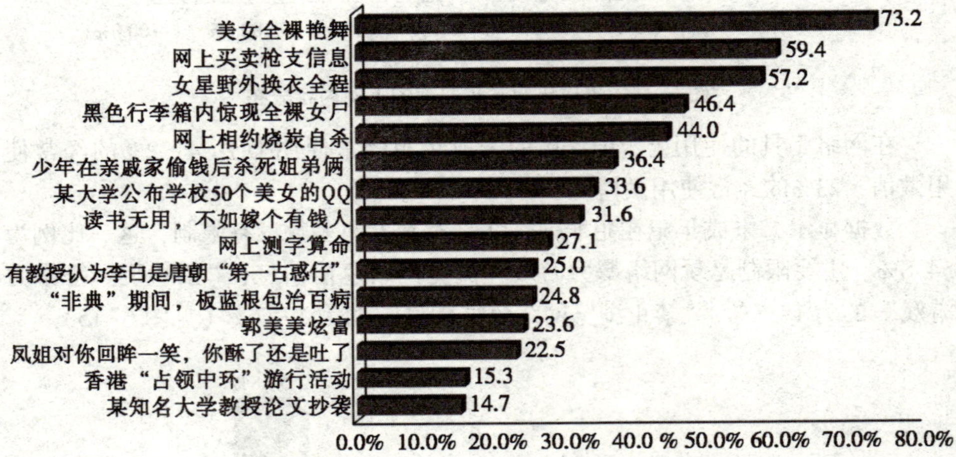

图 6-16 未成年犯对网络不良信息的判断情况

虽然未成年人能够辨识部分网络不良信息，但是对于有关扰乱未成年人的人生观、价值观、世界观以及颠覆国家政权的一些网络不良信息，该群体的认知普遍较为模糊、辨识能力欠缺，如认为“郭美美炫富”为网络不良信息的比例仅为 23.6%，认为香港“占领中环”游行活动为网络不良信息只有 15.3%（见图 6-16）。因此，我们在宣传网络暴力、网络色情等内容是不良信息的同时，还应该加大对人生观、价值观以及国家荣誉感等方面的宣传。

6. 未成年犯对网络不良信息缺乏评价标准

为了解未成年犯是如何筛选网络不良信息的情况，我们在问卷中设计了“你是怎样验证网上信息的真假的”这一题项。通过数据分析发现，大部分未成年犯在甄别网络不良信息上缺乏一定的标准。有 52.5%的未成年犯只是“凭直觉判断信息的真假”，还有 23.4%的根本“不知道如何辨别信息的真假”（见图 6-17）。

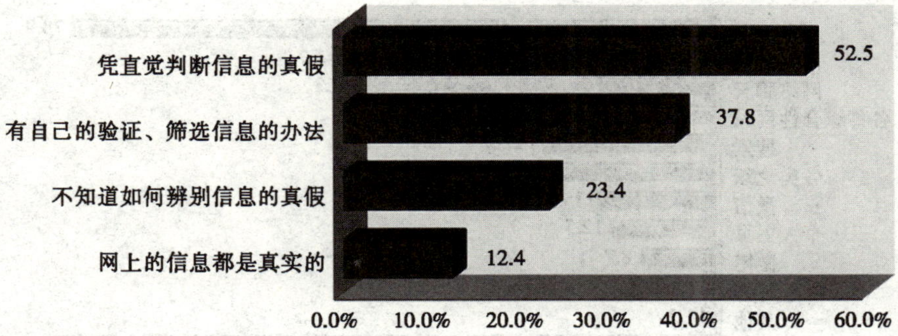

图 6-17　未成年犯对网络信息真假的验证方式

缺乏评判标准带来的后果是，他们虽然已经实际接触到网络不良信息，却没有意识到所接触的内容就是网络不良信息。这使得他们在犯罪之后寻找犯罪原因时，可能并不会想到与自己以往接触的网络不良信息有关。这也回答了我们的另一个问题，即在我们询问未成年犯是否受到了网络信息的影响时，近六成的未成年犯持否定答案（见图 6-18）。这与我们的预想是不一样的，究其原因可能是未成年犯对网络不良信息各类形式并不太了解，对除暴力、色情之外的其他网络不良信息辨识不明。

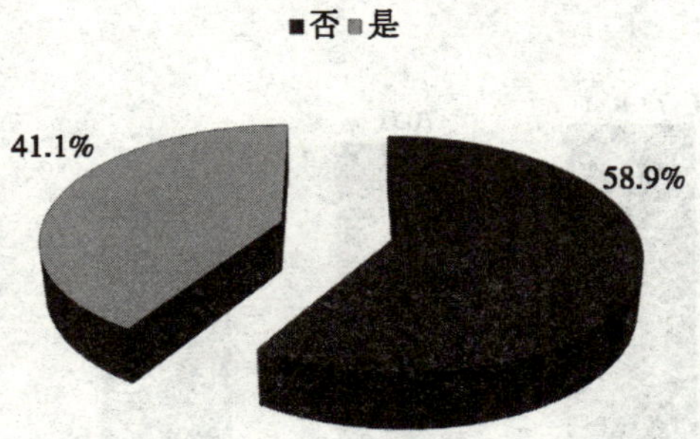

图 6-18　未成年犯对网络不良信息引发犯罪的看法

7. 未成年犯在犯罪前通过各种途径接触网络不良信息

未成年犯在犯罪前接触网络不良信息，除传统的网站链接、网络聊天、各类论坛、网络游戏等渠道外，手机中的微信、微博客户端等也开始成为他们接触不良信息的另一途径。可见，未成年犯接触网络不良信息的途径呈现多元化趋势，这一趋势也增加了对未成年人上网行为的监管难度。虽然该群体接触网络不良信息的途径多样化，但从不良网站、网络游戏以及网络聊天的渠道获取不良信息仍是主要的方式，三种渠道所占的比例分别为 78.9%、45.7% 和 43.3%（见图 6-19）。

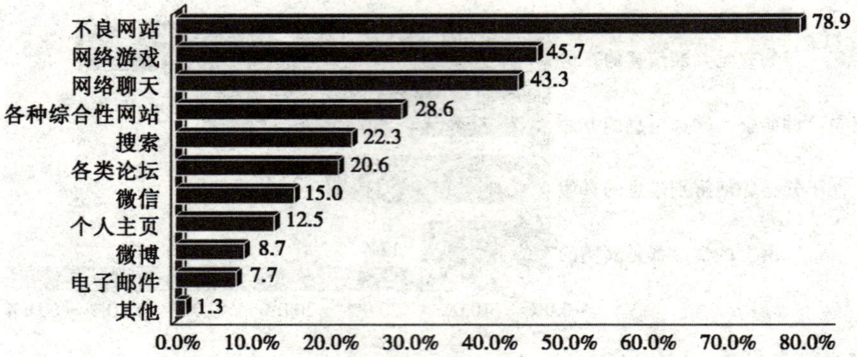

图 6-19　未成年犯接触网络不良信息的途径分布

8. 多数未成年犯接触过暴力、色情信息，但网络不良行为的发生率不高

在未成年犯接触的网络不良信息中，暴力信息和色情信息是该群体大部分人都接触过的，这也符合前文分析的未成年犯对网络不良信息的认知情况。具体来看，接触的网络暴力信息中，有高达 73. 8%的未成年犯在网络上看到过“殴打”信息，70. 0%的看到过“砍杀”信息，57. 2%的看到过“血腥屠杀”(见图 6-20)。

图 6-20　未成年犯接触网络暴力信息的情况

在接触的色情信息中，有 71. 7%的未成年犯看过“裸体”、69. 6%的看过“接吻”、58. 5%的看过“性暗示”(见图 6-21)。

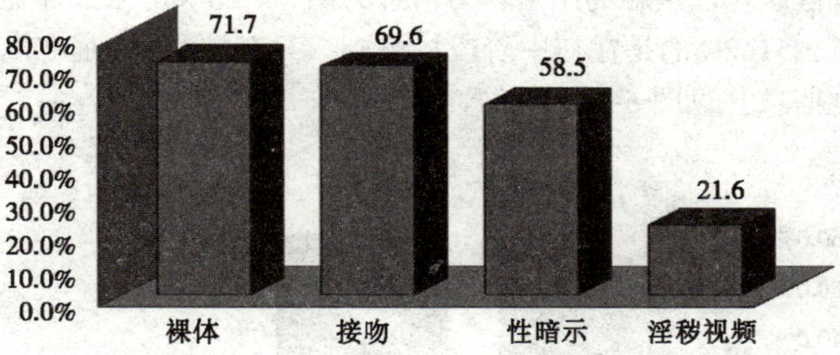

图 6-21 未成年犯接触网络色情信息的情况

在未成年犯接触的网络不良信息中，大部分信息是以视觉冲击力较强的视频或者图片出现（无论是暴力信息还是色情信息，都超过了半数以上），这对于未成年犯记忆的影响是较为持久的，还很容易被心智未成熟的未成年犯模仿和重现。

未成年犯在犯罪前接触到不少网络不良信息，但很少实施网络不良行为。数据显示，对于“网络赌博”的不良行为，超过一半的未成年犯“从未有过”；对于“网络诈骗”的不良行为，72.90%的“从未有过”；两者经常发生的比例均没有超过 20%，而网络诈骗的比例更是低于 5%（见图 6-22）。这说明，从接触网络不良信息到发生网络不良行为存在一个过程，对网络不良信息的一般接触不一定会导致网络不良行为的发生。多数未成年人即使接触了网络不良信息，也能够正确认识，并自觉约束可能的网络不良行为。

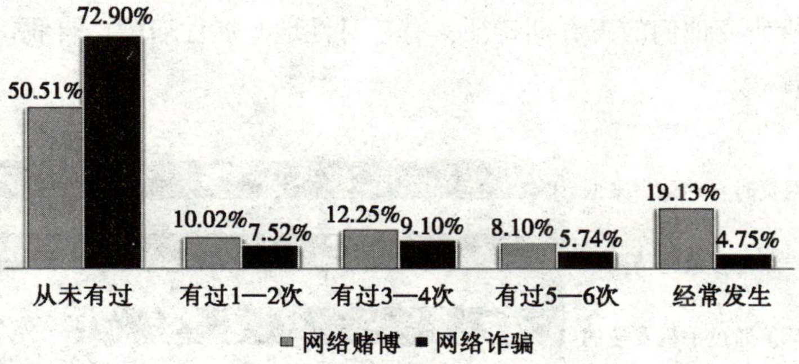

图 6-22 未成年犯网络不良行为状况

9. 未成年犯在犯罪前较小就接触网络不良信息，有时还主动搜寻

这些正在服刑的未成年犯大多是“90 后”或者“00 后”，由于近年来网络在我国的发展与普及，他们出生以来就一直被网络所包围，其网络接触年龄也普遍提前。他们接触网络时间较早，加之对网络不良信息甄别能力较弱，这使得他们在小学和初中期间就过早地接触了网络不良信息，影响了他们的思想

意识和心理健康。以接触的网络暴力信息为例，47.1%的未成年犯是在小学阶段就接触了，51.2%的是在初中阶段接触到，只有1.8%的是在高中阶段接触的网络不良信息（见图6-23）。

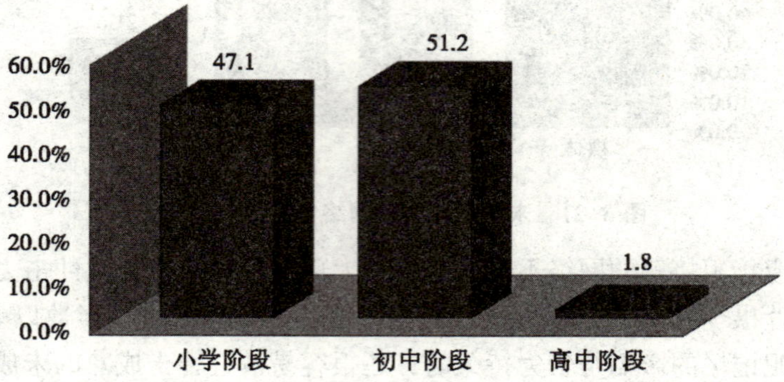

图6-23 未成年犯接触网络暴力信息时的就学阶段（%）

另一个值得引起我们注意的是，虽然未成年犯在接触网络不良信息时，多数情况下是因为浏览网页时自动跳出来的，但也存在一些主动搜寻的情况。以未成年犯在犯罪前获取网络色情信息的方式为例，50.0%的这类信息是在“浏览网页时主动跳出来的”，但也有49.4%的这类信息是由未成年犯自己主动搜索获得的（见图6-24）。在后续的调查中我们发现，之所以主动搜索网络不良信息，很大一部分原因是未成年犯的好奇心（63.9%）。因此，在预防未成年人犯罪时，家庭和学校应主动承担起教育的责任，根据未成年人的成长和发育阶段，分析研究他们的青春期特征，有针对性地开展性启蒙、自我保护等方面的知识教育。

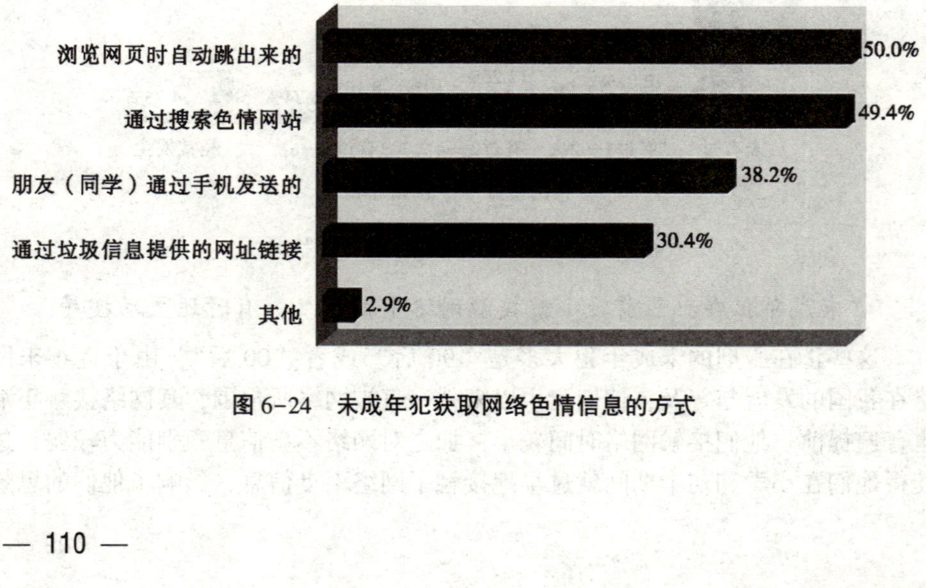

图6-24 未成年犯获取网络色情信息的方式

三、网络不良信息对未成年人犯罪的主要影响

网络可以增加未成年人获得各类资讯的途径、丰富他们的知识，但是，网络不良信息也会对他们造成一定的负面影响。从调查情况看，网络不良信息对未成年人犯罪的影响主要有以下几个方面：

1. 网络上的暴力和色情信息容易引发未成年人犯罪

当前暴力和色情信息是网络不良信息的通常表现形式，也是未成年犯最容易识别、最容易受影响的两类网络不良信息。调查显示，65.5%的未成年犯选择了"恐怖暴力"信息最能影响自己，56.4%的认为"淫秽色情"信息影响了自己（见图6-25）。

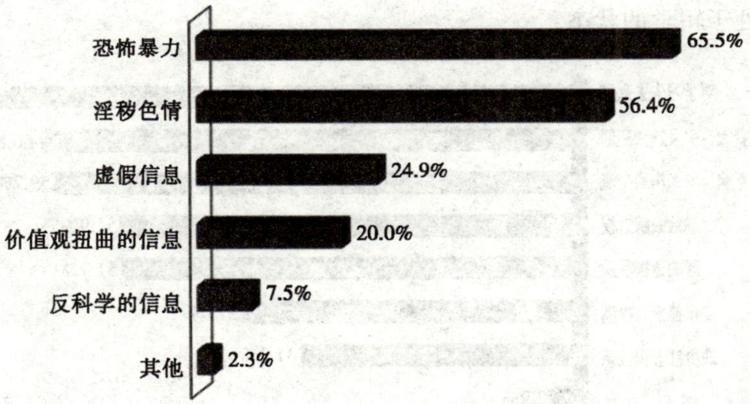

图6-25　未成年犯对网络不良信息的影响力评价

大部分未成年犯认同暴力信息和色情信息会诱发犯罪。对于"网络暴力信息可以诱发青少年违法犯罪"的说法，59.18%的未成年犯"完全同意"或"基本同意"，"完全不同意"或"基本不同意"两者的比例共计19.43%，前者比后者高39.75%。对于"网络色情信息可以诱发青少年违法犯罪"的说法中，57.32%的未成年犯"完全同意"或"基本同意"，25.58%的未成年犯则选择"完全不同意"或"基本不同意"，前者高出后者三成以上。此外，未成年犯在犯罪之前上网的资金大部分是从父母给的零花钱中支出的，但其父母很多时候是反对其长时间上网的，因此，当上网花费较大的时候，有的人会模仿一些看到的犯罪故事情节，实施违法犯罪行为。数据表明，60.8%未成年犯认为"上网花费大，引发违法犯罪"（图6-26）。可以看出，网络不良信息特别是暴力信息和色情信息极有可能引发犯罪行为。因此，在预防未成年人犯罪工作的网络因素中，应重点监控网络的暴力信息和色情信息，做到常抓不懈。

2. 网络不良信息影响未成年人的学习和生活

网络中的部分信息脱离现实，并且很多是以图片、视频等视觉效果较强的形式传播，因此对未成年人的吸引力是很大的。网络就像是为未成年人创造了一个脱离现实、没有烦恼和痛苦的虚拟世界，特别是由于他们的自控能力还不足，一旦沉迷于此就很难从中走出来，网络的诱惑使得他们慢慢地不知不觉地对网络产生了依赖，形成网瘾。[①] 调查发现，45.65%的未成年犯完全或基本认同浏览色情、暴力等网络不良信息会影响他们的学习和生活。众所周知，网络成瘾会让未成年人花费大量的时间和精力在网络上，这必定会占用他们学习和生活的时间，影响他们学习知识的进度，也使他们对学习失去兴趣。调查数据显示，69.4%的未成年犯认为网络不良信息使得自己对学习失去了兴趣（见图6-26）。这可以部分解释为什么大量未成年犯的网龄普遍较长、上网频率高且犯罪前处于辍学的状态。

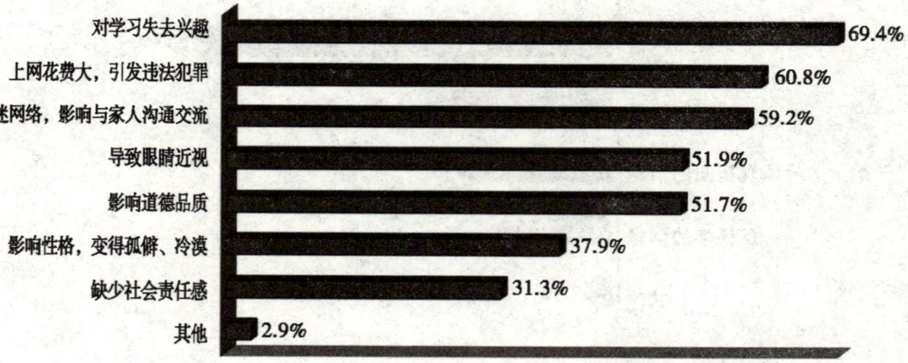

图 6-26　未成年犯认为网络不良信息对未成年人的主要危害

3. 网络不良信息影响未成年人的身心健康

未成年人的身体和心智都处在成长发育过程中，还不够健全。网络上的暴力信息以及网络游戏中的杀戮场面，会引发部分未成年人模仿故事情节，采用暴力的形式解决生活中遇到的一些问题。目前，全社会关注校园暴力事件。应该说，校园暴力与网络暴力信息是有关的。网络色情信息的传播容易诱发未成年人过早地开始性行为，形成一些不良的性习惯，这会危害他们的身心健康。此外，长时间使用电脑、手机对未成年人的身体发育也有较大的影响。调查发现，超过半数的未成年犯认为，长期接触网络会导致眼睛近视（见图6-26）。

① 刘勇、姜伟东：《网络不良信息对学生的影响及对策分析》，载《现代阅读》2013年第11期。

而未成年人在上网过程中的坐姿等问题，还会引起脊柱侧弯、颈椎等病症的发生。还有，网络不良信息的增多，会影响未成年人对人生观、价值观和世界观的判断，导致一些人形成拜金、自私、享乐的价值观。一旦现实生活满足不了他们的需求和价值标准，他们就可能铤而走险，实施违法犯罪的行为。

4. 网络不良信息阻碍未成年人的人际关系建构

上文提到，长时间接触网络不良信息会影响未成年人的心智发育，使得他们的心理问题凸显。网络世界很大一部分是虚拟的，一旦长时间接触，会使未成年人分不清现实还是虚拟世界，在现实生活中也一直以虚幻的方式生活。长此以往，他们的性格会变得孤僻、冷漠，当现实生活中遇到一些问题时，他们习惯去网上的虚拟环境中寻找答案，不愿意与身边的人进行沟通与交流。数据显示，59.2%的未成年犯认为，沉迷网络不良信息之中会影响他们与家人的沟通与交流；31.3%的认为，网络不良信息会使自己对社会事件变得冷漠，缺少社会责任感（见图6-26）。

四、关于治理网络不良信息的对策建议

从上文分析可以看出，未成年人犯罪的成因是多方面的，随着互联网的快速发展，网络不良信息已成为诱发未成年人犯罪的重要因素之一。网络不良信息的传播涉及很多责任主体，如政府、学校、家庭、社会以及未成年人自身。只有多管齐下，多措并举，才能形成治理网络不良信息、预防未成年人犯罪的工作体系。

1. 国家要健全网络管理法律，保护未成年人上网

立法是互联网监管的基础，许多国家都对有关信息犯罪进行立法。为了治理网络不良信息，我国有必要加强网络的立法。调查表明，超过一半的未成年犯认为，国家应该制定未成年人网络保护法律。的确，网络技术的发展给未成年人提供了巨大的知识宝库，迅速提升了他们获得信息的数量和质量。但是，“网络信息传播的即时性、隐秘性、交互性也为暴力、色情等不良信息的传播开了方便之门。在现实社会中，这些不良信息在制作、运输、传播、观看过程中都受到种种限制，而在网络空间中这些资源的获取仅是举手之劳。对于生理、心理正处于成长阶段的广大未成年人来讲，大量接触这信息难免会影响他们树立正确的人生观、价值观”。①

当前我国有关规范互联网行为的法规还不够到位，法治建设远远落后于互

① 王娟：《保护未成年人免受网络不良信息影响的法律规制》，载《法制与社会》2008年第35期。

联网的发展速度。网络上的不良信息正是通过“钻政策的空子”、“打擦边球”的方式进行传播，尤其是一些服务器在国外的网站，更是难以监管。国家要根据网络的发展情况，制定有针对性的管理办法，打击网络不法行为，加大惩处力度，从制度上规范各责任主体的责、权、利。具体来说，可以实行网络实名制和网络信息分级制度，让社会各界明确什么样的信息是网络不良信息。同时，国家要加大网络安全技术的开发研究，推行安装网络不良信息过滤软件等措施。

2. 学校要加强对未成年人的思想和法治教育

学校是未成年人社会化的重要场所之一，未成年人在学校中除了学习知识之外，还要形成正确的价值观、人生观和世界观。因此，学校是治理网络不良信息的重要责任主体。但是，调查发现，近一半的未成年犯提出，过去在学校的信息技术课上，教师根本没有讲授过如何应对网络不良信息。可见，在治理网络不良信息中，学校要有更积极的作为，发挥更大的作用。调查显示，未成年犯认为治理网络不良信息，学校对青少年的思想教育和网络法治教育工作很关键。64.52%的未成年犯“完全同意”或“基本同意”这种做法。58.48%的未成年犯认为，学校教师具有监管未成年学生不接触网络色情信息的责任。学校可以通过开展各种文娱活动，指导学生健康上网，培养学生正确的价值观，如举办“网络不良信息防治知识问答”、开展一些有益的社会实践，丰富未成年人的课外生活。

3. 社会要净化上网环境，加强行业自律

上文指出，未成年人上网很多时候是在网吧进行的。国家法律禁止未成年到网吧上网，但不少网吧为了自身利益，私下允许未成年人上网，并且有些网吧还从事代刷身份证件等违法行为。有些互联网机构为了博取大众眼球，增加网站的流量和人气，故意插播一些色情图片和视频，直接传播网络不良信息。因此，在治理网络不良信息中，互联网行业以及网吧等机构要加强自律，严格执行国家针对未成年人上网行为出台的各种法规政策，防止政策执行过程中的缺位和错位。许多未成年犯认为，互联网机构对微信、微博等新兴自媒体中传播网络色情信息的监管不足。61.25%的未成年犯认为，互联网行业应加强行业自律，增强自我管理能力。“少干预、重自律”是当前国际社会管理网络内容的一个共同思路。“网络的开放性和网上行为的难以完全监督性，使得行为者的自律成为解决信息安全问题的关键。因此，行业自律是目前世界各国普遍提倡的一种做法。”①

同时，社会各界应该积极抵制网络不良信息的传播，对传播不良信息的行为要勇敢说不，从而净化未成年人的上网环境。对于存在一些上网问题的未成年人，社会各界要积极行动，发挥专业社会工作者的力量，介入未成年网络成瘾问题之中，通过专业的技能，尽快纠正问题未成年人的网络行为，引导其健康上网。

4. 家庭要加强对未成年子女上网的监管，引导他们健康上网

家庭是未成年人成长的摇篮，加强家庭管理是网络信息内容管理的重要基础。研究表明，家庭教育对于未成年子女的社会行为、性格、心理以及价值观等方面的影响是长期性的。如果青少年时期，父母对子女行为不加以积极引导，很容易产生各种社会问题。本研究的结论也发现，大部分未成年犯与父母之间的关系一般，并且他们犯罪之前，有相当比例的人是与父母分开居住的。他们上网时，由于缺少家庭方面对他们上网行为的监管，就很容易接触到网络不良信息。因此，家长要规范子女在家中的上网活动，控制他们的上网时间。家长“平时要多了解孩子常访问的网站情况，辨别安全网站与不良网站，多收集优良网址，花时间与孩子一起上网，一起讨论，用成年人的经验帮助孩子离开网上垃圾”。② 同时，家长要主动与子女交流感情，当子女遇到学习和生活困难时，应给予关怀和帮助，减少子女到网络虚拟世界中寻求问题解答的概率。

5. 未成年人要加强自我管理，自觉抵制网络不良信息

未成年人是进行上网活动的主体，要加强自我管理，提高对不良信息的辨识能力。要主动接受积极的思想政治教育，形成正确的人生观和价值观。要提高网络安全意识，自觉抵制网络不良信息的传播，科学、文明地使用网络。要多参加社会交往和文娱活动，形成健康的生活和学习方式。

---

① 高宏存、张朝霞：《多管齐下治理网络不良信息：基于境外经验的思考》，载《行政管理改革》2012 年第 6 期。

② 雷菁：《网络不良信息对青少年的影响及对策》，载《湖北第一师范学报》2006 年第 1 期。

第七章　未成年犯对网络不良信息的认知和危害分析

郭开元　王鹏飞*

根据中国互联网络信息中心《第41次中国互联网络发展状况统计报告》数据显示，“截至2017年12月，我国网民规模达7.72亿，全年共计新增网民4074万人；互联网普及率为55.8%，较2016年年底提升了2.6个百分点。在年龄结构上，我国网民以10—39岁群体为主，占整体的73.0%。其中，10—19岁群体占比19.6%。在职业结构上，网民中学生群体的占比最高，为25.4%”。① 由此可见，未成年人已成为网民中的主要组成部分。互联网在给未成年人的学习生活带来较大便利的同时，也给未成年人的健康成长带来了一定的负面影响，尤其是在网络不良信息对未成年人的影响方面。根据中国少先队事业发展中心等单位发布的“第八次中国未成年人互联网运用状况调查报告”显示，超过九成的未成年人在上网时遇到过不良信息的侵扰。②

目前，对于网络不良信息并未形成一个统一的定义，有人认为网络不良信息是指“违背社会主义精神文明建设要求，违背中华民族优良文化传统以及违背社会公德的各类网络信息”。③ 也有人认为是指“互联网上那些容易对人的身体造成损害，给人的精神带来污染，使人的思想产生混乱，让人的心理变得异常的垃圾信息，包括色情信息、暴力信息、反动信息、伪科学与迷信信

* 郭开元，中国青少年研究中心法律所所长，副研究员，法学博士。
王鹏飞，西北政法大学讲师，法学博士。

① 数据截取自中国互联网信息中心《第41次中国互联网络发展状况统计报告》，2018年1月发布。

② 《第八次中国未成年人互联网运用状况调查报告》，http://news.xinhuanet.com/video/2016-01/06/c_128600939.htm，最后访问时间：2016年1月6日。

③ 谭潭：《网络不良信息及其对中学生的传播效果研究》，南昌大学2015年硕士学位论文。

息、诱赌信息、厌世信息等”。[①] 网络不良信息的核心内容是信息内容的危害性，包括身体损害和精神污染，后者又包括心理损害、价值观扭曲等方面。概括地说，网络不良信息可以归纳为一切对受众产生身体伤害和精神污染的网络信息。从内容上看，网络不良信息可以划分为违法、反道德以及反科学三类，违法信息包括网络侵权、网络诈骗、网络赌博、极端思想以及其他网络违法信息；反道德信息包括低俗信息、厌世信息、不良价值观信息、色情信息、暴力信息、造假信息以及其他违反道德的网络信息；反科学信息包括封建迷信信息、功能夸大信息以及其他违反科学的网络不良信息。本研究报告中选取了目前实践中传播比较广泛、危害比较严重的几种网络不良信息进行重点研究，包括不良价值观信息、色情信息、暴力信息、极端思想信息、反科学信息、侵权信息以及虚假信息。未成年人由于身心发育不成熟，对信息识别能力差，自控能力弱、模仿性强，因此容易受到不良信息的毒害而引发违法犯罪行为。为了解网络不良信息对未成年人的影响，中国青少年研究中心开展了“网络不良信息与未成年人保护”课题研究，对网络不良信息与未成年人保护问题进行了深入调研。

一、未成年犯的犯罪状况和特点

1. 未成年犯以男性为主，犯罪类型主要是侵财犯罪和暴力犯罪

在犯罪主体性别方面，未成年人犯罪以男性犯罪为主。其中男犯占93.7%，女犯占6.3%，这与未成年男性自身冲动、易怒的性格特点以及自身相对未成年女性具有较高的身体素质为犯罪提供的便利条件有关。在犯罪类型上，存在明显的集中性。抢劫所占比重最大，达到了50.9%；其次是强奸、故意伤害以及盗窃，均超过了10%。体现了未成年犯因受心智发展不成熟、情绪表达不理性等因素影响，犯罪行为具有一定的暴力性、冲动性和侵财性。

---

① 李乔：《网络不良信息对未成年人健康成长的危害及消除》，载《中州学刊》2007年第6期。

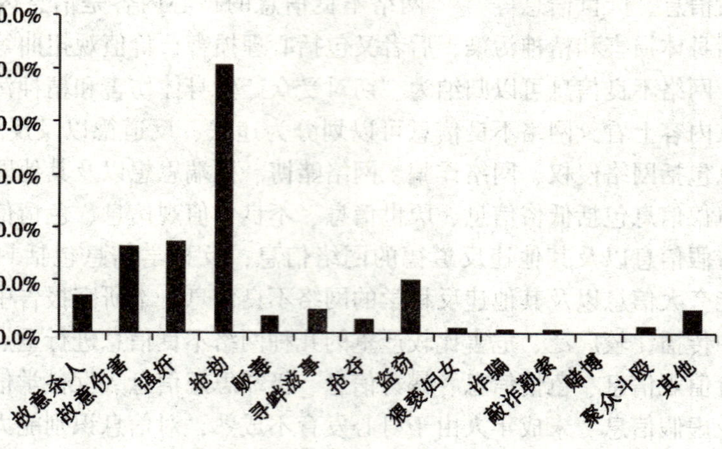

图 7-1 未成年犯犯罪类型示意图

2. 未成年人犯罪的犯罪类型在性别之间有较大差异

未成年人犯罪在犯罪类型上存在较大性别差异。男性犯罪集中性非常明显，主要犯抢劫罪、强奸罪、故意伤害罪和盗窃罪，分别占同类比 52.8%、17.9%、16.6%和 10.2%，尤其是抢劫罪比例过半；而女性犯罪比较分散，没有十分集中的区域，占比超过 10%的有抢劫罪、故意伤害罪、故意杀人罪、强奸罪和贩卖毒品罪，分别占同类比 17.2%、15.6%、14.1%、10.9%和 10.9%。需要指出的是，未成年女犯由于自身的生物性特征的因素，参与抢劫、伤害和强奸犯罪的比例不高，但是在毒品犯罪（10.9%）中占据一定的比例，并且显著高于未成年男犯（2.9%）。同时，未成年女犯犯故意杀人罪的比例（14.1%）也明显高于未成年男犯（6.6%）。此外，相比于 2015 年中国青少年研究中心“未成年人违法犯罪的治理机制研究”专项课题的数据统计结果，未成年女性毒品犯罪的比例（10.9%）比去年（18.6%）的比例有较大幅度下降，故意杀人罪的比例（14.1%）比去年（11.3%）却有一定程度的上升。可见，女性未成年犯暴力性有所提升。因此，在防治未成年人犯罪方面，可以对男女未成年人采取有针对性的不同的措施。

表 7-1 未成年人主要犯罪类型与性别的交叉分析比较（%）

罪名	故意杀人	故意伤害	强奸	抢劫	贩毒	寻衅滋事	抢夺	盗窃	聚众斗殴
总比	7.1	16.3	17.3	50.9	3.5	4.7	2.8	10.1	1.5
男性	6.6	16.6	17.9	52.8	2.9	4.9	2.8	10.2	1.7
女性	14.1	15.6	10.9	17.2	10.9	1.6	3.1	6.3	0

3. 未成年人犯罪在城乡之间有所不同

城乡之间由于经济发展、人口密度等差异，未成年人犯罪在类型上存在差别。例如，未成年人强奸犯罪在农村发生比例要高于城市发生比例，前者为21%，后者为14%；抢劫犯罪在城市发生比例要高于农村，前者为53.7%，后者为47.6%；毒品犯罪在城市发生比例显著高于农村，前者为5.2%，后者为1.3%，为后者的四倍，这说明在城市由于娱乐场所比较多，毒品传播途径较广，因而对于未成年人毒品犯罪具有一定的推动作用和便利条件。而从犯罪总量上看，农村犯罪与城市犯罪的比例差距不大，农村发案率（44.3%）稍高于城市（40.9%）。但是在城乡结合部的发案率则相对较低（14.7%），一方面由于城乡结合部在地缘上以及房价上的优势，汇集了大量城市打工人员，这些人在工作时间大量涌入城市，地域上减少了在城乡结合部犯罪的机会；另一方面由于城乡结合部一般属于治安管辖盲区，管理较为混乱，因而往往存在一定的犯罪黑数。

4. 未成年人犯罪主要集中在15周岁和16周岁

调查发现，未成年人犯罪主要集中在15周岁（占28.2%）和16周岁（占36.2%）。前项数据比去年的调研结果略有下降（如图7-2所示，在调研中，有极少数未成年犯填写的犯罪年龄不到14周岁，但为保证数据的客观性，对此未做改动）。而根据我国《刑法》规定，14周岁以上不满16周岁的未成年人只对故意杀人罪、故意伤害罪、放火罪、爆炸罪、强奸罪、抢劫罪等八种严重犯罪行为承担刑事责任，而已满16周岁的未成年人对一切犯罪行为承担刑事责任。因此，对不满16周岁的未成年人大部分严重危害社会的违法行为是未予追究刑事责任的，存在一定的灰度空间。未成年人犯罪在16周岁时出现高峰期，这与未成年人随着年龄的增长，身心发育逐渐走向成熟有着密切关系。

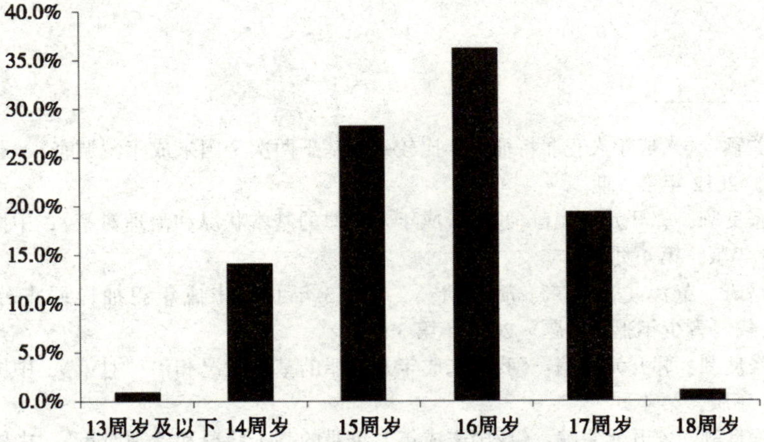

图7-2　未成年犯各年龄段犯罪比例示意图

5. 未成年犯犯罪低龄化趋势有所缓解

（1）未成年人犯罪的平均年龄。本次调查结果显示，未成年人犯罪的平均年龄为15.605岁。2010年未成年人犯罪时平均年龄为15.57岁[①]；2014年未成年人犯罪时平均年龄为15.41岁。[②] 可见，未成年人犯罪低龄化的趋势有所缓解。

（2）14周岁的未成年人犯罪所占比例有所下降。2013年我国未成年犯抽样调查分析报告显示，在未成年人犯罪中，14周岁的占27.75%。[③] 2014年我国未成年人犯罪调查数据显示，14周岁的未成年人犯罪占20.11%。[④] 而本次未成年人犯罪调查数据显示，14周岁的未成年人犯罪占14.1%。该项数据显示，我国14周岁的未成年犯占比呈连续下降趋势。

6. 未成年犯的受教育程度特征

（1）未成年犯的受教育程度偏低，近八成未达到初中文化水平。未成年犯的受教育程度主要集中在初中及以下，占比达91.5%，文化水平偏低。未成年人犯罪与学校教育有密切关系，但是在未成年犯的受教育程度上，初中教育程度的未成年犯占比最高，总比有所下降。数据显示，文化程度在初中的总比为58.2%（其中初中未毕业的占比45.5%），相比于2014年的数据（教育程度为初中的占64.38%，初中未毕业的占53.8%[⑤]）有所下降，同比下降近6个百分点。此项数据表明在初中教育阶段加强未成年人犯罪预防工作的重要性，以及目前已有所成效。

---

① 关颖：《未成年人犯罪特征十年比较——基于两次全国未成年犯调查》，载《中国青年研究》2012年第6期。

② 张良驯、郭开元主编：《我国未成年人犯罪的基本状况和治理对策》，中国青年出版社2015年版，第4页。

③ 路琦、董泽史、姚东、胡发清：《2013年我国未成年犯抽样调查分析报告（上）》，载《青少年犯罪问题》2014年第3期。

④ 张良驯、郭开元主编：《我国未成年人犯罪的基本状况和治理对策》，中国青年出版社2015年版，第4页。

⑤ 张良驯、郭开元主编：《我国未成年人犯罪的基本状况和治理对策》，中国青年出版社2015年版，第5页。

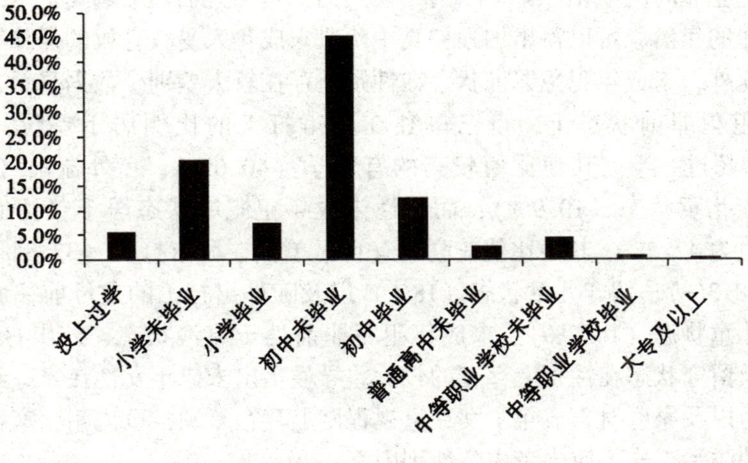

图 7-3 未成年犯受教育程度示意图

（2）失学的比例较大，其中小学失学率有所上升。数据显示，在未成年犯群体中，在学校未毕业的未成年人实施犯罪行为的比重比较大。其中，小学未毕业的占比达到 20.3%，小学毕业的占比为 7.5%；初中未毕业的占比达到 45.5%，系占比最高的文化程度选项，初中毕业的占比为 12.7%。小学、初中未毕业的占比总计 65.8%。该项数据说明早期失学的未成年人群体的社会不稳定因素增加，同时说明保证未成年人顺利完成学业，对预防犯罪具有重要的作用。相比中国青少年研究中心 2015 年调查的数据，未成年犯小学失学率有所上升，2014 年的比值为 17.16%，同比增长超过 3 个百分点。而从城乡未成年犯交叉对比分析中，在未成年犯失学情况方面并未出现较大的差异，反而在城市未成年犯中没有上过学的比例（7.3%）超过农村没有上过学的比例（3.9%）近一倍，说明国家在减小城乡教育资源配置差距等方面取得了初步成效。

（3）辍学的比重居于首位，性别和地域上具有一定差别。在对未成年犯群体犯罪时的情形调查结果如图 7-4 所示，未成年犯处于辍学状态的达到了 42.2%，比例接近一半，说明未成年人受教育权的保障、降低未成年人辍学率对犯罪行为具有直接的抑制作用。而未成年犯自已单独在城市打工的比例也高达 33.7%，位居第二名。接下来是流浪状态的未成年犯、留守状态的未成年犯以及随外出打工的父母前往城市生活的流动儿童，分别占比 19.4%、17.8% 和 15.5%。该项数据说明我国未成年人犯罪的预防工作应当重点抓好辍学儿童、流浪儿童、留守儿童和流动儿童四大群体。在地域上，数据显示，城市未成年犯的辍学率（43.1%）要高于农村未成年犯（38.4%），未来在未成年人犯罪预防工作上，城市未成年人受教育权的保障应当引起重视。与之相应，在未成年犯犯罪时的生活状态调查中，处于上学状态的仅占 20.2%，结合未成年犯犯罪的年龄，可以得出加强初高中阶段未成年人受教育权的保障工作的紧迫性。此外，未成年犯犯罪前状态在性别上存在较大差别。数据显示，在女性未成年犯犯罪前状态上，自己单独在城市打工的比例居于首位，比值为 51.6%，超过一半。其他比值较高的有辍学（40.6%）、在外流浪（32.8%）以及留守儿童状态（10.9%）；而男性未成年犯犯罪状态居于首位的则是辍学，比值为 42.5%。其他比值较高的有自己单独在城市打工（32.8%）、在外流浪（18.3%）、留守儿童状态（18%）以及随外出打工的父母前往城市生活即流动儿童状态（16.2%）。未成年犯犯罪前处于流浪状态、外出打工状态、流动以及留守状态在性别上存在的较大差异显示出未成年女性在家庭经济负担上的压力以及家庭对未成年子女在重视程度上存在差别，也说明国家在未成年人犯罪的防治工作上应当考虑到性别因素。

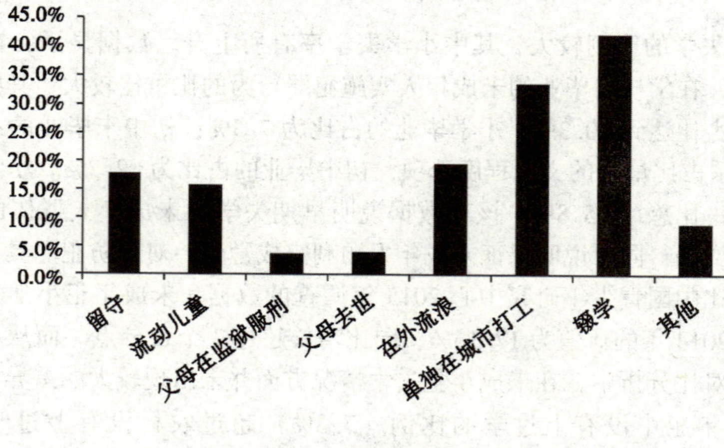

图 7-4 未成年犯犯罪时生活状态示意图

7. 未成年犯的不良行为状况

（1）未成年犯逃学问题十分严重。数据显示，在未成年犯群体中，有逃学经历的比例达到 84.13%，其中经常逃学的比例达到 44.21%，而在普通未成年人群体中，有过逃学经历的学生只占 14.07%，其中经常逃学的在普通未成年人群体中仅占 2.39%。没有过逃学情况的在未成年犯中仅占 15.87%，这种情况在普通未成年人群体中达到 85.93%。该项数据说明，未成年犯在校表现普遍不佳，逃学问题十分严重。这与未成年犯的学校和家庭监管不到位直接相关。未成年人脱离学校控制流入社会，很容易接触到不良群体，受到负面价值观的侵蚀，而引发犯罪行为。以上数据提示我们在未来的未成年人教育管理中，对其应加强管护，并加强家长与学校之间的沟通交流，及时掌握未成年人的动态，及时防止未成年人过早流入社会。

(2) 未成年犯有过夜不归宿的比例超过九成。在未成年犯群体中，有过夜不归宿经历的达到 90.05%，其中经常夜不归宿的占到了 52.91%。而在普通未成年人群体中，有过夜不归宿经历的仅占 13.62%，经常夜不归宿的比例仅为 3.02%。这些数据说明了未成年犯父母对其监管不到位，致使部分未成年人长期处于脱管状态，对其犯罪起到了助推作用。

(3) 未成年犯有过离家出走经历的超过七成。在未成年犯群体中，有过离家出走经历的达到 74.56%，其中经常离家出走的占到 27.81%。而在普通未成年人群体中，有过离家出走经历的则为 10.16%，其中经常离家出走的仅为 2.39%。与夜不归宿不同，离家出走往往是因为与父母产生较严重的矛盾而持续一段时间离开家，去向不明的一种行为。未成年人年龄小，身心尚未发育成熟，对外在环境的危险因素没有充分认识，脱离家庭和学校的保护流入社会，极易成为违法犯罪行为的侵害对象。另外，离家出走的未成年人多流入街头巷尾，结识社会不良群体并受到影响，进而引发违法犯罪行为。因此，在家庭教育方面，父母应当注意教育的方式方法，改善父母子女之间的关系，给予未成年人足够的关爱。

(4) 未成年犯有过网络赌博行为的占比近一半。在未成年犯群体中，有过网络赌博行为的占比 49.49%，其中经常赌博的占到 19.13%。而在普通未成年人群体中，有过网络赌博行为的，占比仅为 5.64%，其中经常赌博的占比为 1.81%。早在 2009 年广东东莞发生的校园赌球案就曾轰动一时，该案中百名高中生因涉嫌赌球而被勒令退学，其中三名学生在两个月内投注 300 多万元，输掉上百万元。未成年人由于识别能力差，容易受到网络赌博的诱惑而沦陷。在这方面，公安机关应当加强互联网监测和社会监督，严厉打击网络赌博行为。

(5) 未成年犯有过网络诈骗行为的占比近三成。未成年犯有过网络诈骗行为的比例为 27.1%，其中经常实施网络诈骗的占比 4.75%。在普通未成年人群体中，有过网络诈骗行为的不到 5%，经常实施网络诈骗行为的为 1.34%。实践中部分未成年人网络诈骗行为系因自身法制意识不强，而受到成年人蛊惑因而加入网络诈骗团伙，或者被不法分子所利用因而实施网络诈骗行为。

(6) 未成年犯网恋比例超七成。在未成年犯群体中，有过网恋行为的达到 75.1%，而在普通未成年人群体中这个比例仅占 8.38%。未成年人热衷上网聊天，通过各种网络交友软件结识朋友，甚至建立恋爱关系。而网络环境的虚拟性以及网络空间的复杂性，造成上网群体十分复杂，很多不良社会群体通过伪造身份、年龄甚至性别的方式，增加与他人沟通的机会进而谋求见面从而实施不法行为。而未成年人群体思维比较单纯，涉世不深，对网络环境没有足够的警惕和自护意识，因而往往也成为不法分子侵害的对象，与网上这些素未谋面的网友发展网恋。实践中发生的犯罪案件显示，未成年女性因网恋而与网友见面后被性侵的案例屡见不鲜，甚至被网友杀害。因此，父母应当对未成年子女正确引导，使其意识到网络的虚拟性和复杂性，意识到网恋的危害，引导未成年人正确使用网络。

（7）未成年犯玩网络游戏比例近九成。未成年犯玩过网络游戏的占比近九成，其中经常玩网络游戏的过半，比例达 57.55%。而在普通未成年人群体中，玩过网络游戏的占比 57.99%，其中经常玩网络游戏的比例为 24.11%。而在教师和父母中，有 66.7%的教师和 40.6%的父母对孩子的上网所进行的活动中，最担心孩子在网上打游戏。很多痴迷于网络游戏的未成年人亲情和友情逐渐淡化，学习成绩下降，甚至逃学、辍学，对父母的管制行为产生敌意，甚至对父母实施暴力行为。尤其是网络游戏中暴力内容的泛滥，更是成为诱发未成年人犯罪的重要因素之一。在本次调查中，有达到 59.18%的未成年犯表示，打网络暴力游戏容易上瘾。

表 7-2　未成年犯不良行为交叉分析图

		从未有过	有过 1—2 次	有过 3—4 次	有过 5—6 次	经常发生	总计
逃学	结构（%）	15.87%	20.16%	11.30%	8.47%	44.21%	100.00%
夜不归宿	结构（%）	9.95%	15.27%	12.02%	9.85%	52.91%	100.00%
离家出走	结构（%）	25.44%	22.68%	15.58%	8.48%	27.81%	100.00%
玩网络游戏	结构（%）	10.04%	9.84%	11.43%	11.13%	57.55%	100.00%
在网上赌博	结构（%）	50.51%	10.02%	12.25%	8.10%	19.13%	100.00%
在网上诈骗	结构（%）	72.90%	7.52%	9.10%	5.74%	4.75%	100.00%
网恋	结构（%）	24.90%	24.51%	13.54%	8.99%	28.06%	100.00%

二、未成年犯的家庭状况

（一）未成年犯父母的文化程度偏低，多无正式职业

对未成年犯父母的调查从文化程度和职业两个方面人手，并与普通未成年人群体进行对比分析，得出未成年犯父母的文化程度偏低，多无正式职业的特点。

1. 未成年犯的父亲的职业

数据显示，在未成年犯父亲的职业中，在外打工的占比最大，为 43.5%，

比例近一半，具有明显的集中性。在其他占比较高的职业中，个体经营的占16.6%，无职业的也占有一定比例，为13.0%。而有正式工作的比例很低，其中在机关事业单位工作的仅占4.7%，在公司或企业工作的仅为6.5%，也即父亲有正式工作的未成年犯群体只占11.2%。而在普通未成年人群体中，则明显不同。父亲职业占比最高的为在公司或企业工作，比例占到24.8%，在机关事业单位工作的比例也达到15.0%，也即父亲有正式工作的普通未成年人群体占到近40%。正式工作在一定程度上代表着群体的文化程度，普通未成年人群体父亲有正式职业相对的高比例反映出其在群体素质上的优势，对子女的正确教育有着一定的影响。在普通未成年人群体中，父亲在外打工的群体占比为23.8%，比未成年犯群体少了近一半比例。父亲从事个体经营的占比21.1%。可见，父亲的职业与子女行为有着密切的关系，尤其是父亲外出打工造成一方教育缺位的情况，对于留守儿童群体的健全人格以及监护管理有着较大负面影响。

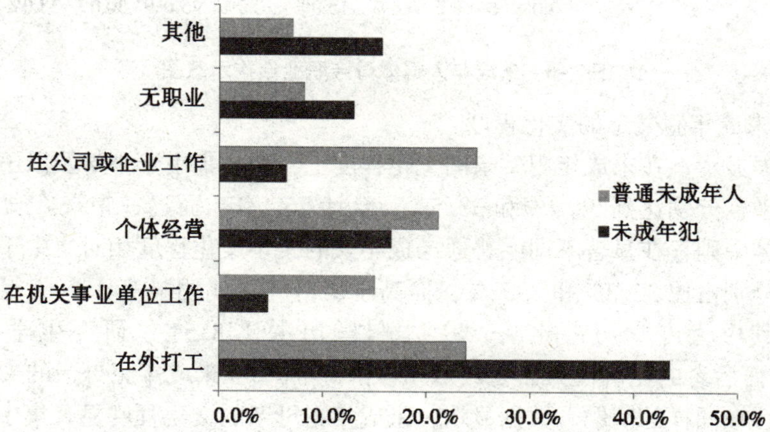

图7-5　未成年人群体父亲职业结构示意图

2. 未成年犯母亲的职业

数据显示，在未成年犯母亲的职业中（见图7-6），无职业的占比最大，为30.2%，这与普通未成年人的母亲职业占比最高的类型一致，比例也接近，后者为29.0%。但是，在其他类别上存在较大差异。未成年犯的母亲没有正式工作的比例很低，其中在机关事业单位工作的占比仅为4.0%，在公司或企业工作的占比仅为5.6%。而这一比例在普通未成年人的母亲群体中占比分别为13.1%、21.5%。在母亲的职业类型上，未成年犯母亲职业占比最高的为在外打工，占比27.3%，而这一类型却成为普通未成年人母亲群体占比最低的职业，仅为10.0%。从以上数据可以看出，母亲的职业与子女行为也有着密切的关系，未成年犯母亲群体无正式职业的比例很高，尤其是在母亲外出打工造成一方教育缺位的情况下，对于未成年留守儿童群体健全人格的形成以及监护管理的到位有着较大负面影响。

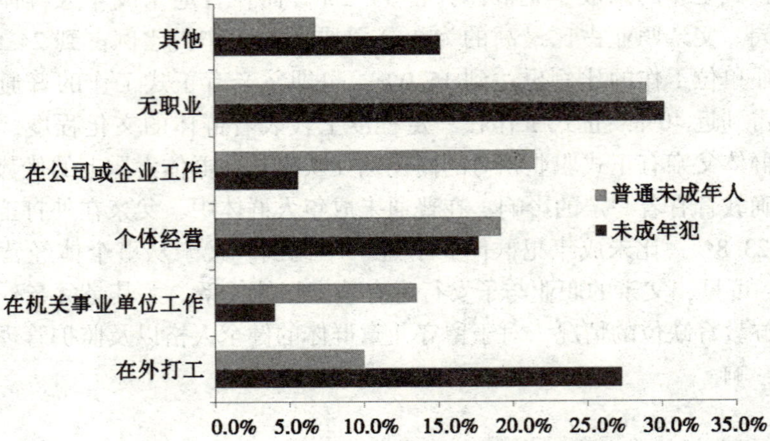

图 7-6　未成年人群体母亲职业结构示意图

3. 未成年犯父母的文化程度

数据显示，在未成年犯父亲的文化程度上，明显集中于小学及以下和初中文化水平，分别达到 38.4%和 38.5%，合计 76.9%。而这一情况在普通未成年人群体中则存在显著不同。普通未成年人的父亲文化程度相对集中于初中和高中，分别占比 32.3%和 23.7%，而高学历群体占比明显高于未成年犯父亲群体，其中大专学历占比 9.2%，本科学历占比 8.5%，研究生学历占比 4.1%，而后者的比例仅为 2.2%、1.3%和 0.4%。在未成年犯母亲的文化程度上，也存在同样的问题。数据显示，未成年犯母亲的文化程度显著集中于小学及以下和初中文化，分别占比 42.4%、32.6%。与之较为不同的是，在普通未成年人群体中，母亲的文化程度相对集中于初中和高中文化水平，分别为 29.7%和 22.7%。此外，高学历群体占比在普通未成年人母亲群体中明显较高，其中大专学历的占 7.7%，本科学历的占 8.0%，研究生学历的占 2.8%，而这一数字在未成年犯母亲群体中则仅为 1.4%、1.5%和 0.8%。从以上数据可以看出，父母文化水平的高低，与子女行为有着密切关系。原因在于文化水平直接影响父母的教育观念、教育方法以及对读书学习的态度，从而影响到对子女的教育效果。

（二）未成年犯的家庭经济状况较差

未成年犯与普通未成年人群体的家庭经济状况对比如图 7-7 所示。从图中可知，未成年犯中家庭经济条件一般的占大多数，这与普通未成年人群体的家庭情况相近，后者家庭条件一般的占比为 74.4%，略高于未成年犯家庭经济条件一般的 67.2%的比例。但是需要注意的是，在未成年犯家庭中，经济困难的占比为 26.3%，是普通未成年人家庭经济困难占比 11.6%的两倍多，而经济条件好的仅为 6.6%，不及普通未成年人群体比例（占比 14%）的一半。可见，未成年犯的家庭经济状况较普通未成年人群体家庭差。

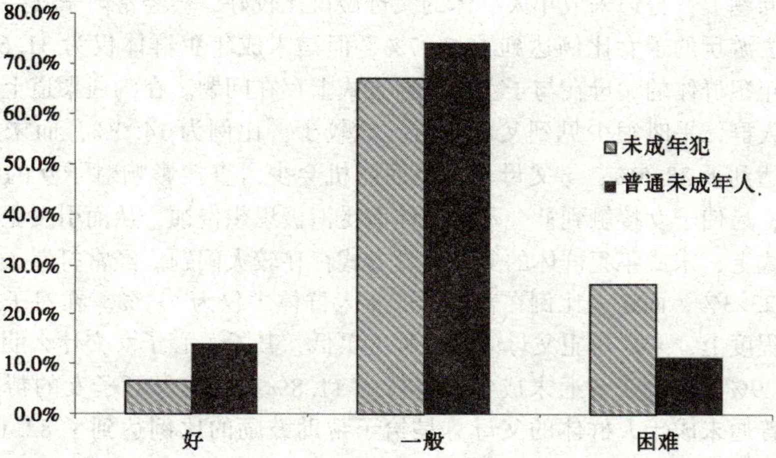

图 7-7　未成年犯与普通未成年人家庭经济情况对比示意图

经济因素是影响未成年人犯罪的重要因素之一，而家庭贫困则是经济因素中诱发未成年人犯罪更为重要的因素。未成年人身心发育尚不成熟，需求多而自控能力差，在经济困难的家庭中难以满足基本的生活所需，未成年人在物欲无法满足的情况下则出现心理失衡，进而引发违法犯罪行为。据中国青少年研究中心 2015 年的调研结果显示，“未成年犯同意‘人为财死，鸟为食亡’的达到 50.8%，而普通中学生同意的是 24.9%”。[①] 这进一步说明了在未成年犯群体中经济困难因素与犯罪行为的正相关关系。

（三）未成年犯与父母关系相对一般，未成年犯父母教育方式和沟通方式存在一定问题

在家庭关系上，有数据显示，未成年犯与父母的关系一般及不好的占比较大，分别为 43.5%和 10.7%，合计 54.2%。相比之下，普通未成年人则与父母关系比较好，其中，“很好”的比例占多数，达 67.6%。由此可见，在未成年人犯罪预防问题上，家长积极改善亲子关系，加强与子女的沟通具有重要的

① 张良驯、郭开元主编：《我国未成年人犯罪的基本状况和治理对策》，中国青年出版社 2015 年版，第 170 页。

意义。数据显示，在亲子关系上，与“父母关系好，无话不谈”的情况在普通未成年人群体较为普遍，比例达 58.9%，而这一比例在未成年犯群体中仅为35.1%，由此可见，未成年犯对父母的倾诉意愿相对较低。记得父母生日的普通未成年人群体的比例极高，达到了 74.7%，而在未成年犯群体中比例仅为42.6%，这也是未成年犯群体亲子关系一般不佳的一个标志。在与孩子的沟通问题上，普通未成年人群体的父母做得比较好，会经常与子女一起看电视、出去游玩的子女比例达到了 59.7%，但是未成年犯群体仅为 31.6%，说明未成年犯群体的父母在与子女的沟通方式上存在问题。在沟通渠道上，普通未成年人群体平时很少见到父母的情况比较少，比例为 14.0%，而未成年犯群体则达到了 38.5%。与父母子女见面的机会少，直接影响对子女的教育以及监管，易使子女接触到社会不良群体而受消极思想侵蚀，从而引发犯罪。在教育方式上，未成年犯群体的父母教育方式存在较大问题。经常打骂子女的比例达到23.3%，而这一比例在普通未成年人群体中仅为 6.1%。在对子女交友的关心程度上，未成年犯父母的关心程度更低，其不关心子女交什么朋友的比例为 28.9%，远高于普通未成年人群体的 11.8%。在父母对子女的帮助和鼓励上，普通未成年人群体的父母总是给予帮助鼓励的比例达到了 82.1%，相比而言，未成年犯群体的程度则弱一些，为 67.8%。在做家务方面，经常帮父母做家务的普通未成年人群体占比极高，达到 74.7%，而在未成年犯群体中，比例仅为 47.7%。这几项数据说明，未成年犯的父母受“棍棒底下出人才”的传统落后教育思想的影响较大，教育方式更加简单粗暴，而对子女交友这样的重要问题关心程度却较为不足，对子女帮助鼓励的重视度还不够，未成年犯群体因而也未养成良好的劳动习惯，这对日后的人生观和性格的固定有着较为不利的影响。

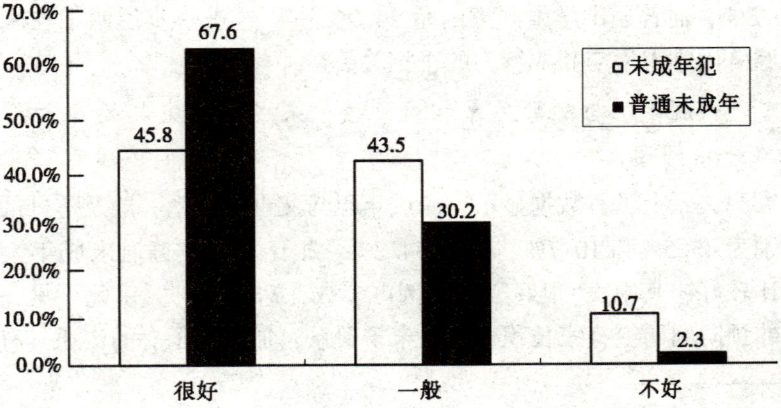

图 7-8　未成年犯与普通未成年人群体与父母关系对比图

三、未成年犯的上网情况

（一）未成年犯的上网地点

1. 未成年犯上网地点集中在网吧

在上网地点问题上，数据显示，未成年犯上网地点集中在网吧，比例达到76.7%，在家中上网的比例占36%，用手机上网的占51.1%。我国《互联网上网服务营业场所管理条例》第21条规定，“互联网上网服务营业场所经营单位不得接纳未成年人进入营业场所。互联网上网服务营业场所经营单位应当在营业场所入口处的显著位置悬挂未成年人禁入标志”。而未成年犯高比例的网吧上网现状也反映出目前互联网经营场所治理存在的漏洞。同时，网吧环境普遍存在消费群体混杂、环境幽闭、吸烟问题严重、监督不足等问题，严重影响未成年人的身心健康发展。部分青少年长时间待在网吧内，容易得呼吸道上的疾病，甚至有的青少年由于长时间久坐不动，引发猝死，加之网吧管理不到位，发病青少年往往未能引起注意，导致失去最佳救助时机。而未成年人在无人看管的状态下，更易接触到网络不良信息，加上自身识别和自控能力不足，从而引发暴力模仿。因此，加强对互联网营业场所的监管，对预防未成年人犯罪具有重要的意义。

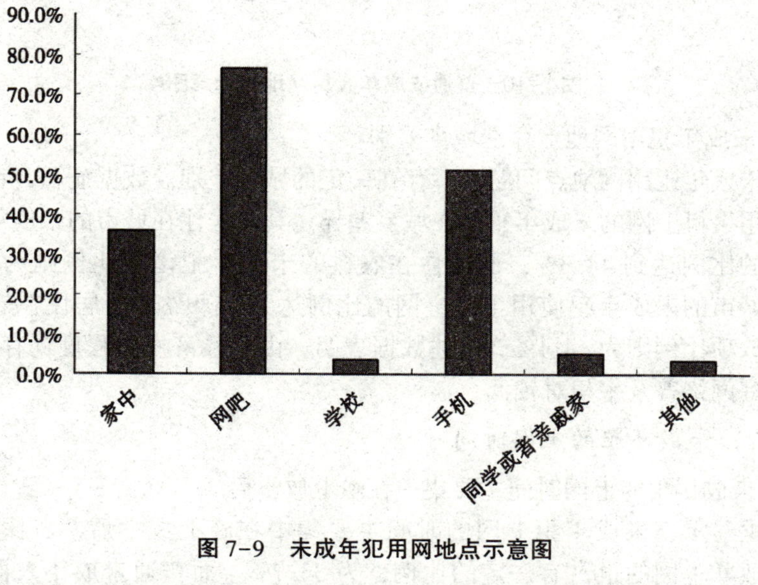

图7-9　未成年犯用网地点示意图

2. 未成年犯的用网地点与普通未成年人群体存在较大差别

对于上网地点数据的比较分析，可以发现未成年犯上网地点的集中区域与普通未成年人群体存在显著差别。普通未成年人群体在家上网的比例占首要位置，比例达到78.5%，其次是在学校上网，占比10.9%，而在网吧上网的普通未成年人群体仅占6.8%。手机上网仍占很高比例，达61%。普通未成年人群体的上网的地域性特征显示出其上网多处于家庭或学校的管控范围内，这对于未成年人网络不良信息的接触具有一定程度的抑制作用，进而对未成年人犯罪发生率的降低起到一定的推动作用。因此，在加强对互联网经营场所治理的同时，也应当强化家庭和学校对未成年人上网的管护，发挥家庭和学校在未成年人犯罪中不可取代的作用。

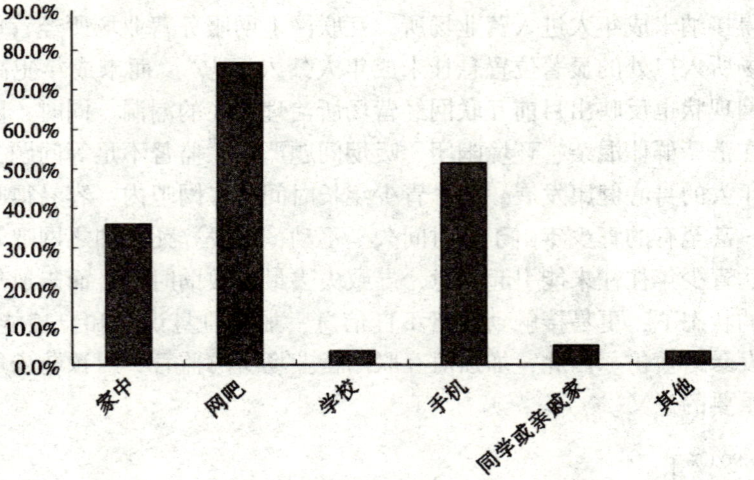

图7-10　普通未成年人用网地点示意图

3. 未成年犯用网地点存在城乡差别

在未成年犯用网地点问题上，存在一定的城乡差别。数据显示，在家中上网以及用手机上网的未成年犯存在城乡差异。其中居住在城市的未成年犯在家中上网的比例达到44.3%，而居住在农村的未成年犯该项比例则为26.8%。居住在城市的未成年犯使用手机上网的比例达到55.9%，而居住在农村的未成年犯该项比例则为44.1%。上述数据表明，由于经济发展程度尚存在差距，农村家庭网络普及率相对较低。

（二）未成年犯的上网时间

1. 未成年犯的上网时间主要集中在晚上放学后

数据显示，未成年犯上网的时间主要集中在晚上放学后，占比40.1%。周六日放学上网的也占有一定的比例，为33.7%。而普通未成年人群体上网一般集中在假期，包括双休日放学（占比71.9%）和放寒（暑）假（占比61.4%），晚上放学后上网的仅为20.1%。对于未成年犯上网时间的分析，可以帮助了解未成年人网络不良信息接触的具体时间段，便于有关机关集中力量准确打击互联网经营场所违规接纳未成年人上网的行为，切断未成年人网络不良信息接触路径。

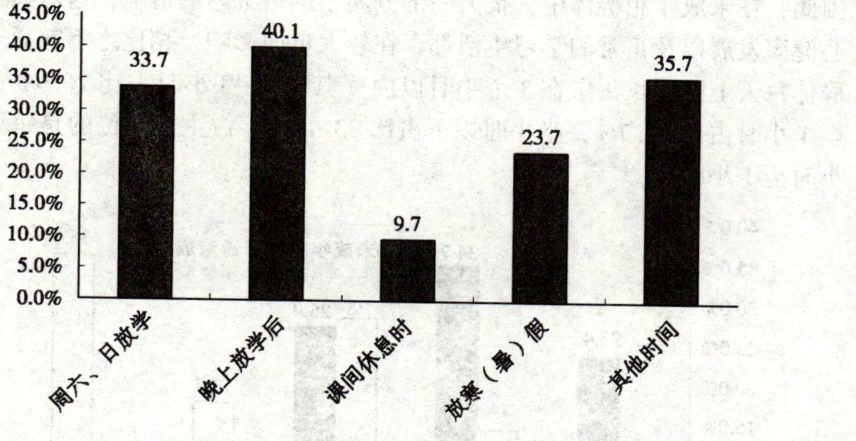

图 7-11　未成年犯上网时间图

2. 未成年犯的网龄偏长

在网龄上，未成年犯群体长网龄者比例高于普通未成年人群体；而普通未成年人群体短网龄者高于未成年犯群体。数据显示，普通未成年人群体网龄在1年以下占比45.6%，高于未成年犯群体的8.1%。而未成年犯群体网龄在5年及以上的占比40.3%，高于普通未成年人群体的6.4%。由此可见，未成年犯的网龄偏长。

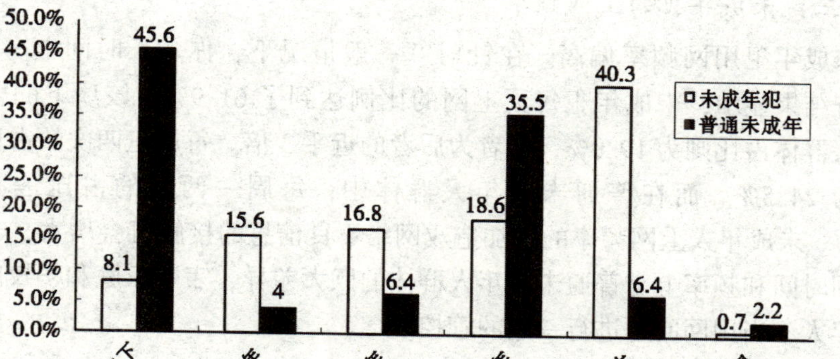

图 7-12　未成年犯与普通未成年人网龄分析对比图

3. 未成年犯的上网时间较长

在每天的上网时间上，未成年犯群体集中于5小时及以上，比例达到35.6%，而普通未成年人群体处于这个程度的比例仅为6.9%。从时间的角度分析，根据中国青少年研究中心2011年的《未成年人网络沉迷状况及对策研究报告》中的标准，平均每次上网5小时以上的，属于沉迷网络程度较重。① 因此，在未成年犯群体中，很大一部分属于网络沉迷的情况，这对其自身的身心健康发展以及正常的学习生活都存在较大负面影响。相比之下普通未成年人群体每天上网时长集中在3个小时以内（其中1—3小时占比26.9%；半小时至1小时占比34.7%；半小时以下占比23.4%），占主导地位的是每天上网半小时至1小时。

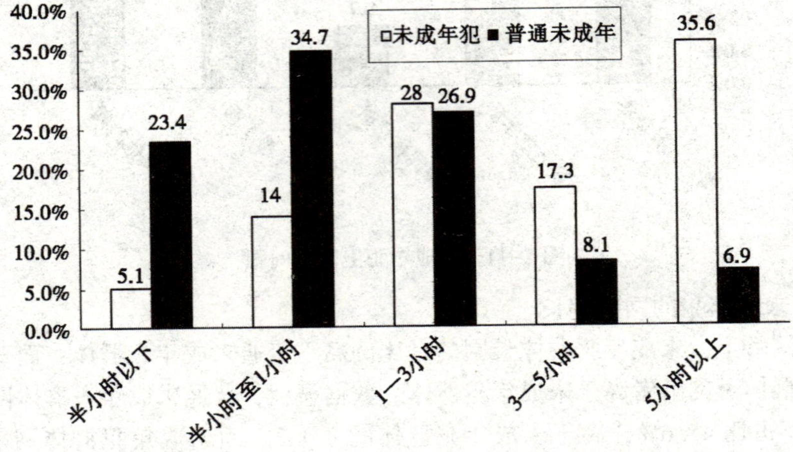

图7-13　未成年犯与普通未成年人日上网时间对比分析图

（三）未成年犯的上网频率

未成年犯用网频率偏高。在针对“一般情况下，你多长时间上一次网”的调查结果显示，未成年犯每天上网的比例达到了61.9%，该项下的普通未成年人群体占比则为19.9%，前者为后者的近乎3倍。每周三四次的占比也较高，为24.5%。而在普通未成年人群体中，每周一两次的占比最高，为38.8%。未成年人上网频率的增加造成网络不良信息的接触机会增大，未成年犯用网时间和频率上与普通未成年人群体的巨大差异，表明家庭和学校应当对未成年人不当用网问题进行一定的管控。

（四）未成年犯的上网目的和网络工具

未成年犯用网主要为聊天，听音乐、看电视及玩网络游戏，很少用来查阅学习资料。数据显示，未成年犯用网目的主要在于聊天（84.6%），听音乐、

① 郭开元主编：《未成年人网络沉迷状况及对策研究报告》，中国人民公安大学出版社2011年版，第22页。

看电视（72.3%）和玩网络游戏（69.6%），而用来查阅学习资料的比例非常低，仅为6.7%。这与普通未成年人群体存在很大的不同。普通未成年人群体用网的主要目的在于听音乐、看电视（77.7%），聊天（75.2%）以及查阅学习资料（57.5%），而玩网络游戏排于第四位，比例（44.4%）大幅度低于未成年犯。该数据表明，网络对于未成年犯的正面价值很低，作用主要在于打网络游戏以及消磨时间，浪费了大量学习时间。进一步对未成年犯网络工具的使用情况进行分析，发现未成年犯使用的网络工具高度集中于QQ上，比例达到91.6%，其他较多使用的网络工具为微信（41.2%）和微博（23%）。该项数据进一步印证了未成年犯用网的正面价值很低，多为与学习无关的事项。此两项数据还提示我们对于青少年再犯罪的预防应当注意对网络成瘾的青少年用网时间和频率进行大幅度限制。

表7-3　未成年犯与普通未成年人用网目的交叉分析表（%）

用网目的	聊天	网络游戏	查学习资料	浏览新闻	维护博客、主页	收发邮件	听音乐、看电视	网上购物	看小说等	其他
未成年犯	84.6	69.6	6.7	10.7	20.0	8.9	72.3	21.2	26.2	2.4
普通未成年人	75.2	44.4	57.5	37.8	14.7	12.7	77.7	24.7	34.0	3.6

（五）未成年犯的上网限制

未成年犯家庭对于其上网管控力度不足。关于“在家里，父母对你上网有什么限制”的调查中，发现未成年犯群体与普通未成年人群体出现较大差异，说明了一定问题。在未成年犯群体中，在家里父母对自己上网没有任何限制的比例达到54.8%，而这种情况在普通未成年人群体中则为27%。在普通未成年人群体中，家长对于用网限制集中在禁止浏览网络色情信息以及禁止玩网络暴力游戏，而采取了一定措施来抵制未成年子女接触网络不良信息的（在电脑上安装绿色防护）普通未成年人父母占比达到了31.4%，而这种情况在未成年犯群体中仅占15.1%，后者不到前者的一半。这说明未成年犯的父母对于网络不良信息尚未引起一定的警觉，对子女用网看管不力，也说明提高父母对网络不良信息的警觉意识，加强对子女用网的管理和技术防护，对未成年人犯罪预防，具有十分重要的意义。

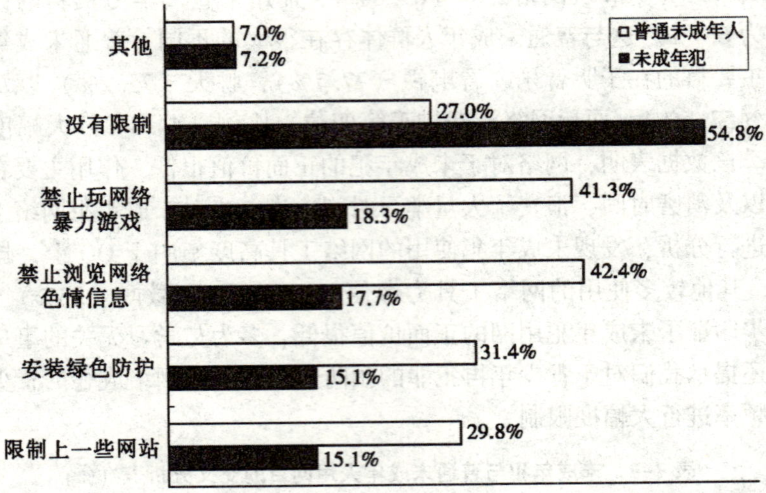

图 7-14 未成年犯与普通未成年人上网家长限制对比图

（六）未成年犯的网络不良信息成瘾状况

1. 未成年犯网络不良信息成瘾的基本情况

网络不良信息成瘾，也叫网络不良信息沉迷，是一种对网络的不当使用状态，主要表现为由于无节制地浏览网络不良信息，从而影响了正常的学习、生活、工作和人际交往等，造成了上网人身心健康问题和社会功能损害的情况。网络成瘾对于未成年人的负面影响尤为严重，他们处于社会化的特殊阶段，正处于长身体、长知识技能以及正确价值观形成的阶段，此阶段的社会化任务完成的状况对日后的心理和行为影响极大。网络成瘾的判断标准多样，目前比较通用的标准是美国教授金伯利·杨的 8 题问卷。在本次调查中，我们参照了金伯利·杨的 8 题问卷，并且在进行了一定修改的基础上，设计出以下 9 个方面的问题：其判断网络成瘾的标准是，在 9 个问题中，有 5 个问题的答案为“是”，同时包含了 1 个对上网造成的客观结果的 3 个问题（第 7、8、9 题）的肯定即为网络成瘾状态。

（1）不上网的时候，我也经常想着色情、暴力等信息；

（2）总是觉得要花更多的时间浏览色情、暴力等信息才能满足；

（3）一上网，我就想去浏览色情、暴力等信息；

（4）自己想要减少浏览网络色情、暴力等信息的时间和次数，却很难做到；

（5）如果停止浏览网络色情、暴力等信息，会感到不知道要做什么，或者焦躁不安甚至很恼火；

（6）当我心情不好时，首先想到放松的方式是上网浏览色情、暴力等信息；

（7）我向家人隐瞒了自己浏览网络色情、暴力等信息的情况；

（8）经常只是想浏览一会儿却在网上待了很长时间；

（9）浏览网络色情、暴力等信息对我的学习或生活造成了明显的不好影响。

在本次调查的未成年犯群体中，处于网络成瘾状态的未成年犯占比3.7%，在普通未成年人群体中，网络成瘾的占比1%。在城乡之间，农村未成年犯网络成瘾情况相比城市未成年犯略重。本次调查结果显示，未成年人网络成瘾的状况有所好转。据中国青少年研究中心2010年的调查结果显示，沉迷网络的未成年人占比约为6.8%。[①]

2. 未成年犯网络不良信息成瘾的分析

未成年犯网络不良信息沉迷情况严重。在未成年犯群体中，符合“当我心情不好时，首先想到放松的方式是上网浏览色情、暴力等信息”情况的占比达到18.83%，而在普通未成年人群体中，该种情况占比5.21%。前者是后者的三倍多。在未成年犯群体中，存在“一上网，我就想去浏览色情、暴力等信息”的情况占比达19.04%，而在普通未成年人群体中，占比不到4%，前者为后者的近乎五倍。在未成年犯群体中，“不上网的时候，我也经常想着色情、暴力等信息”的比例达18.64%，在普通未成年人群体中占比则为3.54%，前者为后者的五倍多。在未成年犯群体中，“总是觉得要花更多的时间浏览色情、暴力等信息才能满足”的占比达16.6%，而在普通未成年人群体中，则为3.54%，前者为后者的四倍多。在未成年犯群体中，“自己想要减少浏览网络色情、暴力等信息的时间和次数，却很难做到”的占比18.61%，而普通未成年人群体则占5.75%，前者为后者的三倍多。在未成年犯群体中，“如果停止浏览网络色情、暴力等信息，会感到不知道要做什么，或者焦躁不安甚至很恼火的”占比14.63%，而在普通未成年人群体中，则占比4.32%，前者为后者的三倍多。反应“经常只是想浏览一会儿却在网上待了很长时间”的未成年犯占比达到40.8%，而普通未成年人群体则占比29.31%。上述数据显示出，网络不良信息对未成年犯的负面影响很大，未成年犯网络不良信息痴迷的程度相较于普通未成年人群体十分严重，对部分未成年犯已经形成了强烈的心理暗示并被网络不良信息所同化，无法控制自己浏览网络不良信息的欲望和行为。在网络不良信息的影响后果上，表示“浏览网络色情、暴力等信息对我的学习或生活造成了明显的不好影响”的未成年犯群体占比达45.65%，

① 参见郭开元主编：《未成年人网络沉迷状况及对策研究报告》，中国人民公安大学出版社2011年版，第22页。

普通未成年人群体占比也达到 24.42%。这进一步说明了网络不良信息对未成年人造成的不良后果。在未成年犯群体中，“我向家人隐瞒了自己浏览网络色情、暴力等信息的情况”的占比 14.63%，普通未成年人群体占比 6.26%。这体现出未成年犯父母对子女用网的管护不力，以及对子女正确用网的引导不足的现状。

表 7-4　未成年犯网络不良信息成瘾情况

	完全不符合	基本不符合	不确定	基本符合	完全符合
当我心情不好时，首先想到放松的方式是上网浏览色情、暴力等信息	40.34%	19.53%	21.30%	9.86%	8.97%
经常是只想浏览一会儿却在网上待了很长时间	15.87%	19.08%	24.25%	25.51%	15.29%
一上网，我就想去浏览色情、暴力等信息	38.09%	18.85%	24.02%	12.40%	6.64%
不上网的时候，我也经常想着色情、暴力等信息	39.81%	19.51%	22.04%	10.78%	7.86%
总是觉得要花更多的时间浏览色情、暴力等信息才能满足	44.20%	19.94%	19.25%	10.41%	6.19%
自己想要减少浏览网络色情、暴力等信息的时间和次数，却很难做到	36.65%	21.73%	23.00%	9.16%	9.45%
如果停止浏览网络色情、暴力等信息，会感到不知道要做什么，或者焦躁不安甚至很恼火	41.87%	20.79%	22.71%	9.24%	5.39%
我向家人隐瞒了自己浏览网络色情、暴力等信息的情况	26.54%	15.64%	19.98%	19.31%	18.53%
浏览网络色情、暴力等信息对我的学习或生活造成了明显的不好影响	20.12%	14.70%	19.54%	21.86%	23.79%

四、未成年犯接触网络不良信息的状况

（一）未成年犯接触网络不良信息的途径

1. 未成年人接触网络不良信息的主要途径是不良网站、网络游戏以及网络聊天

在未成年人接触网络不良信息的主要途径上，未成年犯本人、家长及老师的答案有高度的相似性。未成年犯个人认为，接触网络不良信息的主要途径为不良网站（占比78.9%）、网络游戏（占比45.7%）以及网络聊天（43.3%），教师也认为未成年人接触网络不良信息的主要途径为不良网站（95.2%）、网络游戏（70.1%）和网络聊天（56.1%），家长也认为未成年人接触网络不良信息的主要途径为不良网站（92.5%）、网络游戏（56.5%）和网络聊天（45.1%），此外，家长还倾向于认为各种综合性网站对未成年人不良信息的接触有推动作用（40.1%）。在网络环境的净化问题上，不仅需要行业自律和政府监管，同时也需要加强学校教育和家庭教育，强化未成年人自觉抵制网络不良信息的意识。此外，还需要充分发挥社会公众监督的力量，加大社会宣传和法制教育，使民众加入到网络不良信息的抵制运动中。

2. 网络不良信息出现的原因比较复杂

（1）网站营利的目的。网页上会出现什么样的信息，直接影响网站的营利多少。就网站经营者而言，营利目的是运营网络的首要目的，因而投放信息的内容以及数目，都会以网站收益为导向。而网络不良信息尤其是网络色情信息具有大量的受众群体，为了吸引眼球，增大网站点击率和浏览量，网络不良信息随之出现并大量传播扩散。在此次调查中，网站追求营利原因成为受访群体中共同认为的导致网络不良信息出现的主要因素。其中未成年犯群体占比50.9%，父母群体占比65.7%，教师群体占比73.2%。

（2）政府对网络的监管不到位。随着微博、微信、QQ等移动社交工具的兴起，不良信息也通过转发、复制等形式进行迅速传播，直接影响用网未成年人的身心健康。但是目前，政府对于不良信息，包括各种违规内容和不良网站，并没有一个很好的监测手段。有媒体报道，很大一部分的网络不良信息，如淫秽色情信息，无法通过技术识别，只能通过人工检测，以及通过群众举报发现，但是其弊端在于效率非常低，难以应对网络不良信息信息量爆炸的现状，也难以应对大量的网络隐蔽不良信息，尤其是随着手机的普及，移动终端中的大量不良信息的监管难度加大。因此，政府监管存在一定的技术障碍。监管的难度加大了对网络不良信息的打击力度。在此次调查中，认为政府监管不到位是网络不良信息出现的重要原因的未成年犯占比41%，父母和教师占比

更是达到了72%和83.3%。

(3) 未成年人自身的好奇心理。就网络受众而言，自身的浏览心理与网络信息的内容以及数目直接相关。就网站经营者而言，一则信息受众的感兴趣程度直接影响点击率和浏览量，而与之相关的网页广告费用等商业收益就会直接增加。因此，能够引发受众好奇心和兴趣的信息就会大量充斥网站。就网民的主要组成部分——未成年人而言，未成年人自身对网络不良信息的好奇心理直接导致其会主动阅览和查询，推动了网站阅览量和点击率的增加，因而促进了大量网络不良信息的出现。在这一点上，支持未成年人好奇心理是导致网络不良信息出现的重要原因的父母占比61.9%，教师占比61.3%。

(4) 网络自身的特点以及社会浮躁的环境氛围。网络空间不同于现实空间，现实空间具有真实性，人们以自己的名义和身份进行社会行为，因而人们往往会有所顾忌；而网络空间具有虚拟性，人们多以匿名的方式进行网络行为，在这种情况下人们便放松了责任意识，取而代之，网络成为人们发泄情绪和欲望的工具。加之随着现代人生活压力的逐渐增大，社会环境浮躁，部分群体心态出现异常，如通过网络不良信息嘲弄他人、找乐子找刺激的心态，在一定程度上助长了网络不良信息的传播扩散。

(5) 立法不足。法律是约束人们行为的基本手段和工具。目前，我国互联网保护法律缺乏，因而相关的网络实名制、网络信息分级制等制度不能由经验上升为规则而确立下来，在一定程度上造成了网络不良信息的治理力度不足。在网络不良信息出现原因的调查统计中，未成年犯群体中有44.1%的人认为缺少未成年人网络保护法律是重要原因之一，而在父母群体以及教师群体中，支持这一观点的比例更是占到了67.9%和71.8%。

(二) 未成年犯接触网络不良信息的内容

从内容上看，网络不良信息可以划分为违法、反道德以及反科学三类，违法信息包括网络侵权、网络诈骗、网络赌博、极端思想以及其他网络违法信息；反道德信息包括低俗信息、厌世信息、不良价值观信息、色情信息、暴力信息、造假信息以及其他违反道德的网络信息；反科学信息包括封建迷信信息、功能夸大信息以及其他违反科学的网络不良信息。本研究报告中选取了目前实践中传播比较广泛、危害比较严重的几种网络不良信息进行重点研究，包括不良价值观信息、色情信息、暴力信息、极端思想信息、反科学信息、侵权信息以及虚假信息。调研结果表明，未成年人对各种不同类型的不良信息的辨识能力以及接触后果存在一定差别。

1. 极端思想信息

(1) 未成年犯对极端思想信息的识别能力弱。问卷中两项数据涉及对极端思想的辨识问题，结果显示出未成年犯对极端思想信息的辨识能力相对较弱。在对“香港‘占领中环’游行活动”的信息判断上，仅 15.3%的未成年犯认为属于不良信息，相比普通未成年人群体 24.5%的比例，低超过八个百分点。在对“台独”信息的判断上，41.7%的未成年犯认为属于不良信息，低于普通未成年人群体的 58.7%。而在“不知道怎么判断”的选项上，未成年犯群体（34.6%）却远高于普通未成年人群体（13.2%），这说明未成年犯群体对极端思想信息的识别能力弱。而未成年犯家长对前述第一项数据的不良信息辨识结果显示，仅 26.9%的家长群体能做出正确判断，而在教师群体中，更是仅有 23.5%的教师能做出正确判断。家长与教师分别是家庭教育和学校教育的核心力量，二者对于不良信息的识别能力直接影响到了对未成年人应对不良信息的教育。这说明在抵制不良信息的问题上，一方面要加强未成年人自身的自觉性，另一方面也应加强家长和老师的识别和处理能力。

（2）未成年犯对极端思想不良信息的好奇心重，应对消极。在对于极端思想不良信息的处理上，未成年犯“会关注并提出反对意见”的为 19.6%，低于普通未成年人群体的 23.3%。同时，未成年犯对于极端思想不良信息的好奇心较重，其比例为 32.3%，大大超过了普通未成年人群体的 19.3%。好奇心促使未成年犯产生主动阅览极端思想不良信息的动机，加大了接触机会，也会对未成年人的事物判断产生严重误导。

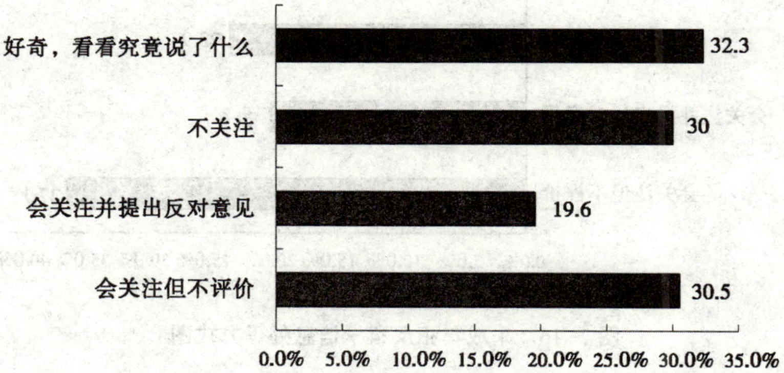

图 7-15　未成年犯极端思想信息处理方式示意图

2. 反科学信息

（1）未成年犯对于反科学信息的识别能力弱。在反科学信息即封建迷信网络不良信息的判断上，未成年犯的识别能力显著弱于普通未成年人群体。问卷中两项数据涉及反科学信息的辨识问题，结果显示出未成年犯对此的辨识能力弱。例如，对于网络测字算命的迷信信息，能够识别出其为网络不良信息的未成年犯群体仅占 27.1%，而在普通未成年人群体中，该项的比例则达到 52. 7%。在宣扬邪教、破坏民族团结的信息辨识问题上，未成年犯群体（67. 7%）要显著低于普通未成年人群体（90. 2%）。而另有 18. 3%的未成年犯群体不知道该如何判断，这一比例在普通未成年人群体中仅占 3. 6%。该两项数据说明，未成年犯对于反科学网络不良信息的识别能力弱，显著低于一般水平。而该第一项数据中，能识别出为网络不良信息的家长群体占比 53. 8%，教师占比 53%，说明家长和教师对于反科学网络不良信息具有一定的识别能力，但是还需加强，才能充分发挥家庭和学校在教育方面的功能。

（2）未成年犯对反科学信息的关注度和好奇心理相对较高。在网络反科学不良信息的关注度问题上，未成年犯不关注的比例为 23. 9%，而普通未成年人群体的比例为 30%，说明未成年犯群体对于网络反科学不良信息的关注度高于普通未成年人群体。此外，对于网络反科学不良信息的好奇程度，未成年犯群体（28. 8%）要高于普通未成年人群体（23. 8%）。未成年人由于身心发育不成熟，在好奇心的驱使下产生主动阅览网络反科学不良信息的动机，受到封建迷信思想的蛊惑而对正常社会价值观产生质疑，脱离正常社会生活，甚至出现反社会倾向。

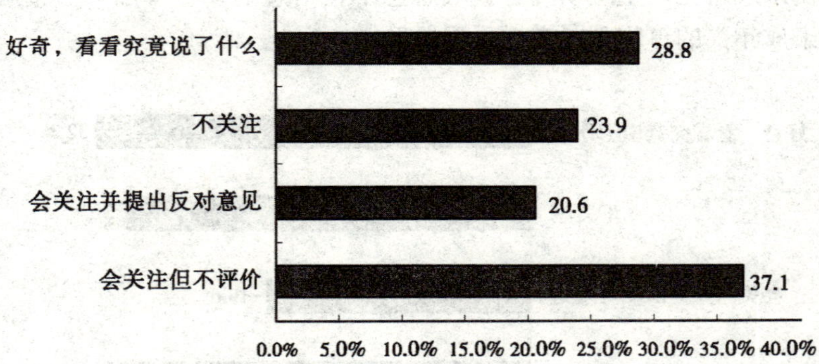

图 7-16　未成年犯反科学信息处理方式图

3. 虚假信息

（1）未成年犯对歪曲事实的不良信息识别能力明显低于一般水平。对于歪曲事实的虚假信息，问卷设计了三个信息的判断，其中对歪曲历史事实的“有教授认为李白是唐朝‘第一古惑仔’”的判断上，仅 25%的未成年犯作出了正确识别，远低于占比 41. 3%的普通未成年人群体。在对歪曲生活事实的“非典期间，板蓝根包治百病”的判断上，未成年犯群体的识别正确率（24. 8%）也显著低于普通未成年人群体（41. 2%）。在关于“网络上传言岳飞谋反罪是真实的，并非秦桧诬陷”的进一步识别上，不仅未成年犯的正确识别率（32.3%）要低于普通未成年人群体（47.9%），而且不知道怎么判断的未成年犯群体（36.8%）也显著高于普通未成年人群体（16.6%）。这些数据表明未成年犯对歪曲事实的不良信息识别能力明显低于一般水平。而横向比较未成年犯父母以及老师群体的识别能力，父母对于歪曲生活事实的“非典期间，板蓝根包治百病”的正确识别率仅为34.1%，对歪曲历史事实的“有教授认为李白是唐朝‘第一古惑仔’”的正确识别率仅为35.9%；同样，在教师群体中，两者的正确识别率分别仅为32.3%和36.8%。可见，未成年犯父母以及教师群体对歪曲事实不良信息识别率甚至低于普通未成年人群体，这是不可思议的，也进一步说明加强教师和家长网络不良信息识别和抵制能力的紧迫性。

（2）未成年犯对网络不良歪曲事实信息的关注度和好奇程度较高。在网络不良歪曲事实信息的应对上，未成年犯体现出对不良信息的关注度和好奇程度均高于普通未成年人群体。数据显示，不关注该类信息的未成年犯占比仅为27.4%，而普通未成年人群体则为34.8%；对于该类信息具有好奇心，想看看说了什么的未成年犯群体占比达39.6%，而普通未成年人群体的这一比例则为27.7%。未成年犯对该类信息的高关注度和好奇程度加大了对网络虚假信息的接触机会以及强化了不良影响。

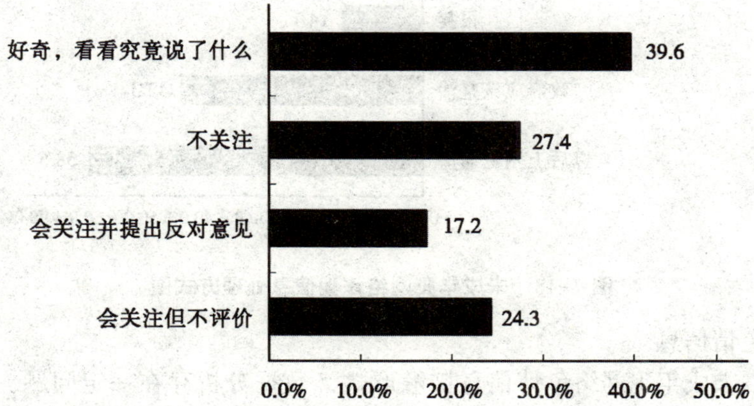

图7-17 未成年犯虚假信息处理方式图

（3）未成年犯对虚假诈骗信息的辨识能力低于一般水平。数据显示，未成年犯对于网络虚假诈骗信息的正确识别率为63.3%，而在普通未成年人群体中能够正确识别的则占82.7%。在未成年犯群体中，有17.9%的人不知道该如何判断，而普通未成年人群体这种情况仅占6.5%。这说明未成年犯对虚假诈骗信息的识别能力较低，警觉意识不足，容易轻信而造成自身的损失。未成年犯对虚假诈骗信息辨识能力低，也造成对虚假诈骗行为的违法性认识不足。数据进一步显示，在网上实施过诈骗行为的未成年犯比例达到 27.1%，而这种情况在普通未成年人群体中仅为 4.68%。

（4）未成年犯对于网络诈骗信息的警觉度较低，对于诈骗损失的报复心较强。对于网络诈骗信息的态度，意识到网络诈骗现象多发，持谨慎态度的未成年犯占 58.5%，低于普通未成年人群体的 73.6%。认为政府应当采取一定措施整治网络环境的占比 42.3%，低于普通未成年人群体的 66.3%。认为不会发生在自己身上的占比 14.1%，持无所谓态度的占比 16.2%。而该两项数据在普通未成年人群体中则为 6.1%和 8.4%。该项数据说明未成年犯对网络诈骗信息的警觉度较低，并未能意识到网络诈骗的严重性和危害性，自护意识不强。此外，对受到诈骗持报复心理的未成年犯达 14.1%，而普通未成年人群体则为 5.6%。这说明未成年犯对网络诈骗的处理存在一定的不成熟心理，在纠纷的解决上存在一定的暴力思维。

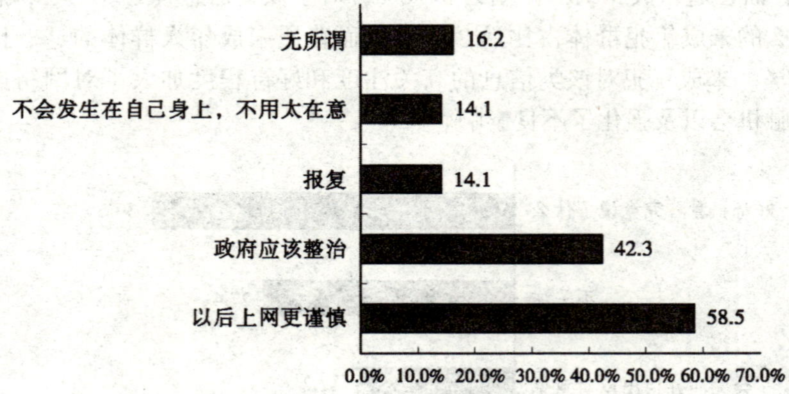

图 7-18　未成年犯网络诈骗信息处理方式图

4. 色情信息

（1）未成年犯网络色情信息接触形式（数据分析存在一定问题，与问卷不符）。未成年犯网络色情信息的识别能力较低。对于网络色情信息的识别，问卷设计了三条信息的判断，结果反映未成年犯网络色情信息的识别能力均明显低于一般水平。对于“女星野外换衣全程”和“美女全裸艳舞”这种色情信息未成年犯的识别正确率仅为 57.2%和 73.2%。相比之下，普通未成年人群体的识别准确率较高，为 87.8%和 91%。在色情行为的判断上，未成年犯与普通未成年人群体相比也存在较大差距。对于“一对一的网络视频脱衣聊天”是否是色情行为的判断上，仅有 29.2%的未成年犯能十分肯定地作出正确判断，而同样在普通未成年人群体中识别比例则达到了 80.65%。作出错误判断的比例在未成年犯群体中高达21%，而在普通未成年人群体中仅为7%。还有相当一部分未成年犯不能做出判断（24.78%），而这种情况在普通未成年人群体中仅为6.22%。

（2）超过一半的未成年犯在小学阶段就已接触网络色情信息。在色情信息的接触时间问题上，超过一半（51.9%）的未成年犯在小学阶段就已经接触网络色情信息，而普通未成年人群体小学阶段就已接触网络色情信息的比例也接近半数（45.4%）。未成年犯和普通未成年人从初中阶段开始接触到的分别占比为51.1%和48.2%。这说明网络色情信息对整个未成年人群体的影响无论是广度还是深度上都已经十分严重。

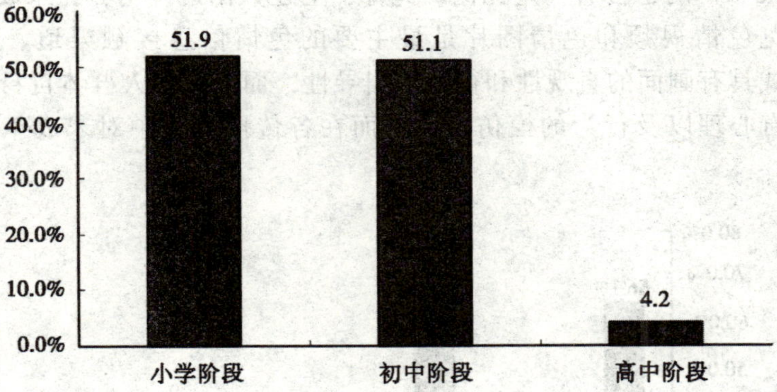

图7-19　未成年犯网络色情信息接触时间图

（3）未成年犯网络色情信息接触渠道的多元化。在接触途径上，未成年犯网络色情信息的接触渠道多元化。未成年犯网络色情信息接触的首要途径是浏览网页时自动跳出来的，占比50%。普通未成年人群体符合这一情况的占比更是达到了71.4%。未成年犯通过垃圾短信提供的网址链接接触到色情信息的占比30.4%，普通未成年人群体中通过该途径接触到网络色情信息的占比19.3%。这几项数据说明，在整个未成年人群体中，被动接触网络不良信息的占比极高，对此网站经营者以及政府监管部门应当承担起一定的责任。

未成年犯通过搜索色情网站接触到网络色情信息的占比49.4%，远高于普通未成年人群体（5.9%）。这一方面是由于前文所提到的未成年犯群体普遍好奇心比较强，追求新鲜刺激的因素；另一方面也说明未成年犯自控能力以及自我保护能力差，受色情信息影响较深。

未成年犯朋友（同学）通过手机发送而接触到网络色情信息的占比38.2%，而普通未成年人群体该项比例则为14.2%。据媒体报道显示，很多在校学生已经开始通过移动社交平台发布、传播色情信息，并且对象几乎都是在校学生或者刚辍学的未成年人。部分未成年人由于过早接触到网络色情信息，对身心造成极大冲击，从而引发犯罪。“根据北京市未成年犯管教所的入监调查显示：未成年犯实施强奸、轮奸等性犯罪的年龄大都在14—17岁，此前他们100%都长期接触网络淫秽色情信息。”①

（4）未成年犯网络色情信息接触的形式集中在浏览色情视频和图片。未成年犯网络色情信息接触的形式比较集中，色情视频占最主要的方面，占比73.2%，其次是色情图片，占比66.1%。而普通未成年人群体的接触形式则比较分散，除图片形式占比过半（57.7%）以外，通过视频（36.8%）、游戏（27.1%）的比例也较高，而通过小说（17.6%）、短信（14.3%）和歌曲（12.6%）的也占有一定比例。此外，上述数据还说明，在未成年人群体中，浏览色情视频和色情图片是最主要的色情信息接触渠道。而该两种传播方式具有画面的直观性和行为的引导性，而未成年人群体自身又具有强烈的好奇心理以及行为的模仿性，因而在各传播方式中对未成年人的危害最大。

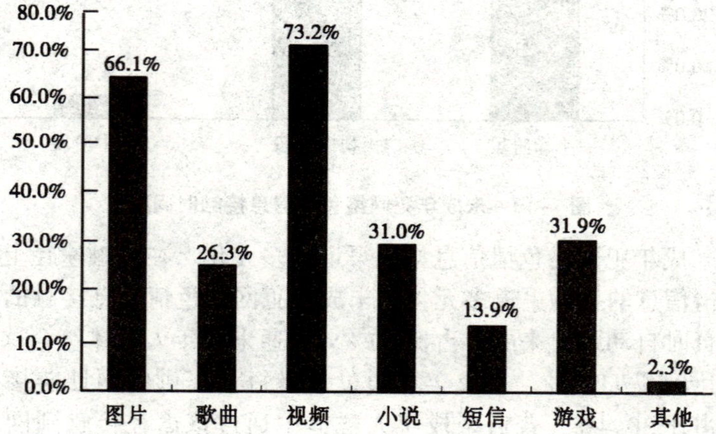

图7-20　未成年犯网络色情信息接触形式图

（5）未成年犯接触网络色情信息后会产生强烈的好奇心。数据显示，大多数未成年犯接触网络色情信息之后会产生强烈的好奇心，比例占63.9%，而这一情况在普通未成年人群体中仅占16%。普通未成年人群体对网络色情信息的接触反应多为厌恶，比值达到70.8%，而在未成年犯群体中，该种情况仅占22.7%。又如，接触网络色情信息后感觉到刺激的，在普通未成

① 《16岁少年沉溺网络淫秽视频　先后强奸5名少女》，载http://news.sohu.com/20150531/n414141567.shtml，最后访问时间：2015年5月31日。

年人群体中仅为7%，而在未成年犯群体中却达到了46.2%。这表明网络色情信息已经使多数未成年犯心理产生了变化，从反感、不适逐渐演变为好奇，再进一步演化为刺激、兴奋甚至沉迷，进而主动去网上进行搜索观看，形成恶性循环。

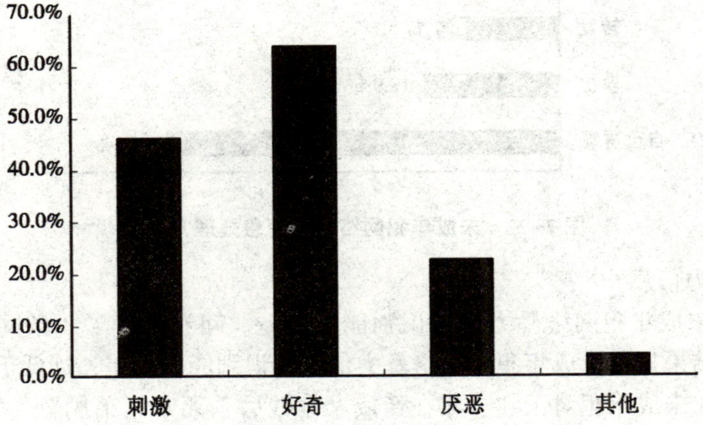

图7-21　未成年犯网络色情信息接触反应示意图

（6）未成年犯对网络色情信息的抵制消极。在对网络色情信息的处理上，未成年犯群体显得比较消极。有多达58.3%的未成年犯选择自己看看，选择关闭或删掉的仅为33.4%，而选择举报的更少，为9.6%，可见未成年犯在对网络色情信息的清理上表现得较为消极。相比之下，在普通未成年人群体中，选择关闭或删掉的达到78.6%，选择举报的也达到30%，而选择自己看看的仅为10.5%，体现了两类群体在色情信息处理态度上的差异。同时需要注意的是，在未成年犯群体中，选择转发给同学或朋友的，达到17.8%，选择模仿的更是达到19.9%，这两种情况在普通未成年人群体中的总和不到6%。网络色情信息因自身具有可复制性，在未成年人的转发下呈几何式的增长并在未成年人群体中迅速传播，逐渐产生模仿动机而引发犯罪。未成年犯群体在处理网络色情信息上的态度也说明了其受网络色情信息荼毒较深，因此对未成年人加强正面、积极的性教育，正确引导孩子形成自我克制能力，具有极大的必要性。

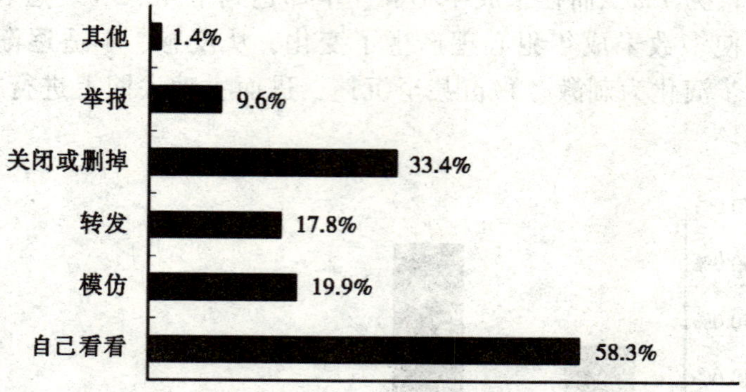

图 7-22　未成年犯网络色情信息处理方式图

5. 暴力信息

(1) 未成年犯网络暴力信息识别能力较差。问卷设计了 3 条网络暴力信息，统计结果显示未成年犯对网络暴力信息的识别能力较差，远低于普通未成年人群体。未成年犯对于“少年在亲戚家偷钱后杀死亲姐弟俩”、“黑色行李箱内惊现全裸女尸”以及“网上买卖枪支信息”的识别准确率分别仅为 36. 4%、46. 6%和 59. 4%，远低于普通未成年人群体的 55. 9%、70. 3%和 73. 3%。这说明未成年犯对于网络暴力信息识别能力较差，未形成充分的警觉，直接影响了未成年犯应用网上的自护意识以及暴力信息抵制意识。

(2) 未成年犯从网上接触暴力信息的比例较高。问卷对网络暴力信息的内容做了进一步的细化，其中目睹过一般暴力信息（设计选项为“殴打”）的未成年犯群体与普通未成年人群体比例大体相当，分别为 73. 8%和 71. 8%。而目击血腥暴力信息（设计选项为“砍杀”）以及具有严重反社会、反人类性质的血腥暴力信息（选项设计为“血腥屠杀”）的比例在普通未成年人群体中为 41. 2%和 37. 2%，而在未成年犯群体中则达到 70%和 57. 2%，远超过普通未成年人。网络暴力信息尤其是血腥暴力信息，严重影响未成年人的健康成长，尤其是一些对杀人行为细节过度的披露和描绘，极易对未成年人形成犯罪方法的传授和引导。血腥暴力信息，无论是真实发生的，还是在虚拟游戏中的，其传播的杀戮、反社会的负面价值观，均会严重影响未成年人正确道德观的形成，导致未成年人对生命的漠视。比如，在网络暴力游戏问题上，很多未成年人自身对网络虚拟世界与现实世界的区分能力不够，许多沉迷于网络暴力游戏的未成年人，形成了暴力解决冲突和纠纷的思维，甚至将游戏思维带入现实生活并效仿游戏中的杀人手段，将网络暴力转化为现实暴力。而就未成年犯目睹血腥暴力信息的相对高比例，也说明了接触网络暴力信息与未成年人犯罪的正相关关系。

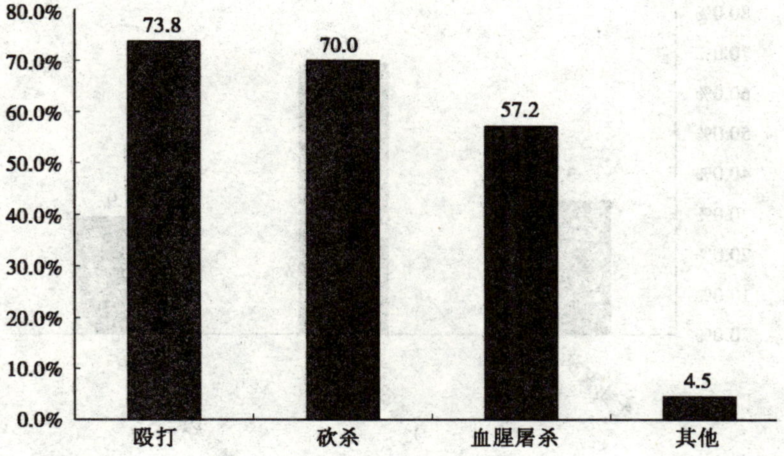

图 7-23　未成年犯接触网络暴力信息内容图

（3）未成年犯网络暴力信息的接触自小学就已经开始。在对未成年犯网络暴力信息最初接触时间的调查上，结果显示未成年犯自小学起就有近一半比例接触过网络暴力信息（47.1%）。而在初中阶段接触到网络暴力信息的也达到了 51.2%。在初中阶段以及之前接触到网络暴力信息的比例合计为 98.3%。同比普通未成年人群体，情况大体相当。在小学阶段就接触到网络暴力信息的比例也达到 42.6%，在初中阶段接触到网络暴力信息的比例也高达 49.3%，两阶段接触到网络暴力信息的比例合计 91.9%，也即初中阶段的未成年人群体基本上"全军覆没"。这说明了网络暴力信息在整个未成年人群体中传播的广泛性和深入性。

（4）在未成年犯网络暴力信息的接触途径上，被动看到的占主导地位，而主动查找的也占有一定比例。未成年犯网络暴力信息的接触途径与普通群体存在较大不同。未成年犯无意间看到网络不良信息的情况占大部分，占比 66.9%，而主动查找的也占到 33%，浏览网页时自动跳出来的占 28.9%。在普通未成年人群体中，占比最高的是浏览网页时自动跳出来的，占比 59.8%，无意间看到的也占到 54%，而主动查找的仅占 4.8%。该三个选项分为两个被动观看和一个主动观看的情形，"无意间看到"以及"浏览网页时自动跳出来"属于被动观看，"主动查找"则属于主动观看。通过结果分析，可以发现两类未成年人群体在浏览网络暴力信息上的主动性存在较大差异，未成年犯相对于普通未成年人群体对网络暴力信息的浏览更加主动，而普通未成年人群体则更加被动。该数据从另一方面也说明了网络运营商对网络暴力信息的泛滥有着不可推卸的责任，应当加强对所运营网站的自查，政府也应当加强对网络运营商的追责。

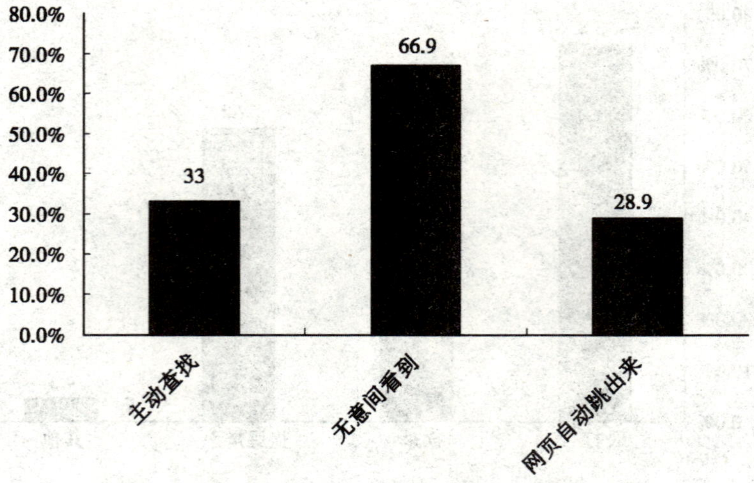

图 7-24　未成年犯网络暴力信息接触途径图

（5）未成年犯接触网络暴力信息的形式以视频为主。在网络暴力信息的接触形式上，未成年犯最主要的接触形式是视频，占比 69%，其次为图片，占比 52. 9%。暴力影视和暴力游戏占比也很高，分别为 47. 8%和 44. 3%。而在普通未成年人群体中，暴力信息的接触形式集中于暴力图片和暴力视频，分别占比 54. 5%和 47. 9%。网络暴力视频与图片具有直观性和强烈的视觉冲击性，对初期接触者会造成心理恐惧和感官不适，长期接触则会造成未成年人价值观扭曲。而网络游戏中厮杀的氛围也易引发未成年人的模仿，导致犯罪行为的发生。

（6）未成年犯对网络暴力信息的接触反应显示出心理和认识存在异常。普通未成年人群体中，其接触到网络暴力信息后的主要反应为厌恶（68. 2%）和害怕（33. 5%），但是在未成年犯群体中，其主要反应则为兴奋（50. 2%）和痛快（46. 3%）。而在对网络暴力信息的认识上面，未成年犯存在一定的误区。未成年犯中有近 30%的人认为观看网络暴力视频可以缓解压力，而在普通未成年人群体中则不到 8%。该两项数据说明未成年犯对于网络暴力信息的接触过多导致其心理产生异常，认识进入误区，具体表现为对生命的敬畏感消失，杀人行为的罪恶感逐渐淡化，反而成就感增加，守法意识逐渐模糊，形成动辄以暴力解决问题的思维模式。因此，在未成年犯的接触反应上，显示以兴奋和痛快为主，将浏览暴力信息作为缓解压力的手段。

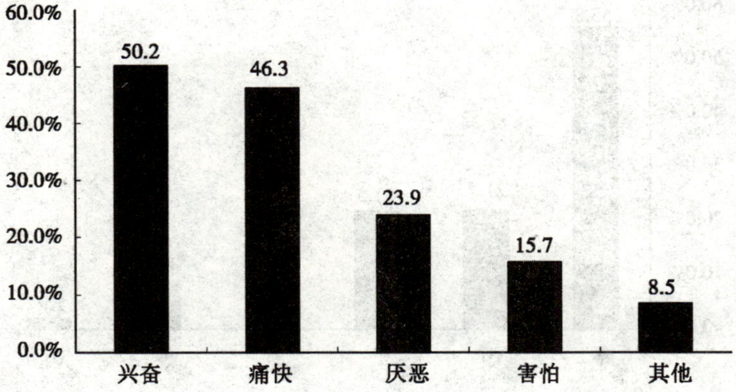

图 7-25　未成年犯网络暴力信息接触反应图

（7）在对网络暴力信息的处理上，未成年犯有较大的浏览意愿以及传播意愿。在对网络暴力信息的处理上，未成年犯采取“关闭或删掉”以及“举报”处理办法的分别占比为 30. 6%和 8. 9%，而该情况在普通未成年人群体中则成为主要的处理措施，分别占比 80. 3%和 26. 4%，这说明普通未成年人群体对网络暴力信息具有较强的抵制心理和自护意识，但是未成年犯群体则不然。未成年犯接触到网络暴力信息，大多数会选择自己看看，比例达到 55. 8%，而模仿或者转发给同学或朋友的也占很大比例，分别为 21. 7%和 21. 5%，显示出未成年犯对网络暴力信息呈现出较大的兴趣和一定的传播扩散的意愿。同时需要注意，未成年犯群体中有高达 21. 7%的未成年人选择模仿暴力行为，说明未成年人网络沉迷问题已经成为威胁社会安全的一个重要方面。比如，某市就发生这样一起故意伤害案，“16 岁的被告人在自己村里的黑网吧玩游戏时与被害人发生争执，相约出去说事，随后用携带的尖刀猛刺被害人数十刀，转身继续回去玩游戏，被告人供述自己实施犯罪时的心理时，称捅刀时感觉和游戏里的场景一样，感觉还在游戏中，想着如何打游戏”。①

① 李志国：《网络与未成年人违法犯罪问题》，载 http：//court. gmw. cn/html/article/201301/07/116179. shtml，最后访问时间：2013 年 1 月 7 日。

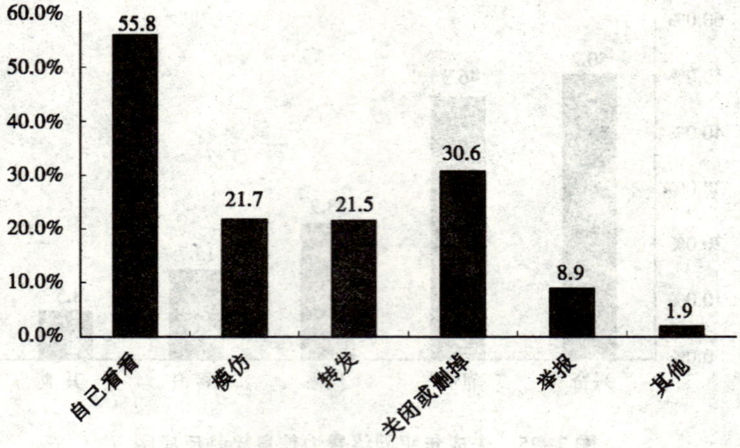

图 7-26　未成年犯网络暴力信息处理方式图示

6. 价值观扭曲信息

(1) 未成年犯对价值观扭曲信息的识别能力较差。在网络中，价值观扭曲信息主要包括拜金主义、享乐主义信息，网络低俗信息、厌世信息以及个人造假类诚信缺失信息等。目前，在网络不良价值观信息中，主要集中于拜金主义、享乐主义、网络低俗信息以及厌世信息。在涉及拜金主义、享乐主义的不良信息识别上，未成年犯准确识别率仅为 23.6%（郭美美炫富）和 31.6%（读书无用，不如嫁个有钱人），相比之下，普通未成年人群体的正确识别率则达到 50.8%（郭美美炫富）和 69.7%（读书无用，不如嫁个有钱人）。在厌世信息的识别上，未成年犯的准确识别率分别为 44%（网上相约烧炭自杀）和 75.7%（某网站帖子里介绍割腕自杀的方法）。相比之下，普通未成年人群体的正确识别率达到 71.4%（网上相约烧炭自杀）和 90.6%（某网站帖子里介绍割腕自杀的方法）。在网络低俗信息的识别上（凤姐对你回眸一笑，你酥了还是吐了），未成年犯的准确识别率为 22.5%，而普通未成年人群体则为 51.4%。在网络个人造假类诚信缺失信息的识别上（某知名大学教授论文抄袭），未成年犯的准确识别率为 14.7%，普通未成年人群体则为 34.2%。以上数据显示，未成年犯对不良价值观信息的识别能力较差。在金钱观、网络低俗文化，尤其是网络个人造假方面，绝大多数的未成年犯并不能引起基本的警觉，甚至受到了较深的误导，混淆了是非观。同时需要注意的是，在未成年犯父母群体中，能够正确识别网络低俗文化不良信息的仅在一半左右，能够正确识别网络个人造假不良信息的比例更是只有 32.7%，教师群体两者的比例分别为 57.5%和 29.2%。作为家庭教育和学校教育的核心力量，家长和教师对网络不良价值观信息的识别能力直接影响了对未成年人的教育和其价值观的形成。因此，在未成年人价值观培养问题上，加强对家长和老师的社会主义核心价值观的引导，是一个基本的方面。

(2) 未成年犯对厌世信息的关注度较高，态度上较为冷漠。在对厌世信息的态度上，不关注的未成年犯占比 23.7%，低于普通未成年人群体的 32.3%，这说明未成年犯群体对网络厌世信息的关注度较高。会提出反对意见的未成年犯群体仅占 17.6%，而选择不评价的占到 39.3%，这说明未成年犯在他人生命的对待上态度较为冷漠。而选择“好奇、看看究竟说了什么”的比例为 30.3%，这说明未成年犯好奇心理较强，对网络厌世信息缺乏应有的警惕。

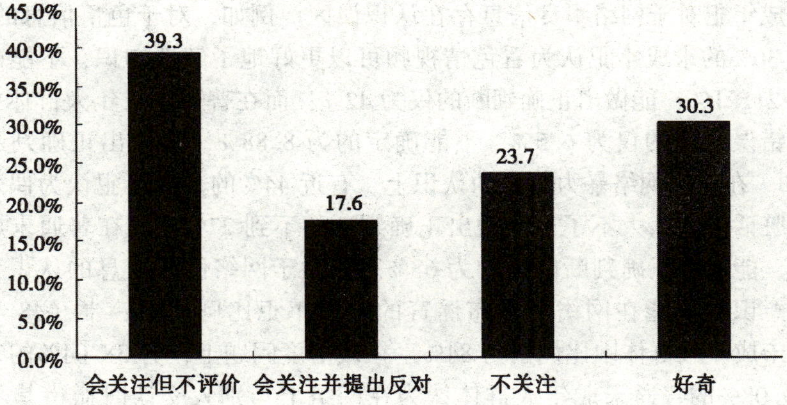

图 7-27　未成年犯厌世信息处理方式图

7. 网络侵权信息

未成年犯的网络侵权不良信息识别能力较差。在关于“某大学公布学校 50 个美女的 QQ”信息的判断上，仅 33.6%的未成年犯能够识别出其为网络不良信息，而在普通未成年人群体中，正确识别率则为 65.5%。而在未成年犯的父母以及学校教师群体中，能够做出正确判断的也只占到 58.2%和 56.1%，识别能力甚至低于普通未成年人群体。这一方面说明了未成年犯的网络信息识别能力较差，法制意识淡漠；另一方面也说明家长和教师自身对于网络不良信息的认识还存在较大的提升空间。

五、未成年犯对网络不良信息的识别能力

(一) 未成年犯对网络不良信息判断力较差

如上所述，本次调研对网络不良信息进行了划分，包括不良价值观信息、色情信息、暴力信息、极端思想信息、反科学信息、侵权信息以及虚假信息几

种，在对每一类网络不良信息进行分析研究的结果显示，未成年犯在上述信息的识别能力上，均不及普通未成年人群体，其原因一方面是由于未成年犯群体中很大一部分人长期沉迷于网络不良环境中，对个人的身心造成较大不良影响，受到负面价值观冲击，混淆了对是非的正确判断。而另一方面对未成年犯的父母以及在校教师的群体的调研结果显示，该两类群体在网络不良信息的识别上也存在很大的不足，甚至对部分不良信息的识别准确率低于普通未成年人群体。也就是说，家长和教师自身抵制网络不良信息的能力缺陷对在引导未成年人抵制网络不良信息的教育上造成了负面影响。

（二）未成年犯对网络不良信息的认识存在误区

未成年犯对于网络不良信息存在认识误区。例如，对于色情信息的认识，有超过36%的未成年犯认为看色情视频可以更好地了解性知识，不能确定的占到了21.21%，能做出正确判断的仅为42%；而在普通未成年人群体中，存在这种错误认识的仅为6.5%，不能确定的为8.88%，能做出正确判断的为84.62%。在对于网络暴力信息的认识上，有近44%的未成年犯认为偶尔在网络上说脏话没什么大不了，能做出正确判断的不到27%；而在普通未成年人群体中，能做出正确判断的则约为68%。在对于网络侵权信息的认识上，能够正确意识到不能在网络上散布谣言的未成年犯比例不到一半（48.41%），而普通未成年人群体中比例则为84%。在诚信度问题上，有38.04%的未成年犯和49.08%的普通未成年人群体认为在网络上与别人交谈时撒谎是不道德的。而在对网络暴力视频的认识上，认为网络暴力视频具有正面价值（可以缓解压力）的未成年犯达到了近30%，另有近30%的未成年犯不能做出判断，而在普通未成年人群体中，不能做出判断或不能做出正确判断的仅占16.66%。上述数据说明，未成年犯对于网络不良信息的认识存在一定的误区，甚至很大一部分未成年犯认为网络不良信息存在一定的价值。

（三）未成年犯网络不良信息识别标准比较感性，很多人不知道如何判断

在对网络不良信息的识别标准上，未成年犯显得较为感性。这表现在凭直觉判断信息真假的未成年犯达到了52.5%。而盲目地认为网上的信息都是真实的未成年犯群体也占到了12.4%，而不知道如何判断信息真假的未成年犯也达到23.4%，有自己验证、筛选信息的办法的未成年犯仅为37.8%。而在普通未成年人群体中，验证网上信息真实性的标准则显得较为理性。有自己的验证、筛选信息的办法的普通未成年人群体占到了71.8%，不知道如何判断的为12.5%，是未成年犯群体的近乎一半。凭直觉判断的为43.7%，比未成年犯少了8.8个百分点，而盲目相信网上信息都是真实的为2.2%，是未成年

犯群体的不到五分之一。上述数据说明，未成年犯群体对于网络不良信息的判断并没有一个成熟的标准，识别上多凭感性判断，因而该群体识别网络不良信息能力较差，易受侵蚀。

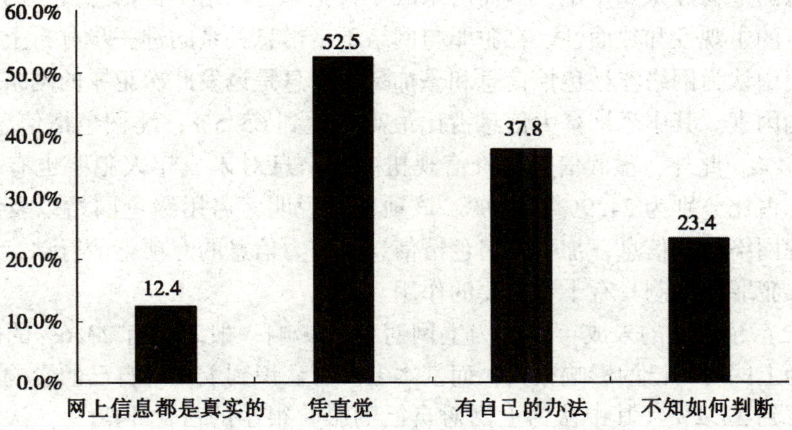

图 7-28　未成年犯网络不良信息判断标准图

（四）对网络不良信息危害性的认识不够全面

在网络不良信息对未成年人的危害认识上，未成年犯观点集中于对学习失去兴趣（69.4%）；上网花费大，引发违法犯罪（60.8%）；沉迷网络，影响与家人沟通交流（59.2%）；导致眼睛近视（51.9%）和影响道德品质（51.7%）。认识到影响性格，变得孤僻、冷漠（37.9%）以及缺少社会责任感（31.3%）的则比较少。而普通未成年人群体对网络不良信息负面影响的认识则比较全面，认为网络不良信息首先会导致眼睛近视（82.4%）和沉迷网络，影响与家人沟通交流（81.8%）。还会使未成年人对学习失去兴趣（78.6%）；影响道德品质（75.1%）；影响性格，变得孤僻、冷漠（65%）；引发违法犯罪（64.9%）以及缺少社会责任感（55.7%）。从比例以及内容上看，未成年犯对不良信息危害的认识尚不够深入和全面，这对于其自觉抵制网络不良信息造成负面影响。

六、网络不良信息诱发未成年人犯罪

（一）关于未成年人犯罪与网络不良信息关系的不同认知

1. 未成年犯的认知

（1）四成多的未成年犯认为其犯罪是受到网络不良信息的影响，其中暴力信息和色情信息成为首要因素。对于未成年人犯罪与网络不良信息的关系，有41.1%的未成年犯认为本次犯罪是受网络不良信息的影响。这里存在两个方面的问题，其一是体现了网络不良信息对未成年人犯罪的推动作用，包括行为诱导和价值观扭曲两个方面。其二是应当注意到一部分未成年犯对于网络不良信息的危害性认知不足，因而对未成年人犯罪与网络不良信息关系的判断具有一定的主观性和片面性。在犯罪与网络不良信息关系的进一步分析上，未成年犯集中认为网络淫秽色情信息和恐怖暴力信息是诱发此次犯罪的网络不良信息影响因素。其中恐怖暴力信息占比最高，达到65.5%；淫秽色情信息其次，为56.4%。此外，虚假信息和价值观扭曲的信息对未成年人犯罪也有一定的影响，占比分别为24.9%和20%。该项数据说明，启用绿色网站以及绿色软件过滤网络不良信息，加强网络色情信息和暴力信息的专项整治行动，对于未成年人犯罪的抑制具有十分重要的作用。

（2）超四成的未成年犯认为上网对自己影响一般。仅有23.6%的未成年犯认为上网对自己的影响很大，而基本上没有认识到上网对自己的影响的未成年犯占到33.2%（其中认为上网对自己的影响很小的占比14.1%，认为上网对自己没什么影响的占比19.1%）。而在普通未成年人群体中，认为上网对自身的思想道德影响很大的占比12.2%，绝大多数未成年人认为上网对自己的影响一般（46.1%）或没有认识到对自己的影响（占比41.8%，其中认为影响很小的为19.2%，认为没有什么影响的占比22.6%）。该项数据说明，未成年人群体对上网的不良影响认识不足，对网络环境的虚拟性和复杂性了解不深，警觉性和自护意识很低。

（3）未成年犯对网络不良信息危害性认识不足。在网络不良信息的危害性认识上，有59.18%的未成年犯认为网络暴力信息可以诱发青少年违法犯罪，有57.32%的未成年犯认为网络色情信息可以诱发青少年违法犯罪。在普通未成年人群体中，有67.11%的未成年人认为网络暴力信息可以诱发青少年违法犯罪，有67.25%的未成年人认为网络色情信息可以诱发青少年违法犯罪。未成年犯群体中不认为网络暴力信息、色情信息可以诱发青少年违法犯罪的未成年犯占比19.41%和25.58%，在普通未成年人群体中占比23.31%和22.47%，横向比较大体相当。这说明了两个方面的问题，一方面，未成年人犯罪与网络不良信息的影响有着密切的关系；另一方面，未成年人对网络不良信息的危害性认识不足，其中很大一部分未成年人对此没有认识，警惕性低。

2. 家长和教师对网络暴力信息的认知

与未成年人群体不同，家长和教师群体对于网络不良信息与未成年人不良行为的关系有着一定的认识。在家长群体中，意识到未成年人的不良行为是由网络不良信息引起的占比65.8%，在教师群体中也占到61.7%。

以上数据说明，未成年人犯罪与网络不良信息存在正相关关系，但未成年人群体对网络的不良影响认识存在不足，因此，家长应当予以正确引导，学校也应当开设网络安全防范课程，加强网络道德教育、法制教育和自护教育，并结合必要的警示教育，从正反两个方面让未成年人意识到网络环境的复杂性和网络不良信息的危害性。

（二）网络不良信息诱发未成年人犯罪

1. 理论基础：涵化理论

涵化理论（Cultivation Theory），又称培养理论、教养理论、涵化假设、涵化分析。该理论由美国学者格伯纳于20世纪60年代末期提出，其提出的社会背景是，随着当时电视媒介所发挥的社会影响力越来越大，其发挥的负面作用也随之加大，美国暴力犯罪十分严重，对此美国政府成立“暴力起因与防范委员会”，对电视内容与犯罪的关系进行研究。格伯纳认为，对大量看电视的观众来说，电视实际上主宰和涵盖了其他信息、观念和意识的来源。所有接触这些相同消息所产生的效果，就是所谓的教养效果。格伯纳的一个重要结论是，电视节目中充斥的暴力内容大大增加了人们对现实社会环境危险程度的判断。该理论后来进行了完善和发展，形成了六方面的基本观点。其中认为，大众传媒具有特定的价值和意识形态倾向，通过“报道事实”、“提供娱乐”等形式传达给受众，从而潜移默化地形成人们的现实观、社会观。大众传媒的“教养效果”，主要表现在形成当代社会观和现实观的“主流”，而电视媒介在主流形成过程中发挥了强大的作用。

2. 精神层面：网络不良信息对未成年人的“涵化效果”分析

随着互联网的迅速发展，网络涵盖了电视传媒的全部信息功能，电视传播的内容演化为互联网传播内容的一部分，人们在电视上看到的内容均能够通过网络传播和复现。格伯纳的涵化理论提出的时代互联网还没有发展起来，电视成为人们接收信息的主要形式，因此，他所认为的在电视领域中，看电视多的人更能体现出电视内容所反映的观念和信仰的观点，在互联网发展的今天，完全可以运用到网络传播媒介中来。而在大量网络不良信息充斥与扩散的网络平台中，这些信息对于受众——尤其是辨识能力与自控能力均比较薄弱的未成年人群体来说，则也会产生涵化功能。网络运营商以营利为目的，为达到提高浏览量和点击率的效果，加之部分网站自身管理不到位，以及网络信息可复制转发的功能，网络不良信息大量形成扩散，并通过激发好奇心、引导行为以及扭曲价值观的形式，对未成年人身心造成全面的影响。

在心理方面，网络不良信息中夹杂着大量的负面人生观和价值观信息、反科学反道德信息以及虚假信息，容易对涉世未深以及稳定价值观尚未形成的未成年人群体形成误导，对社会现实形成错误认识。网络不良信息涵化效果表现得尤为明显的就是在微博、微信等平台中，不法分子传播的网络谣言大量扩散，其中不乏一些歪曲事实甚至煽动性言论，对不明真相的受众造成误导，从而形成负面的社会现实观。而政府部门为遏制网络不良信息造成的这种“涵化效果”的恶化，因而将“编造虚假信息、明知是编造的虚假信息而在信息网络上散布”等行为入罪，纳入刑法规制。

具体来说，网络不良信息如暴力信息，会引导未成年人形成暴力解决冲突的思维，而大量浏览网络暴力信息的涵化效果便是比他人更易形成暴力价值观，从而诱发未成年人群体的暴力犯罪。又如，网络色情信息，又被称为“电子海洛因”，以大量的色情视频、图片以及文字的形式在网络上呈现出来，其中很多的内容宣扬的是各种畸形的性行为，如性变态、乱伦等。这些信息会对未成年人正确观念的形成造成冲击，如若长期受这些网络不良信息的影响，则会造成网络色情信息的受众形成稳定的错误性观念，混淆是非，尤其是未成年人具有行为模仿性，往往禁不住诱惑从而走向性犯罪的深渊。又如，一些虚假网络信息，带有丑化政府部门的色彩，未成年人大量接触的后果便会对信息内容达成共识，进而形成仇视社会、仇视政府的心态。因此，网络不良信息是造成社会不稳定的重要因素，是引发未成年人犯罪的重要原因。

调研数据显示，网络不良信息对未成年人精神层面产生的负面效果较为明显。比如，在未成年人自身看来，大部分未成年犯认为打网络暴力游戏容易上瘾（占比 59. 18%），普通未成年人群体也有 54. 79%的人持此观点。同时，需要注意的一个趋势是，目前未成年人不仅是网络色情信息的浏览者，也成为网络色情信息的参与者。据了解，认为“网络色情视频中有未成年人参与的情况比较严重”的未成年犯超过了一半（50. 64%），在普通未成年人群体中也是达到了 53. 16%。家长群体还反映，网络不良信息负面效果还表现在对学习失去兴趣（占比 81. 4%）、沉迷网络，影响与家人沟通交流（占比 78. 3%）以及影响道德品质（占比 73. 6%）等方面。在网络不良信息与违法犯罪的关系上，大部分学生家长（65. 8%）以及教师（61. 7%）认为未成年人的不良行为是由网络不良信息所引起的。而在未成年犯本人看来，41. 1%的未成年犯认为其本次犯罪系受到了网络不良信息的影响，其中恐怖暴力信息以及淫秽色情信息占比最高，分别占比 65. 5%和 56. 4%。上述数据有力地说明了网络不良信息与未成年人不良行为以及犯罪行为有着直接的关系，不良行为是网络不良信息对未成年人负面影响的一个早期表现，而犯罪行为则是未成年人沉迷网络不良信息的长期后果。

3. 身体层面：网络不良信息对未成年人的其他危害

从身体方面看，网络不良信息尤其是不良网络游戏，会引起一些自控能力差的未成年人无法自拔，长时间连续上网，电脑屏幕的辐射和亮度对视力都有严重破坏，并对身体造成极大伤害，甚至引发猝死。在学生家长看来，网络不良信息对未成年人的首要危害就是导致眼睛近视（占比 81.7%）。近年来，青少年通宵上网引发猝死的事件屡见报端，如“‘95 后’玩吧连续上网三天不幸猝死”、“‘80 后’男子连续打 36 小时网游猝死　网吧被判赔 9.6 万”、“男青年通宵上网猝死网吧脸色蜡黄手部皮肤乌黑”、“山东 21 岁大学生跨年夜网吧玩通宵不幸猝死”，等等。

七、加强网络不良信息的治理，预防未成年人犯罪的对策建议

（一）加强网络不良信息治理的立法

网络为庞大的未成年人群体提供生活学习便利的同时，其漫布的色情、暴力等不良信息也造成部分未成年人沉迷网络，严重影响了未成年人的健康成长。建立健全相关法律法规，是治理网络不良信息问题的重要内容和基本手段。目前，我国互联网保护法律缺乏，因而相关的网络实名制、网络信息分级制等制度不能由经验上升为规则而确立下来。因此，制定专门的网络保护法律来保护青少年的身心健康就显得尤为必要。而在部分西方国家，对未成年人网络保护立法已经较为成熟，如美国相继出台《儿童在线保护法案》、《儿童在线隐私保护法》以及《儿童互联网保护法案》，专门保护网络空间内未成年人的合法权益。例如，法国在《青少年保护法》中对于利用网络腐蚀青少年的行为予以严厉打击。建议立法部门出台未成年人网络保护法，对网络不良信息的概念、范围、网络实名认证、网络信息分级、网络不良信息举报监督、网络不良信息主体责任等予以详细规定，促进网络净化，维护未成年人合法权益。目前，我国未成年人网络保护立法具有较广泛的现实基础。本次调研结果显示，在家长群体中，有占到 90.4%的家长认为应该制定未成年人网络保护法律，而在教师群体中，这一比例更是达到了 92%。在未成年人群体中，有 76.64%的普通未成年人群体和 56.51%的未成年犯群体也认为应当制定未成年人网络保护法律。

（二）加强对网络不良信息的监管

1. 加强网络不良信息的政府监管

目前，我国政府部门对于网络不良信息的监管不到位。现今互联网络环境日趋复杂，政府部门监管的滞后性成为治理网络不良信息的最大挑战。从信息数量上看，现在监管的数据总体数量巨大，形式多样，从庞大的数据体系中筛取网络不良信息的难度加大。从接入手段上，现在的终端对象发生改变，存在多种接入终端，政府部门面临互联网和移动互联网的同步监管，监管的复杂程度加大。而从未成年人网络不良信息的接触途径上看，属于被动接触的占大部分，即浏览到的网络不良信息多数是在上网过程中浏览网页时自动跳出来的。

以网络色情信息为例，符合这一情况的比例在普通未成年人中达到71.4%，在未成年犯中达到50%。这个数字说明了加强对网络不良信息的监管与防控的重要性。因此，政府监管部门的监管措施亦应当与时俱进，要建立网络不良信息筛选机制，通过大数据技术的运用，以及模式识别与人工智能的引入，克服传统单靠人工鉴别的低效率和精确度差的弊端，提升网络不良信息的抓取速度和清理效果。

2. 加强对网吧的清理整顿，限制未成年人进入

目前，很多网吧出于营利的目的而擅自接纳未成年人进入的现象屡禁不止，这在一定程度上与政府部门执法不力有直接的关系。禁止互联网经营场所接纳未成年人进入网吧在我国已有明确的法律依据，如我国《未成年人保护法》中规定，“营业性歌舞娱乐场所、互联网上网服务营业场所等不适宜未成年人活动的场所，不得允许未成年人进入，经营者应当在显著位置设置未成年人禁入标志”。我国《互联网上网服务营业场所管理条例》规定，“互联网上网服务营业场所经营单位不得接纳未成年人进入营业场所”。因此，在有法可依的前提下，加强有法必依，执法必严与违法必究就成为政府监管部门的职责。政府部门对于网吧的整顿和治理应当常态化，并应当拓宽群众对网吧违规接纳未成年人上网的违法行为的举报途径，实现全民共同参与，同时应当严格落实法律法规对于网吧经营者的惩罚性规定，加大有关法律法规的执行力度以及对经营者的打击力度。

3. 加强行业自律和自我管理能力

在网络环境更加开放和信息爆炸的今天，对互联网难以实现政府的全面监督，因而加强行业自律成为互联网环境治理的重要一环。目前，我国部分互联网平台为了增加营利、减少成本，对网络不良信息的管控方面重视不足。甚至部分网站为了提升关注度和浏览量，故意制作违反公序良俗的网络不良信息。因此，加强行业自律和提升自我管理能力，就显得尤为重要。

具体而言，网络平台运营者应当加强对网络不良信息的监管和清理，对网络用户应当严明禁止发布不良信息，并安排专门的队伍进行网络不良信息的筛查和监管，对网络不良信息进行及时的清理，对发布网络不良信息的用户进行封号处理。同时，政府部门通过自身的监管以及群众的举报，对违规网站进行整治、处罚甚至关闭，加强行业追责。

（三）加强技术的开发与过滤软件的安装

在我国，网络不良信息过滤软件尚未得到普及，而政府部门推出的上网过滤软件，如绿坝软件也因招标不透明，导致中途流产，并未得到全面推广。其他的软件如青少年网络协会推行的绿色校园网解决方案局限于学校内部，而此次调研数据也显示，未成年人在学校上网的占比很小。因此，它的使用也具有

一定的局限性。

网络安全技术的研发与运用是从源头上抵制网络不良信息的技术保障，具体分为网络经营者和监管者的技术开发以及网络使用者的软件安装。在英国，政府为民众提供自动网络过滤器，以保护青少年的健康成长。在美国，网络巡逻（CyberPatrol）是美国 SurfControl 公司推出的一种过滤软件，有教育版和家庭版两个系列。家庭版的功能包括：限制每天访问互联网的次数，每天、每周上网的时间，使用不良网站名单、限制网上某些特定网站的内容，根据自己的爱好设定可以访问或者禁止访问的网站，控制对网络服务商提供的游戏的使用，通过站点和网页名称进行过滤，如通过新闻组名称过滤新闻组内容，通过名称和特定词语过滤聊天室内容，通过使用时间或使用期间过滤计算机上的可执行文件等。法国以立法形式确立了网络过滤软件安装问题。法律规定有线通信服务供应商必须告诉用户通过何种技术手段自主选择通信服务的内容，并且互联网服务供应商必须向用户介绍并推荐使用内容过滤软件。①

鉴于网络不良信息过滤的重要性，建议强制推行安装互联网不良信息过滤软件，尤其是有未成年人的家庭、学校以及网吧经营者，因为这些场所是未成年人接触网络的主要场所，特别是网吧营业场所脱离家庭和学校的管控，一些不良经营者以牟利为目的接纳未成年人进入，为有效抵制网络不良信息对未成年人的侵袭，应当注重对网吧场所的过滤软件的安装。

而此次调查结果也显示，网络不良信息的技术防控策略得到了广泛的支持。在教师群体中，认为应该在电脑上安装不良信息过滤软件的占比为 92.37%，认为要加大网络安全技术的开发研究，从源头上减少不良信息的占比为 93.54%。在父母群体中，两者分别占比 86.54%和 92.86%。在普通未成年人群体中，两者占比分别为 72.83%和 82.22%。在未成年犯群体中，两者分别占比 54.14%和 60.79%。

（四）全面提高未成年人网络不良信息的抵制意识和应对能力

1. 学校应当开展应对不良信息的课程

目前，学校对于网络不良信息的应对教育并没有重视起来。本次调研结果显示，在未成年犯群体中，有 46.2%的未成年犯的老师未讲授过如何应对不良信息；在普通未成年人群体中，该比例为 38.3%。以上数据说明学校对抵制网络不良信息的教育重视程度不足。学校教育是未成年人教育的关键，未成年人网络不良信息识别能力差、自控力不足，学校应当承担起相应的职责。

因此，在学校教育方面，应当改变传统的教学环节均围绕考试分数的提升

① 《国外治理网络不良信息的经验与启示》，http：//www.newhua.com/2012/0615/164241.shtml，最后访问时间：2012 年 6 月 15 日。

的教学思路，全面开展应对网络不良信息的课程，教授给学生网络不良信息的识别标准和方法，要让学生认识到网络环境的复杂性和虚拟性，认识到网络不良信息的危害。同时，应当着力提高未成年人应对网络不良信息的技能，包括网络基本操作技能、互联网过滤软件的安装与使用，互联网不良信息的清理以及举报方法等。

2. 应当加强对未成年人的思想教育和网络法制教育工作

我国的学校教育在教育方式上存在一定的缺陷，主要表现为过于分数至上、成绩至上，而忽略了孩子的思想道德教育和法制教育。网络不良信息对未成年人的人生观价值观、正常学习生活、朋友交往以及与父母的关系都存在或多或少的负面影响，因此，在学校教育中加强对青少年的思想教育和网络法制教育具有极大的必要性。

具体而言，在未成年人思想教育方面，应当以课堂教育为主渠道，结合不同年龄段学生的认识水平和理解能力，以丰富多彩的形式，教授未成年人正确的人生观价值观，重点培养未成年人是非判断能力，让未成年人在网络环境多元价值观的冲击下，学会甄别和选择。在法制教育方面，充分发挥法制副校长的作用，采取法制讲座、案例研讨、警示教育等多种形式教授未成年人网络不良信息的基本范围，与网络不良信息直接相关的法律法规知识，网络沉迷引发的违法犯罪行为以及犯罪后果等内容。数据显示，关于在加强对青少年的思想教育和网络法制教育工作上，未成年犯群体中支持率为64.52%，普通未成年人群体中支持率为81.4%，教师群体中支持率为93.85%，家长群体中支持率为92.68%。可见，加强对青少年的思想教育和网络法制教育工作，具有较大的必要性和现实性。

3. 教师应当加强对未成年学生接触不良信息的监管

目前，未成年人所在学校及其教师对未成年人的监管不到位，与家长之间沟通缺乏，未成年人脱管现象较为严重。数据显示，未成年犯在校期间逃学问题十分严重。有逃学经历的比例达到84.13%，其中经常逃学的比例达到44.21%，没有过逃学情况的在未成年犯中仅占15.87%。而在逃学逃课未成年人中，很大一部分是流入网吧上网，加之网吧自身违规经营，管理比较混乱，因而未成年人群体在网吧接触网络不良信息的情况比较严重，尤其是进入网吧后，通过网络游戏接触网络不良信息的占有一定比例。因此，学校和老师对未成年学生管理不到位与未成年人网络不良信息的接触结果有直接的关系。

因此，作为教师群体，应当明确自身职责，加强对未成年学生的管理，杜绝逃学逃课现象的发生，就是防止未成年学生接触网络不良信息的有效途径。具体而言，教师应当在未成年学生的教育管理中，加强监管和保护，加强与家长之间的沟通交流，及时掌握未成年人的动态，避免未成年学生逃学脱管而进入网吧接触到网络不良信息，及时防止未成年人过早流入社会。

4. 家长应当加强对未成年人的监护

未成年犯家长对子女上网的管护不到位。本次调研结果显示，在未成年犯群体中，家里父母对自己上网没有任何限制的比例达到54.8%。采取一定措施来抵制未成年子女接触网络不良信息的（在电脑上安装绿色防护）未成年犯父母仅占15.1%。这说明未成年犯的父母对于网络不良信息尚未引起一定的警觉，对子女用网看管不力。

家庭是未成年人上网的最主要地点之一，在未成年犯群体中占比36%，在普通未成年人群体中占比更是达到了78.5%。因此，加强父母对于未成年人上网的监管，则成为防止未成年人网络不良信息接触的一个重要途径。具体而言，家长应当通过技术防护以及用网监管两个方面对未成年子女上网进行管护：一方面，应当安装网络不良信息过滤软件，通过过滤软件对进入网络浏览器的文本内容进行审查，过滤掉不利于未成年人身心健康的网络信息，从而在未成年人不自觉的情况下起到技术监管的作用。另一方面，家长应当做好对未成年子女的教育工作。如果发现子女正在阅览或者阅览过网络不良信息的，应当进行耐心的教育，让子女意识到网络不良信息的危害，帮助他们逐渐形成正确的人生观和价值观，以免日后子女接触到网络不良信息时不会识别，被负面思想所侵蚀。

第八章　净化网络空间更好地保护未成年人的对策建议

邓洪涛　蔡银艳*

加强网络治理，净化网络空间，是信息网络时代保护未成年人健康成长的重要内容。伴随着信息网络在中国社会的广泛应用和纵深发展，国家和社会在防范和遏制网络不良信息方面做着坚持不懈的努力。在全面梳理我国治理网络空间的法制状况和重点梳理近五年来我国治理网络空间实践的基础上，总结提炼部分国家治理网络的经验做法、探索网络治理的共性规律，并通过分析调查数据为依据，阐明我国网络治理模式的现状，分析存在的问题，提出加强网络空间治理的对策建议。

一、我国网络空间治理的现状

（一）治理网络空间的立法和制度不断完善

自 1994 年国务院公布《计算机信息系统安全保护条例》以来，我国确立了一套完整的治理网络空间的法律规范体系。

1. 1995 年至 1999 年

此间的法律法规奠定了我国网络空间治理的两大脉络：一是确保国家网络的基本安全，二是明确网络空间和网络信息治理的基本对象。

（1）1996 年国务院发布《计算机信息网络国际联网管理暂行规定》，其中第 6 条明确规定：计算机信息网络直接进行国际联网，必须使用邮电部国家公用电信网提供的国际出入口信道。任何单位和个人不得自行建立或者使用其他信道进行国际联网。

（2）1997 年公安部发布《计算机信息网络国际联网安全保护管理办法》第一次系统地对互联网内容进行了规范，规定了九种非法信息，为界定网络不

* 邓洪涛，北京市丰台区人民检察院行政检察部负责人，检察官。
蔡银艳，北京市丰台区人民检察院检察官助理。

良信息和治理网络空间奠定了法制基础。其后很多互联网信息法规都继承了此规定。这九种信息为：反对宪法所确定的基本原则的；危害国家安全，泄露国家秘密，颠覆国家政权，破坏国家统一的；损害国家荣誉和利益的；煽动民族仇恨、民族歧视，破坏民族团结的；破坏国家宗教政策，宣扬邪教和封建迷信的；散布谣言，扰乱社会秩序，破坏社会稳定的；散布淫秽、色情、赌博、暴力、凶杀、恐怖或者教唆犯罪的；侮辱或者诽谤他人，侵害他人合法权益的；含有法律、行政法规禁止的其他内容的（以下简称“九不准”）。

（3）1998 年 3 月，国家在原电子部和邮电部基础上组建了信息产业部，并自 1998 年 11 月 1 日起对从事计算机信息网络国际联网业务的经营单位实行经营许可制度，对于统一监控过滤国际互联网进出口通道具有重要意义。

2. 2000 年至 2005 年

此期间构建了网络空间治理的大体框架，明确了网络信息服务者、电信运营者维护网络安全和信息洁净的义务以及网吧服务者的义务，先后启动了对网络新闻登载及服务、传播广电节目及其他视听节目、网络出版和网络游戏的法制管理，并加强了对治理网络淫秽色情信息的法制构建：

（1）2000 年。第一，全国人大常委会《关于维护互联网安全的决定》明确了对利用互联网实施违法犯罪的行为依法予以打击和防范的基本规定。

第二，国务院《互联网信息服务管理办法》初步细化了网络信息管理的治理脉络：一是将互联网信息服务分为经营性和非经营性两类，对经营性互联网信息服务实行许可制度，对非经营性互联网信息服务实行备案制度；二是对新闻、出版、教育、医疗保健、药品和医疗器械、电子公告等类型的互联网信息服务要求依法履行相关的经营许可审批手续；三是明确了信息服务提供者和接入信息服务提供者在 60 天内保存提供的信息以及上网用户相关情况的义务；四是禁止信息服务提供者制作、复制、发布和传播“九不准”信息及停止传输和报告义务，以及不履行该义务的行政责任和刑事责任；五是强调了对负有监管责任、监管不力人员的行政、刑事责任。

第三，2000 年国务院颁布的《电信条例》明确了电信运营商有确保电信网络安全和信息安全洁净的义务。

第四，国务院新闻办公室、信息产业部《互联网站从事登载新闻业务管理暂行规定》以及国家广播电影电视总局《信息网络传播广播电影电视类节目监督管理暂行办法》启动了对互联网登载新闻和传播广电节目的监督管理。

（2）2002 年至 2004 年。第一，2002 年国务院《互联网上网服务营业场所管理条例》确立了“上网服务营业场所”的许可制度；

第二，新闻出版总署、信息产业部《互联网出版管理暂行规定》启动了对互联网出版物的监督管理；

第三，2004年最高人民法院、最高人民检察院《关于办理利用互联网、移动通讯终端、声讯台制作、复制、出版、贩卖、传播淫秽电子信息刑事案件具体应用法律若干问题的解释》（一）进一步构建了刑事打击网络淫秽色情信息的法网；

第四，2003年及2004年国家广播电影电视总局先后出台的两部《互联网等信息网络传播视听节目管理办法》加强了对网络所有视听节目的监督管理；

第五，信息产业部《中国互联网络域名管理办法》推行了严格的市场准入制度。

（3）2005年。第一，信息产业部《互联网IP地址备案管理办法》、公安部《互联网安全保护技术措施规定》强化了对网络不良信息的基础性治理机制。后者在信息服务管理办法的基础上，进一步拓展了网络服务提供者、联网使用单位以及其他有关网络主体对网络的安全防范、双向记录留痕以及发现、停止传输“九不准”信息等多方面安全保护义务，实质是全方位确定了网络服务提供者维护网络安全和治理网络不良信息的法律义务。

第二，新闻出版总署《关于印发〈关于认定淫秽与色情声讯的暂行规定〉的通知》对于淫秽色情声讯作了明确规定，这一规定实质上对于界定其他形式的网络淫秽色情信息也具有积极的参考意义。①

第三，信息产业部《非经营性互联网信息服务备案管理办法》以及国务院新闻办公室、信息产业部《互联网新闻信息服务管理规定》对以往相关规定进行了强调和修订，将个人博客纳入网络管理的范围。

第四，文化部、信息产业部《关于网络游戏发展和管理的若干意见》启动了对网络游戏的监督管理。

（4）2006年至2010年。此期间启动了对网络音乐、网络赌博、个人博客和社交论坛的法制管理，加强了对网络视听节目、网络出版、网络游戏以及网络淫秽色情信息的法制建设，开始构筑和加强网络实名制。

第一，2006年文化部《关于网络音乐发展和管理的若干意见》、2009年文化部《关于加强和改进网络音乐内容审查工作的通知》启动和完善了对网络音乐的管理。

---

① 该规定第2条规定：淫秽声讯是指在总体上宣扬下列内容，足以挑动、引诱普通人产生性欲的声音等信息：（一）淫亵性地具体描述性行为、性交及其心理感受；（二）淫亵性地描述或者传授性技巧；（三）具体描述乱伦、强奸或者其他性犯罪手段、过程或者细节；（四）具体描述少年儿童性交，或者具体描述成年人与少年儿童的性行为；（五）淫亵性地具体描述同性恋的性行为或者其他性变态行为；（六）具体描述与性变态有关的暴力、虐待、侮辱行为；（七）淫亵性地突出描述性器官；（八）淫亵性地传送有关性行为的声响；（九）其他令普通人不能容忍的对性行为、性器官的淫亵性描述。

第二，2007 年信息产业部《关于做好互联网网站实名管理工作的通告》建立和强化了对互联网网站的实名制管理。

第三，2007 年国家广播电影电视总局、信息产业部《互联网视听节目服务管理规定》进一步加强了对视听节目的管理。

第四，从 2007 年开始，国家对加强治理网络空间、保护未成年人健康成长明显加大了关注力度。

2007 年，新闻出版总署、教育部和公安部等发布《关于保护未成年人身心健康实施网络游戏防沉迷系统的通知》，文化部、国家工商行政管理总局、公安部、信息产业部等发布《关于进一步加强网吧及网络游戏管理工作的通知》。后一份通知明确提出五项严打措施①和六项治本之策②。2008 年，团中央办公厅出台了《关于实施青少年网络建设工程的方案》，提出力争用 2—3 年的时间，实现六项工作目标③；2010 年教育部《关于加强中小学网络道德教育抵制网络不良信息的通知》提出了五项强化中小学生有效抵制网络不良信息的举措④。

第五，2010 年最高人民法院 最高人民检察院《关于办理利用互联网、移动通讯终端、声讯台制作、复制、出版、贩卖、传播淫秽电子信息刑事案件

---

① 五项严打措施包括：（一）严厉查处网吧违法经营行为，要求文化行政部门要以禁止网吧接纳未成年人为工作重点，坚持严管重罚，强化市场退出机制；（二）坚决取缔黑网吧；（三）根治黑网吧生存的条件和环境；（四）规范对学校内上网场所的管理；（五）打击和防范网络游戏经营活动中的违法犯罪行为。

② 六项治本之策为：（一）严格控制网吧总量；（二）着力推进网吧存量市场结构调整；（三）加大对网络游戏的管理力度，实现监管关口前移；（四）广泛发动社会监督，积极引导行业自律；（五）加强公益性上网场所的建设与管理；（六）实施预防、干预、控制网络成瘾的系统工程。

③ 六项目标分别是：建设网上共青团组织活动阵地、构建青少年网络服务平台、建设全团信息化网络、建立联系网络工作者的组织渠道、为青少年提供健康网络文化服务的社会网站、建设网络产品研发基地。

④ 五项举措包括：（1）加强网络道德教育，自觉践行《全国青少年网络文明公约》。（2）加强网络法制教育，贯彻落实《中小学法制教育指导纲要》。（3）加强绿色网络建设。（4）加强重点关注和引导。特别强调对有沉溺网络、行为举止异常或学习成绩突然下降等状况的学生要及时进行疏导和教育。要十分关心进城务工人员随迁子女和留守儿童的学习生活；校外活动场所要面向广大青少年学生，特别是进城务工人员随迁子女和留守儿童，组织开展丰富多彩的活动，让他们感到社会大家庭的温暖。（5）加强学校家庭合作。各地教育行政部门和中小学要联合家长共同做好抵制互联网和手机不良信息工作。各地中小学要利用多种形式，争取广大家长与学校一起有效监控和引导学生正确使用互联网和手机。倡导家长对孩子上网和使用手机进行引导和合理约束，教育孩子远离成人聊天室和黄色网站；尽量避免孩子在家独自上网；多花时间与孩子交流，多带孩子参加有益活动。

具体应用法律若干问题的解释》(二)进一步加大了对网络淫秽色情信息的刑事治理；最高人民法院、最高人民检察院、公安部《关于办理网络赌博犯罪案件适用法律若干问题的意见》启动了对网络赌博的刑事治理。

第六，2010 年国家新闻出版总署出台《关于促进出版物网络发行健康发展的通知》、文化部出台《网络游戏管理暂行办法》进一步加强对网络出版和网络游戏的管理。

(5) 2011 年至 2015 年 11 月。此期间主要强化了对防止未成年人沉迷网络游戏、网络文化、网络音乐、网络视听节目和网络微领域管理的法制建设，加强了对利用网络侵犯公民人身权益的法制打击。

第一，2011 年新闻出版总署、中央文明办、教育部等发布《关于启动网络游戏防沉迷实名验证工作的通知》，文化部、中央文明办等发布《“网络游戏未成年人家长监护工程”实施方案》及有关通知，以及 2014 年国家广电总局《关于深入开展网络游戏防沉迷实名验证工作的通知》，不断加强对未成年人沉迷网络游戏的治理力度。但是由于技术问题，目前防沉迷软件无法适用于移动网络游戏。

第二，2011 年文化部出台《互联网文化管理暂行规定》、《网络文化市场执法工作指引(试行)》、2013 年文化部出台《网络文化经营单位内容自审管理办法》、2014 年国家新闻出版广电总局出台《关于推动网络文学健康发展的指导意见》、2015 年国家互联网信息办公室出台《互联网用户账号名称管理规定》，加强了对网络文化管理的法制建设。

第三，2012 年国家广播电影电视总局发布《关于进一步加强网络剧、微电影等网络视听节目管理的通知》、2014 年国家新闻出版广电总局发布《关于进一步完善网络剧、微电影等网络视听节目管理的补充通知》、2015 年文化部发布《关于进一步加强和改进网络音乐内容管理工作的通知》加强了对微领域网络视听节目的管理。

第四，2013 年最高人民法院、最高人民检察院出台《关于办理利用信息网络实施诽谤等刑事案件适用法律若干问题的解释》、2014 年最高人民法院出台《关于审理利用信息网络侵害人身权益民事纠纷案件适用法律若干问题的规定》加强了对人身权益免受网络侵犯的法制保护。

综观 20 年来我国关于网络空间治理的法制进程，应当说，我国相关立法、立规等法制建设紧跟着网络互联网和移动网络的发展步伐，在不断地发展与完善。

(二) 专项治理逐年持续

2009 年以来，国家有关管理部门和机构一直保持着对网络不良信息的严厉治理和打击。

1. 2009 年至 2010 年专项重点打击手机移动端淫秽信息

2009 年至 2010 年，由中央外宣办牵头，会同全国“扫黄打非”办公室、工业和信息化部、公安部等九部门联合开展进一步深入整治互联网和手机媒体淫秽色情及低俗信息专项行动，着重采取了四项措施：一是把整治手机媒体作为重点，同时坚决铲除境内淫秽色情网站，打击顶风作案人员。二是出台《举报互联网和手机媒体淫秽色情及低俗信息奖励办法》，更加重视发挥公众举报的作用，并及时奖励举报有功人员。三是着力打击为淫秽网站提供生存条件的黑色利益链。工信部拟出五大措施治理产业链条。这些措施包括：[①] 全面整治运营商业务推广渠道；切实落实手机网站内容接入责任。手机网站接入责任要素包括：不得接入未备案网站，所有接入网站必须签订信息安全管理协议，接入商要按照有关部门要求对违规网站及时切断，接入商要定期检查接入网站内容，发现问题及时报告；严格清理服务器层层转包问题；严肃规范手机上网代收费。强力治理网站变换域名、逃避监管行为。拟定的措施包括发挥黑名单机制作用，从制度上有效遏制淫秽色情网站反复接入，积极制定绿色上网过滤技术标准，完善通过运营企业过滤手机网站淫秽色情信息等技术手段。四是在开展专项整治的过程中加强基本制度建设，完善净化网络环境的长效机制。[②]

2008 年至 2009 年还出现了对过滤网络不良信息的探索。2008 年 1 月工信部向社会征集绿色上网过滤软件，同年 5 月“绿坝”软件被工信部耗资 4170 万元人民币采购。至 2009 年 5 月，教育部联合财政部、工业和信息化部、国务院新闻办公室要求全国各中小学校联网计算机均安装运行绿坝—花季护航软件，工信部并于 5 月 19 日下发了《关于计算机预装绿色上网过滤软件的通知》，要求 2009 年 7 月 1 日后出厂和销售的计算机一律预装“绿坝”于计算机硬盘或随机光盘内。然而由于多方面原因，该项探索未能被坚持。

2. 2011 年专项重点打击网络制作贩卖枪支弹药不良信息

为深化 2011 年治爆缉枪专项行动，公安部于 2011 年 8 月 24 日至 11 月底，在全国范围内开展以清理整治制作贩卖枪支爆炸物品违法信息为重点的“净网行动”，着重治理境内涉枪涉爆违法网站、涉枪涉爆违法信息问题突出的互联网服务单位；加强对拍卖网站、军事类网站、搜索引擎和互联网数据中

---

① 《工信部采取五措施治理手机网络涉黄重点环节》，载 http：//news. 163. com/09/1125/19/5P0761LP000120GU. html，最后访问时间：2009 年 11 月 25 日。

② 以上四项举措参见报道：《中国排查 180 万个网站，1.6 万个涉黄被关》，载 http：//news. 163. com/10/0210/19/5V6DLRVQ0001124J. html，最后访问时间：2010 年 2 月 10 日。

心等重点部位的监督检查，全面清理网络涉枪涉爆信息；严厉打击网上涉枪涉爆违法犯罪活动；对制作贩卖枪支爆炸物品违法信息问题突出的网站要求停机整顿；对安全责任、制度和措施不落实、存在安全隐患的互联网服务单位要求限期整改。①

2010 年至 2011 年期间还加强了对未成年人沉迷网络游戏问题的治理。2010 年，文化部网络游戏内容审查专家委员会等联合发布《未成年人健康参与网络游戏提示》，提示未成年人家长共同参与防止未成年人沉迷网络游戏的治理。

2011 年，根据有关规定，多个国家部门或机构联合在全国启动了两项工程：一是防沉迷网络游戏实名验证工程；二是家长监护防止未成年人沉迷网络游戏工程。

3. 2013 年专项治理网络淫秽色情信息、打击网络谣言

2013 年 3 月上旬至 5 月底，全国“扫黄打非”工作小组办公室在全国范围内启动“净网”行动，集中清理以下对象：文学网站、游戏网站、视听节目网站以及移动智能终端应用程序平台、在线视频播放软件、网络资源下载工具、网络游戏推广广告中含有淫秽色情内容的各种信息；论坛、贴吧、博客、微博客、社交网站、搜索引擎、网络硬盘、即时通信群组中的淫秽色情信息；利用网络电视棒、网络存储器、手机存储卡等设备预装、复制、传播淫秽色情信息的电脑及手机销售商、维修店。②

同年 5 月，国家互联网信息办在全国部署打击利用互联网造谣和故意传播谣言行为，全国公安机关打击了一批网络造谣不法分子。

4. 2014 年治理网络淫秽色情信息

2014 年 4 月至 11 月，全国“扫黄打非”工作小组办公室、国家互联网信息办公室、工信部和公安部联合启动“扫黄打非・净网 2014”专项行动，对治理网络淫秽色情信息采取了更加全面也更为严厉的举措，主要包括③：第一，全面清查网上淫秽色情信息。第二，依法严惩制作传播淫秽色情信息的企业和人员。第三，严格落实互联网企业主体责任。令人瞩目的是，在此次专项治理行动中，我国的互联网巨头新浪网受到了公开通报，其《互联网出版许

---

① 《公安部开展“净网”行动，清理涉枪涉爆信息》，载 http：//news. youth. cn/sz/201108/t20110825_ 1715958. htm，最后访问时间：2011 年 8 月 25 日。

② 《中国启动“净网”专项行动，治理网络淫秽色情信息》，载 http：//www. chinanews. com/gn/2013/03-05/4617894. shtml，最后访问时间：2013 年 3 月 5 日。

③ 《开展打击网上淫秽色情信息专项行动》，http：//news. china. com. cn/2014-04/14/content_ 32081758. htm，最后访问时间：2014 年 4 月 14 日。

可证》和《信息网络传播视听节目许可证》被国家新闻出版广电总局依法吊销。① 第四，严肃追究监管部门、行政许可审批或备案部门、违法违规的基础电信运营企业、互联网信息服务企业法定代表人和主管人员的失职渎职责任。第五，鼓励举报和投诉。

2014年的净网行动相较于以往，在治理思路上有了较大转变。除了继续清查网络淫秽色情信息以外，更加强调对制作淫秽色情信息人员的打击，更加突出强调互联网企业在防范淫秽色情信息方面的主体责任，这种责任表现在三个方面：第一，主动审查和删除淫秽色情信息；第二，主动完善内容审核把关机制；第三，研发应用防范淫秽色情信息传播的技术措施。另外，突出强调对国家相关管理部门以及互联网信息服务企业追究渎职失职责任。

2014年3月，国家广电总局发布关于强化网络剧、微电影等网络视听节目内容审核的通知，要求今后网站购买的美剧、英剧必须“先审后播”，通过审核的节目须报所在地省级广电影视行政部门备案。对于违规播出的单位，广电影视行政部门将依据2007年《互联网视听节目服务管理规定》予以警告、责令改正、罚款等处罚。②

在2014年的净网行动中，教育部也作了积极响应。同年3月，教育部联合国家互联网信息办公室发布了《关于进一步加强高等学校网络建设和管理工作的意见》，并着重加强高校网络环节管理，具体有以下举措：努力形成覆盖全面、及时准确、正确引导、有效管理的高校网络信息管理机制，杜绝淫秽色情信息传播空间；在高校师生中广泛开展网络文明教育和网络法制教育；实施中国大学生在线引领工程，打造覆盖面宽、影响力大、引领性强的高水平综合性大学生主题教育网站；构建监督检查体系，加强高校出版物质量管理。③这应该是近年来，教育部在参与网络空间治理、加强保护青少年方面采取的最为强力的举措。

5. 2015年“净网”行动和“护苗”行动

一是全国“扫黄打非”办公室决定自3月至9月，在全国范围内继续开展打击网络淫秽色情信息专项行动，主要举措有三项：查办大案要案，依法依规吊销相关行政许可证，并追究有关责任人的刑事责任；集中整治微博、微信、微视、微电影等“微领域”传播有害及淫秽色情信息行为；整治利用弹

① 《国查处严惩大批涉黄网站外媒关注强力“净网”行动》，http://www.sinovision.net/politics/201404/00292083.htm，最后访问时间：2014年4月27日。

② 《净网行动势头猛！〈生活大爆炸〉等多部美剧惨遭下架》，http://www.yxdown.com/news/201404/121251.html，最后访问时间：2014年4月27日。

③ 参见报道：《教育部副部长李卫红：大力净化青少年成长环境》。

窗、搜索引擎、云存储、移动智能终端及电视盒子等从事“色情营销”、传播淫秽色情信息的行为。二是5月20日至6月7日，国家互联网信息办公室在全国范围内开展“护苗2015·网上行动”，将“微领域”作为惩治重点，对淫秽色情、暴力、恐怖、残酷、迷信等有害少年儿童身心健康的信息进行全面清理。国家网信办还直接督导腾讯、新浪微博、百度、奇虎360等主要互联网企业清理危害青少年成长的有害信息。[①] 新浪、百度、360网站承诺为青少年提供健康清朗的网络空间。

（三）行业自律规范不断加强

2001年，由工业和信息化部主管的中国互联网行业机构——中国互联网协会（以下简称协会）正式成立。该协会由国内从事互联网行业的网络运营商、服务提供商、设备制造商、系统集成商以及科研、教育机构等70多家互联网从业者共同发起成立，截至2011年有成员单位500多个。[②] 此后，各类自律规范或自律行动日渐丰富起来，其中关乎网络信息治理的主要有：

（1）2002年，协会发布《中国互联网行业自律公约》。该公约中涉及网络不良信息治理的项目包括：互联网接入服务提供者应对接入的境内外网站信息进行检查监督，拒绝接入发布有害信息的网站，消除有害信息对我国网络用户的不良影响；互联网上网场所要采取有效措施，营造健康文明的上网环境，引导上网人员特别是青少年健康上网；不制作、发布或传播危害国家安全、危害社会稳定、违反法律法规以及迷信、淫秽等有害信息，依法对用户在本网站上发布的信息进行监督，及时清除有害信息；不链接含有有害信息的网站，确保网络信息内容的合法、健康；引导广大用户文明使用网络，增强网络道德意识，自觉抵制有害信息的传播。

（2）2003年开始，协会先后发布《反垃圾邮件自律规范》、《新闻信息服务自律公约》、《互联网站禁止传播淫秽色情等不良信息自律规范》、《文明上网自律公约》、《博客服务自律公约》、《文明博客倡议书》、《反垃圾短信息自律公约》、《关于抵制非法网络公关行为的自律公约》、《互联网搜索引擎服务自律公约》、《抵制网络谣言倡议书》等各类自律规范。

（3）2004年，网易、搜狐和新浪联合发起无线互联网行业自律同盟。

（4）2007年，协会成立“绿色网络联盟”，致力于为广大网民尤其是青少年营造良好的网络文化环境。

（5）2008年广电总局推出《中国互联网视听节目服务自律公约》并开始

---

① 《国家网信办发言人就“护苗2015·网上行动”答记者问》，中国青年网，最后访问时间：2015年5月31日。

② 《协会简介》，载中国互联网协会网，最后访问时间：2011年8月11日。

注重推动互联网行业自律。截至 2012 年 7 月，共有 260 家互联网单位签署了该公约[①]。

（6）2009 年协会组织开展整治互联网低俗之风行业自律行动，要求会员单位对其新闻网站、商业网站、搜索引擎网站、社区论坛、视频网站、游戏网站、动漫网站、手机 WAP 网站等影响较大的网站或图片、相册、健康、两性、女性、娱乐、性知识和博客、播客、贴吧等重点栏目、频道，集中清理整治低俗信息内容，并要求会员单位加强适用绿色过滤上网软件。

（7）2013 年，全国百家网站共同发出倡议，建设绿色互联网，弘扬青春正能量。

（8）2015 年 10 月 30 日，阿里巴巴、百度、陌陌、腾讯、新浪/微博、优酷 6 家企业共同发出《关于“清朗网络环境，文明网络行为”的联合倡议》，倡议自觉遵纪守法、健全自律机制，保护用户信息、激发公众参与。[②]

（四）网络不良信息尤其是淫秽色情信息屡禁难止

自 2009 年以来，由国家组织和发动的历次专项治理，每次都取得了积极的效果。但不容忽视的是，网络不良信息尤其是淫秽色情信息总有打之不绝、死灰复燃的现象。在 2009 至 2010 年的专项行动中，截至 2010 年 2 月，关闭了淫秽色情和低俗网站 1.6 万多个，删除淫秽色情和低俗信息 130 多万条，清理淫秽色情图片 85 万多张，查处了 30 多部淫秽色情网络小说和 15 款色情手机游戏；曝光谴责了 38 家网站和 24 家为淫秽色情和低俗网站提供接入服务的互联网接入服务商。中国移动、中国电信、中国联通等基础电信企业对近 180 万个网站进行了全面排查，关闭未备案网站 13.6 万余个，清退违规接入服务商 126 家；停止违规代收费业务 1630 余项。中国互联网络信息中心（CNNIC）和全国 55 家域名注册服务机构共清查域名总量 1350 多万个，暂停了 1.2 万个涉黄域名的解析。[③] 这次治理的力度不可谓不大，然而到 2013 年专项清理时，又清理出违法违规网站 1 万余家；2014 年共查办网上淫秽色情信息案件 1002 起，删除网上淫秽色情信息 300 余万条[④]，比 2009 至 2010 年期间删除的 130

---

① 《〈中国网络视听节目服务自律公约〉发布》，http：//news.sohu.com/20120719/n348560871.shtml，最后访问时间：2012 年 7 月 19 日。

② 《深化“净网 2015”专项行动，六家互联网企业联合发起倡议》，载 http：//www.shdf.gov.cn/shdf/contents/767/267483.html，访问时间：2015 年 11 月 2 日。

③ 《中国排查 180 万个网站，1.6 万个涉黄被关》，网易，最后访问时间：2010 年 2 月 10 日。

④ 《坚持“扫”、坚决“打”——2014 年全国“扫黄打非”打赢一连串攻坚战》，http：//www.shdf.gov.cn/shdf/contents/767/238596.html，最后访问时间：2015 年 1 月 12 日。

多万条不减反增；截至 2015 年 11 月初，查办有关案件 1215 起，关闭淫秽色情网站 20650 个，删除各类有害信息 100.44 万条，[①] 删除信息数虽然比 2014 年有了大幅减少，出现可喜的变化，但是关闭的色情网站比之 2009 年至 2010 年期间关闭的 1.6 万个还多了 4000 余家。360 互联网安全中心 2014 年发布的国内首份《青少年上网安全分析报告》指出，根据监测，境内外每月新增各类色情网站 17010 个，境外色情网站占比为 88.1%；境内外每月新增各类赌博或博彩网站 22916 个，其中，境外赌博网站占比 86.8%。[②] 如果这一监测结果符合客观事实，那就意味着每年国内外新增的色情网站会达到 20 万个，其中国内每年新增数会达到 24000 余个，而截至 2015 年 11 月初关闭的网站数相较此数而言，还少了 4000 余个。

综上所述，目前的专项治理和行业自律的方式在今后很可能会演变成常态化的治理模式，但即便如此，如果没有更加有效的治理措施，加上对赌博、暴力、迷信等各类不良信息的治理任务，以及互联网构架模式的变迁和自媒体时代的到来，以及目前我国 360 万个网站、6.32 亿网民/5.27 亿手机网民（截至 2014 年 6 月）的网络体量，网络空间治理的压力势必会越来越大。

二、国外治理网络空间的实践和比较

值得注意的是，目前在我国网络空间治理中遇到的各类问题，在互联网络发展起步较早的世界其他国家和地区都不同程度地发生过，他们的做法和实践对我国的治理工作应该有积极的借鉴意义。

（一）对一些国家和地区治理实践的分析

1. 新加坡

（1）重视互联网的立法和执法工作。《互联网运行规则》为网站提供明确而具体的“禁止内容”判断标准。四点标准如下：①所谓禁止内容，是指那些有违公共利益、公共道德、公共秩序、公共安全、国家和平以及其他新加坡现行法律禁止的内容。②是否以挑逗为目的描绘裸体或生殖器官；是否主张暴力、强制或非自愿的性行为；是否描绘露骨或明显的性行为；是否描绘 16 岁以下未成年人的性行为；是否主张同性恋、乱伦、恋童癖行为；是否详细描绘极端的暴力或残酷行为；是否煽动挑拨种族、民族或宗教仇恨，制造冲突和动

---

① 《深化“净网 2015”专项行动六家互联网企业联合发起倡议》，中国扫黄打非网，最后访问时间：2015 年 11 月 2 日。

② 《360 报告称：“代写作业作文”网上泛滥　色情赌博网站依旧很多》，新华网，最后访问时间：2014 年 6 月 6 日。

乱。③进一步考虑的因素：该内容本质上是否具备医学科学、艺术或教育价值。④如果不能确定是否为“禁止内容”，可以将相关内容提交传媒发展局（MDA）决定。

为了减轻互联网服务和内容提供商的顾虑和负担，《互联网运行规则》也为 ISP 和 ICP 制定了免责条款。ISP 和 ICP 只要及时关闭 MDA 判定为“禁止内容”的网页链接，不主动提供和发布“禁止内容”信息即可免责。

（2）严格控制网站的创立及网络服务内容，互联网内容提供商有义务协助政府删除或屏蔽任何被认为是危害公共道德、公共秩序、公共安全和国家和谐等内容及网站，如不履行义务，供应商将被处以罚款，或者暂停营业执照。

（3）政府鼓励服务供应商开发推广网络管理软件，协助用户过滤掉不适宜看到的内容。

（4）互联网内容供应商在以下情况必须注册：第一，在新加坡注册的政治团体通过互联网以 WWW 方式提供网页者；第二，在 WWW 上参与有关新加坡的政治和宗教讨论的用户团体或新闻组；第三，为政治目的或宗教目的而提供网页的个人，以及由广管局通知其注册者；第四，通过互联网络在新加坡销售的联机报纸，由广管局通知其注册者。

（5）网站域名管理实行实名制，以方便政府找到网站的办理者。[①]

2. 韩国[②]

韩国从避免遭受网络恐怖主义以及国家安全的角度出发，确立了对网络信息的“管制”理念，并建立了世界上最早的互联网审查机构 ICEC。重视全民参与，设立了举报热线，并在世界上最早建立了网络实名制。韩国在未成年人保护方面也十分重视，主要是在未成年人经常使用互联网的地方，如学校、公共图书馆、网吧或其他公共计算机中心安装过滤软件。

3. 澳大利亚[③]

澳三大电信运营商都同意将主动屏蔽带有儿童色情内容的网页。被列为“拒绝级”的内容不允许出现在电视节目、电影院或图书馆书架上以及澳本土网站，如果逾期未删除这些内容，网站就会被处以每天 1.1 万澳元的罚款。当违规内容来自国外服务器时，该网站就会被列入“黑名单”，并且告知国内的

---

① 《人民网：新加坡网络治理成绩斐然》，http://news. 163. com/10/0729/10/6COKN3ND0001121M.html，最后访问时间：2010 年 7 月 29 日。

② 《世界各国都在加强互联网治理》，http://news. 163. com/10/0729/15/6CP7IBVH0001124J.html，最后访问时间：2010 年 7 月 29 日。

③ 《环球时报：澳大利亚网络审查下重手》，http://news. 163. com/10/0727/17/6CK6HPKR000146BD. html，最后访问时间：2010 年 7 月 27 日。

网络运营商予以屏蔽。

4. 英国[①]

（1）国家与企业签订管理规范：1996 年，由英国贸工部牵头，英国主要的互联网服务提供商、城市警察署、内政部和互联网监察基金会签署了网络监管行业性规范《R3 安全网络协议》，其中“R3”分别代表分级、检举和责任。在此基础上，互联网监察基金会拟定《从业人员行为守则》，要求网络提供者承担起确保内容合法的责任。

（2）互联网监察基金会在英国的网络管理中发挥着重要作用。英国互联网监察基金会是一个行业机构，同政府、社会和公众都保持着密切联系。该机构的董事会十名成员中，主席和其他六人都是竞选上岗的独立人士，只有三人是从网络企业中选出。成员代表着网络企业、教育、文化、警察、公众、慈善机构和儿童保护组织等，最大限度地确保了全社会对网络监管的参与和平衡。

基金会对网络的日常管理举措包括：第一，建立热线，接待公众举报和投诉。第二，建立一个 500 个至 800 个非法内容网页链接的名单，每天对名单进行两次更新，并将这份名单提供给网络服务商、移动电话运营商、搜索器服务商和过滤公司，也提供给执法部门和其他有关机构。第三，网络信息分级处理：对其他媒介适用的法律，对互联网同样适用。世界任何地方的儿童色情信息、在英国国内的犯罪内容和煽动种族仇恨都是其互联网上的“非法内容”；对不违法，但可能引起用户反感的内容，采用“网络内容选择平台”系统，根据裸露、性、辱骂性语言、暴力、个人隐私、网络诈骗、种族主义言论、潜在有害言论或行为、成人主题等进行分类，并在网页上植入标记，当用户浏览到这部分信息时，系统会自动询问是否继续，用户再自行选择。需要强调的是，英国在推出互联网相关法律、法规方面做了长期准备，多方参与。例如，《R3 安全网络协议》，是由政府多个部门、网络业界和行业组织共同参与准备的。又如，网络内容分类标准的建立，是互联网监察基金会在充分地市场调查基础上完成的。

5. 欧盟[②]

（1）欧盟自 1999 年起至 2009 年，共实施了三个网络安全计划，总耗资 1.38 亿欧元，在净化网络空间以保护未成年人方面做了很大的努力。（2）在第二个网络安全计划期间，欧盟于 2007 年与 26 家移动运营商签署《为青少年

---

① 《英国互联网监管疏而不漏》，http://news.163.com/10/0728/09/6CM0N0G700014AEE.html，最后访问时间：2010 年 7 月 28 日。

② 《净化网络空间之欧盟样本》，http://www.cww.net.cn/cwwMag/html/2009/5/11/200951110218410.htm，最后访问时间：2009 年 5 月 11 日。

和儿童创造安全的手机使用环境的框架协议》，要求签署方制定国家级别的手机安全管理措施，包括对内容进行分级、严控未成年人访问成人内容、撤查清理违法内容、呼吁青少年和父母意识到问题的严重性等。（3）在第三个网络安全计划期间，要求各成员国提高儿童、家长和教师对网络的认识，支持网站为他们提供安全上网的咨询服务；要求各成员国设立网络举报中心。欧盟还于2009年2月10日，与17家著名网站签署了《保证未成年人上网安全协议》；网站同意采取如下措施：第一，设置一个专用按键，当使用者在网上遭遇他人的不当接触时，只需点击一下便可实时上报网络管理员；第二，将注册为不满18岁的网络用户的全部个人资料及其联系人名单默认为“不公开”；第三，确保网民无法通过其他途径查找到未成年用户的个人资料；第四，对不满年龄条件的用户使用服务做出限制。

6. 美国①

（1）加强和完善立法。自1996年以来，先后制定了《通信内容端正法》、《儿童在线保护法》和《儿童互联网保护法》，对色情网站加以限制。美国的公共图书馆必须给联网计算机安装色情过滤系统，政府对建立网络过滤技术系统提供资金支持，以防止未成年人上网接触“淫秽、儿童色情和伤害未成年人的露骨描述”。美国法律还规定，任何因商业目的在互联网交流中导致未成年人接触有害信息者，将处以5万美元以下的罚款或被判6个月以内的拘禁。

（2）重视行业自律。各种专业协会通过行业规范、公约等共同认可的条文推动行业实施自律，以确保行业行为符合法律规定和道德要求。例如，美国“电脑伦理协会”制定了“十诫”，包括不许使用电脑影响他人工作、伤害他人、偷盗等。美国“互联网保健基金会”制定了行业应遵守的8条准则，各类论坛和聊天室也制定了相关的服务规则与管理条例。对于违规者，行业协会将代表整个行业来施加压力，要求其改正，甚至可能采取更严厉的措施使其在业内失去发展机会。

（3）鼓励公众参与。美国不少非政府组织主动参与对互联网的监管活动，尤其是针对互联网上出现的儿童色情内容。例如，美国“联邦通讯委员会”在1999年专门成立了一个执行局，负责接待公众的举报和投诉。一个名叫“提倡保护儿童网站协会”的非政府组织专门致力于举报和查证各种色情网站。2003年以来，该机构共分析了47.5万个被举报的网站，并正式向政府机构举报了有问题的7800多家网站。

---

① 《美国三管齐下监管互联网》，http://news.163.com/10/0729/15/6CP6SB330001124J.html，最后访问时间：2010年7月29日。

（4）注重网络信息的监控。美国拥有十分成熟的网络监控系统，就目前的报道而言，有“食肉动物系统”（后改为“DSC-1000”系统）和“梯队系统”[①]、“棱镜”项目和“XKeyscore”。[②]

（二）对国外网络治理模式的总结和比较

通过对以上六个国家或地区治理网络空间措施的分析，我们认为，国外网络治理模式大致有以下共性和特点：

（1）注重依法治网。通过立法的形式，明确网络不良信息的制作主体和传播主体应承担的不利后果和责任。

（2）注重行业自律和法定的行业责任。国外很注重联合互联网服务商和移动网络运营商共同构建网络不良信息的筛查体系，并且通常是用政府与企业签订协议的形式确立企业的自律性规范和义务，有时也会通过法律对企业不及时处理网络不良信息的行为制定处罚措施。

（3）注重公众参与。在国外，除了鼓励公众对网络不良信息予以举报以外，非政府组织在治理网络空间尤其是在保护未成年人免受网络不良信息方面更加积极和活跃，往往构成治理网络空间的重要组成部分。

（4）注重技术治理。国外十分重视对各种网络信息的管理和控制，并建立了网络信息的分级和过滤机制、网络实名制等技术治理手段。有些国家会鼓励或要求企业自行研发过滤机制，有些国家则会对公共场所的入网接口以国家支付的形式购买信息过滤软件。

三、我国网络空间治理模式面临的问题及对策

（一）面临的主要问题

1. 网络信息管制与公民言论、通信等人权自由之间的冲突是世界各国面临的共同问题

网络信息管制不可避免地与公民个人的言论、通信等自由发生冲突，网络实名机制和网络监控、信息过滤、信息屏蔽等网络信息管制机制也因此遭到了各种程度的抵触和不满。这一冲突也不可避免地在世界诸国客观存在。例如，美国1996年通过的《通信规范法》（The Communications Decency Act，CDA），因为对性材料的网络传播和言论表达进行限制，而受到网络用户、网络服务商和公民自由组织的联合挑战，后来被美国的法院宣布无效。

---

① 《美国网络管制的内容及手段》，载中直党建网，最后访问时间：2010年5月12日。

② 《美国全球网络监控系统详细内情》，载中国网，最后访问时间：2013年8月2日。

我们认为，无论是就国家安全而言，还是就社会精神文明建设而言，对网络信息进行必要的管制是无可争议的。“互联网刚问世时，西方民众普遍认为依靠市场的力量和公民的自律就足以建立互联网的秩序和行为标准，政府不应当介入互联网的管理。然而，随着互联网的迅猛发展，人们逐渐认识到，单纯依靠市场的力量和民众的自律是远远不够的，不能充分保护互联网用户的安全，如网络色情、网络黑客、网络诈骗、网络盗窃、电脑病毒等让用户饱受伤害。互联网的发展已使其在悄悄地演变成一个极其重要的战略阵地，对国家安全、经济发展、社会秩序、青少年的素质培养等影响巨大。因此，如何管理好互联网就成了各国政府需要认真对待的最为严肃的政务之一。”① 问题的关键是如何管制。

2. 网络信息的国家管制与网络信息的国际流通之间的冲突

以淫秽色情信息为例。在我国，淫秽色情信息没有等级，是一律被法制否定的，而在国外，淫秽色情信息一般不会被法律限制，但是在涉及未成年人保护时会被禁止，或者在用户选择时会进行分级提示。因此即便国内网络完全杜绝了淫秽色情信息，也要时刻面临国际互联网上成千上万的色情网站、成人网站色情信息渗透和传播的压力。其他关乎政治、暴力、迷信、宗教、文化等方面的不良信息，由于各国对这些信息的法律定义肯定不同，管制的内容和力度也不同，也就必然地存在相互信息的渗透。在当前国际政治形势复杂的大背景下，在国际敌对势力利用各种网络不良信息影响、阻碍我国发展的情势下，我国网络受到国际互联网各种不良信息之冲击的力度只会增加不会减少。

3. 网络空间治理的法制完善与执法难严之间的矛盾

虽然我国网络空间治理的法制日趋完善，但是不容忽视的问题在于，执法往往难以跟上法制发展的步伐。例如，在未成年人保护方面，2010 年教育部提出了保护中小学生免受网络不良信息侵袭的五项举措，2011 年正式启动防止未成年人沉迷网络游戏的机制，这些机制、措施和办法就其本身来看，应该是十分对症下药的，如果贯彻执行得力，效果应该会很好。然而根据今年的抽样调查统计，普通学生中有 67.6%的比例认为政府监管不到位，家长选此项的比例为 71.9%，教师选此项的比例为 83.8%。从其他的有关数据来看，家长监控未成年人玩网络游戏以及防沉迷网络游戏的实名认证也开展得并不充分。究其原因，在现行的教育机制下，由教育系统自身来加强网络道德、网络法制教育，以及加强对沉迷网络游戏等社会性工作几乎不可能得到落实，各级中小学校受到升学和文化教学压力的现实制约，难以抽出有效的时间、精力、

① 《法国依法监管互联网》，http://news.163.com/10/0726/10/6CGTBD9Q00014AEE.html，最后访问时间：2010 年 7 月 26 日。

人力和财力来执行这些规定。就其他的执法工作而言，主要还可能受到四个方面的影响：一是不排除一些执法人员在具体执法中可能存在徇私舞弊、失职渎职的情况。二是随着互联网步入自媒体时代，随着6亿多中国网民越来越多地利用网络进行通信和交流，执法部门要承担和履行难以计数的审批和检查职能，客观上必然面临着执法资源相对稀缺的矛盾。三是在短短20年内，网络法制建设的整体发展速度与执法人员执法能力的整体发展速度之间可能也极不平衡。对于法制的要求，在整个法律领域而言，相对熟稔的应该是立法者、法学家或者专业的法律研究人员，执法队伍疲于执行各种执法任务，兼之执法培训的低效率，在现实中往往很难大幅明显地提升整体执法效能。兼之现代社会越来越重视对公民权利的保障，执法权威由于贪腐的严重而受到影响，执法工作在现实中还会遭到各种各样的阻力。四是以往在执法方向上可能还存在一些偏差，即过于注重去堵塞网络上的不良信息，而相对忽视了对制作、传播不良信息者的惩处。这里面也可能存在一些现实因素，如传播不良信息者往往是行业巨头，区域性的执法单位往往难以对其进行惩处；对于具体的制作者，执法机关受限于技术、人力、跨区域等多种因素，一时之间可能又难以分出精力去查获，在有限的专项行动时间内，只能舍本逐末、隔靴搔痒。

4. 行业自律与利益追逐之间的冲突

互联网行业的运行者，就其本质而言，是必定追逐经济利益的。这就客观上决定了两点：一是互联网行业不可能拿出特别多的人力、财力用于承担社会化的义务和责任，因为这势必会牵涉到其经济成本的耗费问题。二是互联网行业在激烈的竞争态势下，为了避免在竞争中被淘汰，对于一些网络不良信息往往视而不见，甚至有意无意地进行制作和传播。例如，2009年至2010年的专项治理中，人们就发现移动网络运营商在网络不良信息的传播中几乎没有起到过滤网的作用。为什么？很大原因就是因为他们在这个过程中能够分得巨额利润①，因此各级运营商层层无视。就网站而言，衡量一个网站是否有价值，目前还是以点击量为硬指标，高流量和点击率意味着能带来更多投资或者卖更多广告。而网站编辑、总编辑的工资、奖金也与自己负责的频道点击量密切相关。这是网站低俗内容背后的利益链。很多的编辑连最基本的语言素质都不具备，很多知名网站上错字连篇，从业规范也没有很好的约束他们，为了获取高点击量，以一些不良图片或者低俗内容放在网上，都是经常碰到的。②

---

① 《揭秘“手机色情”背后的利益链》，http://news.163.com/09/1118/21/5OEC81N9000120GU.html，最后访问时间：2009年11月18日。

② 《不要让网络下载成为整治网络低俗的盲区》，http://news.163.com/09/0217/14/52C3R0A40001124J.html，最后访问时间：2009年2月17日。

5. 网络治理与技术发展之间的矛盾

如2009年以“绿坝”为代表的信息过滤软件，国家的态度是积极的，也做出了积极的努力，但是由于软件本身的质量问题，加之舆论对“绿坝”软件运用全民化的抵触等，最后在多种原因的作用下偃旗息鼓。又如，2011年启用的防网络游戏沉迷软件，由于技术问题目前仍无法适用于移动网络游戏，而根据CNNIC对2013年网民应用互联网的分析研究报告，截至2013年12月，我国手机网络游戏用户数为2.15亿，较2012年年底增长了7594万，年增长率达到54.5%，相较而言，网络游戏用户规模增长仅为234万。对于这2.15亿的手机网络用户中的未成年人只能束手无策。

6. 网络治理与全民素养之间的矛盾

随着自媒体时代的到来，网络空间治理的对象已经不仅仅限于网络信息服务的提供者，还包括6亿多的中国网民。在这种形势下必须充分考虑到当前国民的整体道德素养问题，并对网络不良信息的出现和传播时刻保持清醒的头脑。

（二）净化网络空间的基本思路

1. 注重防控打的整体布局和一体化设计

净化网络空间，本质上是一项社会治安综合治理工作，只不过随着互联网和移动网络在人类社会的日益普及，治安防控的触角也要相应地延伸到这些领域。因此要实现有效净化网络空间，应当遵循治安治理工作的基本规律，即坚持惩防结合、防控一体的层进式构建。在设计网络空间治理机制时，除需构建合理的预防机制、监控机制和打击机制外，还需注重构建预防、监控和打击之间快速有效的衔接机制。

2. 注重防控资源的有效整合

网络空间治理，既需要国家的全方位管理，更需要网络运营主体的主动治理，还需要不良网络信息接受者的积极参与。只有构建多方参与的治理机制，最大限度地汇集和调动可资运用的防控资源，才能促使治理效果的不断深化。

3. 坚持法治的治理道路

党的十八届四中全会提出全面加强依法治国的要求，这是治理国家和社会理念和方式的深入发展，也是适时优化网络空间治理模式的良好契机。法治的本质在于科学立法、依法执政、依法行政、依法司法，更在于严格执法和培养适格的专业执法队伍，更在于强调有法不依、执法不严的责任和后果。这些法治理念是加强依法治网的重要指导。

（三）具体对策建议

1. 加强法学专业化教育和专业化培训，为造就合格的执法队伍固本强基

一方面，随着社会的不断发展、社会分工的日益精细以及法制建设的不断加强、法制专业化的不断提升，在法学教育中，应当进一步强化应用法学的教育，进一步细化学科种类的分工，这样才能为国家的法治化发展提供具备专业化素养的执法和司法人员队伍，从而为提高执法能力、提升执法质量和效率奠定扎实的人才基础。另一方面，法律人才进入各个门类的执法队伍中后，应当尽快开展有针对性的专业化培训，使他们尽快熟悉和掌握本执法部门执法中必须适用的法律、法规，尤其是行政规章、地方性法规和执法规范，熟记执法流程，针对新情况、新问题不断探索和总结执法技巧和成功经验，快速具备和养成应有的执法素能。

2. 进一步提高扰乱网络秩序、污染网络环境的各类违法行为的违法成本

尤其是应当适度加大罚款、罚金等经济性惩罚措施的惩罚幅度。对于网络信息服务的提供者而言，其服务的本质是为了获取经济利益，提高对其违法行为的经济成本当然能够进一步引起他们对遵纪守法的重视。对于自媒体的公民，在现代社会形势下，随着人们对经济利益的日益重视，适当强化对其网络违法行为的经济惩罚，也能进一步强化法制的权威和震慑力。除了经济性惩罚外，还可考虑加强公开通报、行政处分、提出撤换相关人员的行政意见或者司法意见等多种措施的联合运用，对其形成强势的道德谴责。当然这些惩罚性措施应当结合情节的轻重程度由法律或者行政法规予以相对精细的规定，并且要通过有效途径使民众和具体从业人员熟悉和了解。实践中常常会遇到一些网络违法的从业人员或公民，虽然知道自己的行为不道德，但是不知道自己违反了法律法规，更不知道自己可能受到的不利法律后果的严重性，受利益驱使、性格或情绪的影响成为网络不良信息的制作和传播者。应考虑对网络信息服务的提供者增设一项通报义务，对于在其经营的网站内制作、传播网络不良信息的典型案例，要及时在其网站范围内予以通报。

3. 坚持执法必严，突出惩治重点

徒法不足以自行，再好的良法没有强有力的执法，也只能是海市蜃楼。因此一是必须进一步加强执法纪律和执法作风的建设，必要时加强对执法队伍的整顿和清理。二是针对目前繁重的网络治理任务和压力，一方面可以考虑适当地增加执法人员编制，另一方面在治理策略上注重突出重点：其一是网络淫秽色情信息在目前网络不良信息中占有很大比例，可继续坚持对其专项治理的思路；其二是不妨效仿当前制贪惩腐的思路，先集中精力狠打制作、传播网络涉暴涉黄涉谣信息的“大老虎”。对于大型网络信息服务者还可考虑以不定期抽查的方式对其履行义务的情况进行检查。通过重点惩治，进一步在全社会、全

行业形成有效的震慑效应。

4. 探索用市场的方式来推动行业自律

一方面，通过前述严苛的立法和严格的执法，使互联网行业切实感受到故意或放任制作、传播网络不良信息必将导致其高昂的违法成本。另一方面，对于及时发现、积极删除或停止传播网络不良信息的网络信息服务者，可以考虑以在全社会和行业中公开表扬和适当补贴的方式对其履行法定的社会责任予以肯定。我们认为，就如同通过补贴的方式促使高污染、高耗能大型企业增强环保设施建设，以加强环境保护一样，在促进互联网行业逐渐形成和强化主体责任意识、促进网络治理方式整体升级转型的过程中，对其为了治理和防范网络空间的“污染”而付出的努力也是有必要并有可能予以经济补贴。

5. 针对保护未成年人成立专门的治理机构和队伍

治理网络空间、加强对未成年人的保护是一项长期而艰巨的系统性工程。团中央、教育部应该说已经开出了治病的良方，然而现在主要欠缺的不是“药方”，而是“抓药之人”。采取在现有教育队伍的基础上以兼职的方式来安排他们去完成任务，确实也是勉为其难。就现有的其他网络治理队伍而言，再给其增设教育性质和矫正性质的未成年人帮扶义务，一方面打击成年社会的网络不良信息已经让他们疲于应付，另一方面这些工作也不是他们的专长。因此建议以治理未成年人、保护和促进未成年人健康发展为出发点，对我国的未成年人教育、保护、司法和挽救机制做一体化的顶层设计和统筹安排，甚至可以考虑将这项工作作为一项公益需求实行“政府采购”，或者增设专业化的未成年人教育和矫正队伍。这也可能刺激和增加国内公益性服务产业的发展，为我国经济创造新的增长点和就业途径。例如，我国的社区矫正制度、同步录音录像制度等司法机制，在十几年前并不存在，但是随着社会的发展和进步，这些制度在启动之初，也遭到过怀疑或抵触，但是经过探索和实践终于日臻成熟，并正式成为我国刑事司法制度中的组成部分。而随着这些制度的运行，司法矫正机构、社工、专业调查人员、心理咨询师等新的就业领域也随之产生并逐渐兴盛。

6. 针对保护未成年人加强过滤软件的开发

虽然对何为不良信息，各国会有各自的定义和涵括，对于为了过滤不良信息对全民适用过滤软件还存在不同的争议，但是开发和适用过滤软件以避免未成年人受到网络不良信息的侵袭是世界各国的共识，也是社会的基本共识。在财力和技术许可的情况下，还是应当尽量考虑以国家购买的方式购买未成年人通用的过滤软件。

第九章　网络不良信息与未成年人权益保护的域外经验

张晓冰*

一、引论

中国互联网络信息中心 2017 年 7 月发布的报告显示，截至 2017 年 6 月，中国网民 19 岁以下的人口占比 22.5%。① 其中，仅有 24.2%的未成年人反映从来没有遇到过网络不良信息，而约 17%的未成年人反映经常遇到网络不良信息。② 可见网络不良信息并不鲜见。通常而言，网络不良信息是指，犯罪、赌博、淫秽、诈骗等违法信息，迷信、宣传暴力、暴露隐私、违背伦理等违反道德底线的信息，网络病毒、网络谣言、不良意识形态等破坏安全稳定的信息。这样的界定范围非常广，其中有些不一定属于未成年人保护问题，为此，笔者将网络不良信息限定在网络上对未成年人思想造成混乱、心理造成异常、身体造成损害的信息，主要包括价值观扭曲、道德败坏、色情、暴力、反科学

* 张晓冰，中国青少年研究中心助理研究员，法学博士。

① 中国互联网络信息中心：《第 40 次中国互联网络发展状况统计报告》http://192.168.1.25/cache/11/03/www.cnnic.net.cn/233b5e09bfef7df4a2c6c555beb2dfe2/P020170807351923262153.pdf，最后访问时间：2017 年 8 月 28 日。

② 赵丽：《仅 24.2%未成年人未遇网络不良信息》，载《法制日报》2012 年 6 月 26 日。

等信息。其中，网络色情及网络暴力游戏为不良信息的最主要来源。① 这种界定对我们助益颇多，由此可将网络不良信息分为两部分，一部分涉及其他个体，一部分涉及客观内容本身，这两部分都会直接或间接地给未成年人带来负面影响。网络不良信息与未成年人保护之间的关系纷繁复杂，如何控制二者之间的过多互动成为当下国际社会面临的共同问题。

以往的研究主要是通过描述各国在网络方面的相关法律法规及政策，试图在比较法的基础上来分类，如政府主导、政府引导、行业自律等模式。这种以国家模式为主的研究方法有其意义，但也存在明显的缺陷。首先，这种研究缺乏针对性，大部分是泛泛而谈。其次，各种模式之间的区分并不是非常明显，如政府主导与政府引导之间的对比，事实上很难说哪个国家就完全是由政府主导而不存在行业自律。最后，我们研究的最终目的是为我国的网络信息监管立法提供经验借鉴，但是这种研究方法并不能有效满足这种需求。因为每个国家在面临棘手问题时，法律、政府及行业之间的功能分配是截然不同的，单纯按照国别介绍条文或制度，而未分析其背后的权力分配及社会现实是有偏颇的。笔者认为，更合适的研究方法应该是基于内容的分类，这种具有问题针对性的比较法研究才能较好地提供立法借鉴。基于网络色情、暴力游戏的典型性，笔者将阐述这两个领域的域外经验，并分析其中的合理性与正当性，以及一些质疑的声音，期待能够为我国的网络不良信息与未成年人权益保护建言献策。

二、网络淫秽色情信息监管的域外经验

调查表明，超过60%的未成年人表示，遇到的不良信息是不雅图片，35%遇到的是自拍暴露视频、虚假广告、视频裸聊、暴力游戏。② 再看看中国预防

---

① 根据“儿童网络国际”（Childnet International）的观点，儿童网络危险主要来自三个方面，即联系性危险（Contact Danger）、内容性危险（Content Danger）和商业性危险（Commercialism Danger）。联系性危险是儿童通过网络与他人联系后，在现实空间里进一步同他人进行接触所带来的危险；内容性危险是指网络内容的暴力性和色情性等；商业性危险与儿童隐私有关，指的是商业机构在商业利益的驱动下，收集儿童隐私信息，从而给儿童带来的危险。根据这种观点，我们可以将未成年人与网络不良信息的关系界定为联系性、内容性，由此所面临的危险可以称为联系性危险、内容性危险，所带来的伤害也可以称为联系性伤害、内容性伤害，这些伤害可能是显性的，也可能是隐性的。参见蔡连玉：《儿童网络伤害及其保护研究：中美比较的视角》，载《电化教育研究》2010年第4期。还可参见儿童网络国际：《儿童网络危险来源》，http://www.childnet.com，最后访问时间：2017年8月20日。

② 赵丽：《仅24.2%未成年人未遇网络不良信息》，载《法制日报》2012年6月26日。

青少年犯罪研究会的调查数据，在未成年人接触不良信息的概率方面，打开网页时弹出不雅图片或视频占 81.1%，在网络游戏中看到暴力和色情场景占 51.4%。① 这些调查数据无一不警醒我们，在未成年网民日益增加的当下，对网络淫秽色情信息的监管迫在眉睫。

（一）美国：言论自由

美国在这方面的经验较为丰富，涵盖了立法、司法的多重思考。在早期，美国联邦法院对于淫秽的界定主要沿用了英国普通法中的“希克林规则”（Hicklin Rule），即是否具有使易受此不道德事物影响的心灵堕落腐败的倾向，并且该类出版物可能会被这类人群所得到。② 这是一个相当严苛的规则，一方面将淫秽色情直接视为不道德事物，另一方面限制了不易受此影响的人群的自由。1957 年联邦最高法院在巴特勒诉密歇根案（Butler v. Michigan）中指出，保护易受伤害的群体不得作为限制他人的理由，否则将会导致成年人只能阅读儿童读物；限制成年受众的唯一理由是淫秽色情作品给他们带来不利影响。③ 随后，联邦最高法院在米什金诉纽约案（Mishkin v. New York）中重新确立了标准，采用能否吸引该言论目标受众的色情趣味来判断其是否属于淫秽作品。④ 1973 年，最高法院在米勒诉加利福尼亚州案（Miller v. California）中再次确定了淫秽作品的检验标准：（1）当代社区标准（contemporary community standards），即对一般人而言，该作品作为一个整体，其主题是否刺激淫欲；（2）作品以明显令人反感的方式刻画或描写性行为；（3）该作品整体上缺乏文学、艺术、政治和科学价值。⑤ 可以说，早年美国司法界对于色情淫秽作品的讨论主要集中于“淫秽”的概念及检验标准上，通过个案进行了不同的司法解释。简言之，美国最高法院形成了两种观点：一是“特定人群保障论”，即保障色情言论是为了保障特定人群的利益，使其免受色情淫秽作品的污染；二是“普通人保障论”，即防止色情淫秽作品违反普通人所共同认可的社区标

---

① 牛凯、张洁、韩鹏：《论我国未成年人网络保护的加强与改进》，载《青少年犯罪问题》2016 年第 2 期。

② 张世耘：《淫秽色情的认定标准与言论自由的冲突——美国联邦最高法院判例探微》，载《国际关系学院学报》2007 年第 2 期。

③ 金璐：《言论自由的实践道德与价值追求的正当性——现代美国对未成年人保护何以可能》，载《暨南学报（哲学社会科学版）》2015 年第 10 期。

④ 金璐：《言论自由的实践道德与价值追求的正当性——现代美国对未成年人保护何以可能》，载《暨南学报（哲学社会科学版）》2015 年第 10 期。

⑤ 转引自梁鹏、王兆同：《美国保护未成年人免受网络色情作品危害的立法与借鉴》，载《中国青年研究》2006 年第 10 期。

准，管制色情言论是为了保障普通人的善良风俗和价值取向不受其侵扰。①

在立法方面，美国也做了诸多努力。由于网络监管与言论自由多年来纠扯不清，因此监管的道路相当曲折。自1995年起，美国国会通过的几部关于网络内容监管的法案均被联邦最高法院以侵犯公民言论自由为由判决违宪。比如，1996年《网络端正通讯法》（Communication Decency Act，CDA）、1996年《儿童色情预防法》（Child Pornography Prevention Act，CPPA）、1998年《儿童网上隐私保护法》（Child Online Privacy Protection Act，COPPA）、1998年《儿童网上保护法》（Child Online Protection Act，COPA）、1999年《儿童网络隐私规则》（Child Online Privacy Protection Regulation，COPPR）、2000年《儿童互联网保护法》（Children's Internet Protection Act，CIPA）等几乎都有被宣布违宪的历史。② 其中，CDA 在雷诺诉美国公民自由联盟案（Reno v. ACLU）中被宣布违宪，大法官史蒂文斯（John Paul Stevens）指出，不可否认政府在保护儿童免于受伤害方面的确有其正当利益，然而，这一利益却不能作为以非必要方式广泛压制给成年人传播信息的正当理由。③ 在其之后的CPPA，禁止使用计算机技术故意制作儿童色情产品，该法遭到的质疑批评声音非常多，首先，CPPA 的主要条款规定过于宽泛，违反了成年人第一修正案的权利；第二，它无法为未成年人及他们的监护人提供足够的隐私权以对抗网络上某些色情信息所带来的伤害；第三，家庭计算机技术进步的实际速度，以及国会未能意识到这些材料是如何被获取的，再加上 CPPA 错误地将越来越多的个人暴露在可能的诉讼和个人伤害中，④ 最终该法的重要组成部分也难逃被宣布违宪的命运。联邦最高法院认为，禁止电脑合成虚拟儿童的照片侵犯了言论自由的权利，⑤ 这会使成年人在电影和艺术中描述儿童色情成为非法之举。吸取了 CPPA 界定过于宽泛的教训，COPPA 缩小了范围，只禁止几乎无法从真实儿童色情照片中辨别出来的电脑合成照片，但是肯尼迪大法官依然认为，该规定最大的问题在于它忽视了联邦最高法院所坚持的意见，即虚拟的儿童色

① 傅瑜、祝捷：《美国网络色情言论管制的“空间”标准——从 ACLU 案到 ALA 案》，载《时代法学》2012 第 1 期。

② 参见李畅：《论我国互联网信息的政府管制》，吉林大学 2010 年硕士学位论文，第 29 页。

③ ［美］劳伦斯 · 莱斯格：《代码：塑造网络空间的法律》，李旭等译，中信出版社 2004 年版，第 213-214 页。

④ Jacques N. Catudal, Censorship, the Internet, and the Child Pornography law of 1996: A Critique[J]. *Ethics and Information Technology*, 1999(1):105.

⑤ Sanette Nel. Child Pornography and the Internet—a Comparative Perspective, *The Comparative and International Law Journal of Southern Africa*, 2008.41(2):226.

情是受保护的言论自由，因为这些作品中并没有使用真实儿童的照片。[①]

COPA 则主要是禁止商业网站故意向未成年人传输不利于其成长的信息，即我们所言的网络不良信息，所有网站必须要求网民在浏览“未成年人不宜”的信息时提供信用卡信息或其他能够证明自身已经成年的证据，违反这些规定的网站管理人将被处以 5 万美元罚款和 6 个月监禁。[②] 然而，这些如今看起来相当合理的规定，在 2007 年仍无法免于人们的质疑和苛责，反对者认为许多网站在技术和经济两方面都无法实现，且会导致成年人和年龄较大的未成年人无法接触关于艺术、科学、医学、性等方面的教育材料，因此，COPA 最终也被最高法院宣布违宪。屡遭挫折之后，美国国会转变策略，将监管重心转移到技术层面，通过了 CIPA 法案，规定中小学、公共图书馆等必须在其网络服务程序上安装过滤器，资金支持则来自于政府，违者也将受到处罚。当然，该法案也免不了被起诉的境遇，不过最高法院最终裁定为不违宪。从某种程度上看，这种制度选择代表着美国对色情淫秽信息的规制开始走向了技术管制。[③]

然而，仅通过法案强制推行过滤器技术显然还是不够的，因此美国政府还寻求了其他途径来监管互联网内容。比如，通过对商业色情网站实施税收优惠的政策促使他们采取有效措施限制未成年人访问这些网站。1998 年年底美国通过的《网络免税法》（The Internet Tax Freedom Act）就规定政府在两年时间内不对网络交易服务征收歧视性的税收，但是那些给未成年人提供浏览裸体、性行为以及缺乏严肃的艺术、科学和政治价值的文字和图像的商业色情网站则不能享受政府这一网络免税的优惠政策。[④] 在政府监管以外，美国联邦通信委员会还指出，政府应该鼓励互联网网络行业的自律，避免对其进行不必要的管制。行业自律集中体现在网络内容的分级制度上，具体则由分级系统和分级标准来操作。目前，使用较多的是麻省理工学院设立的国际标准化组织（World Wide Web Consortium，W3C）设计出来的软件平台（Platform for Internet Content Selection，PICS），用以标记互联网的内容，其发明初衷正是为了帮助家长和老师控制未成年人接触网络，利用网站内容自动标签化的技术来为网络

---

① Sanette Nel. Child Pornography and the Internet—a Comparative Perspective，*The Comparative and International Law Journal of Southern Africa*，2008.41(2):227.

② 王婉妮：《美国预防网络淫秽色情信息危害未成年人的规制研究》，载《首届长三角影视传媒研究生学术论坛论文集》2015 年。

③ 张志铭、李若兰：《网络分级制度视角下的网络色情淫秽治理》，载《浙江社会科学》2013 年第 6 期。

④ 参见李畅：《论我国互联网信息的政府管制》，吉林大学 2010 年硕士学位论文，第 29 页。

使用者提供不同的选择。[①] PICS 必须与某种内容分级系统相结合才能发挥作用，目前最为普遍的是网络内容组织（Internet Content Rating Association，ICRA）创立的分级系统，其设立宗旨是让儿童安全地使用互联网，推进网络内容过滤。[②]

概言之，在网络淫秽色情信息监管领域，美国各界逐步达成了一个共识，即充分保障成年人的言论自由，并把政府对表达和传播的规制减少到最低程度，不能因保护未成年人的权益就罔顾成年人的权益，[③] 而是应该平等对待双方，从而构建一个更加民主的互联网社会。[④] 在分级制度被普遍推广的情况下，我们需要思考的一个问题是，技术管制能否解决前述权益之争？

（二）新加坡：公共道德

与美国强调言论自由形成鲜明对比的国家则是新加坡，该国宪法规定保护公民言论自由，但同时政府有权对其进行限制，以维护社会和谐、公共秩序和公共道德。[⑤] 在互联网信息监管方面，新加坡政府处于主导地位。《网络行为准则》（Internet Code of Practice）规定了禁止的网络内容，针对色情淫秽信息做了大量的细致规定：以挑逗为目的描绘裸体或生殖器官；主张性暴力、强制或非自愿的性行为；描绘露骨或明显的性行为；主张同性恋、乱伦、恋童癖行为等。[⑥] 除此之外，新加坡还进行了区别对待，如进入家庭的信息审查标准高于公司企业；针对未成年人的信息严于成年人；公共消费信息严于个人消费等。[⑦] 新加坡并不考虑这些禁止内容是否侵犯成年人的言论自由，也不仅仅考虑保护未成年人的权益，而是站在一个社会整体的角度，限制不利于公共秩序及公共道德的言论自由。这种依赖于政府管制的模式，与前述美国依赖于社会

---

① 张志铭、李若兰：《网络分级制度视角下的网络色情淫秽治理》，载《浙江社会科学》2013 年第 6 期。

② 张志铭、李若兰：《网络分级制度视角下的网络色情淫秽治理》，载《浙江社会科学》2013 年第 6 期。

③ 王婉妮：《美国预防网络淫秽色情信息危害未成年人的规制研究》，载《首届长三角影视传媒研究生学术论坛论文集》2015 年。

④ Jacques N. Catudal, Censorship, the Internet, and the Child Pornography law of 1996: A Critique. *Ethics and Information Technology*, 1999(1):105.

⑤ 龚文库、张向英：《美国、新加坡网络色情管制比较》，载《新闻界》2008 年第 5 期。

⑥ 参见苏丹：《法治严明 秩序为先——新加坡的网络内容管理》，载《中国记者》2004 年第 10 期。

⑦ 龚文库、张向英：《美国、新加坡网络色情管制比较》，载《新闻界》2008 年第 5 期。

文化、行业自律的模式，存在本质上的区别。从根本上来说，它与每个国家的政府行为方式、国民思维、文化传统等方面密不可分。

三、网络暴力游戏监管的域外经验

网络暴力游戏亦是网络不良信息的重要组成部分。在美国，娱乐软件协会（Entertainment Software Association，ESA）于 1994 年成立了非营利性独立机构娱乐软件分级委员会（The Entertainment Software Rating Board，ESRB），该委员会设立了分级制度，旨在为所有游戏软件添加上分级标识，以帮助家长更好地控制或防止未成年人接触不健康内容。① 具体来讲，ESRB 的评级内容由三部分组成：等级分类（Rating Categories）、内容描述（Content Descriptors）和互动元素（Interactive Elements）。② 在执行中，ESRB 主要包括两方面：一方面要求网络游戏生产商在游戏产品包装的背面，用标示性词组对游戏产品所设计的内容进行描述，如暴力、血腥等；另一方面根据 ESRB 按年龄划分为 7 级的等级标准，游戏包装正面要明示该款游戏等级。③ 这种分级制度既保障了成年人的游戏权利，也能够最大限度地保护未成年人免受暴力游戏的侵害。欧盟也主要依赖于分级制度，其制度由欧洲互动软件联合会（Interactive Software Federation of Europe，ISFE）所成立的组织泛欧洲游戏信息组织（Pan European Game Information，PEGI）制定，是欧洲现行的游戏分级制度。在等级标识上，PEGI 分为年龄类别和内容类型两部分。④ 这种制度本质上属于行业自律，分级标准在大多数国家只具有参考性，不具备法律效力。⑤

在韩国，对于网络暴力游戏的监管与美国、欧盟存在很大区别。2011 年 5 月 19 日韩国国会通过了《未成年人保护法》（Juvenile Protection Act）修正案，同年 11 月 20 日生效。该修正案是在韩国性别平等与家庭事务部（Ministry of Gender Equality and Family）和韩国文化体育观光部（Ministry of Culture，Sports and Tourism）的共同推动下通过的，目的是遏制未成年人游戏沉迷，维护家庭

---

① 腾讯研究院：《未成年人网络保护的美国经验》，http://mp.weixin.qq.com/s/6vPBUSo6-y5_TNePBg3Bwg，最后访问时间：2017 年 8 月 28 日。

② 刘亚娜、叶哲涵、徐惠丽：《比较研究视角下我国网络游戏分级制度的完善》，载《吉林工商学院学报》2015 年第 6 期。

③ 高英彤、王在亮：《美国对青少年参与网络游戏的监管经验探析——以教育为视角》，载《社会科学战线》2012 年第 1 期。

④ 腾讯研究院：《未成年人网络保护的欧洲经验——立法规制加行业自律》，http://mp.weixin.qq.com/s/ZNZDPtQ6M-7L7Q0Ukh1IbQ,最后访问时间：2017 年 8 月 28 日。

⑤ 刘亚娜、叶哲涵、徐惠丽：《比较研究视角下我国网络游戏分级制度的完善》，载《吉林工商学院学报》2015 年第 6 期。

和睦等正常生活，保障未成年人的睡眠权和健康权。[①] 具体来说，该修正案第24条规定了家长同意规则，即互联网游戏运营商向不满16岁的未成年人提供互联网游戏服务的，应当征得其监护人的同意。[②] 第26条规定了“游戏宵禁”，即在午夜12时至上午6时之间，互联网游戏运营商不得向不满16岁的未成年人提供互联网游戏服务。同时还规定了相应的惩罚措施，违反者处2年以下有期徒刑或者2000万韩元以下罚款。[③] 这样的双重限制加上惩罚规定，将责任分配给了监护人、游戏运营商，变相禁止16岁的未成年人自行决定玩网络游戏。

实际上，在游戏宵禁方面，韩国并非第一个强制推行游戏宵禁制度的国家。2003年7月，泰国对网络游戏实行了为期两个多月的宵禁，宵禁时间是晚上10点到次日早晨6点，所有网络游戏服务提供商必须关闭服务器，所有营业性网吧必须停止提供游戏服务。由此，泰国成为了世界上第一个对网络游戏登录时间进行管制的国家。[④] 那么，游戏宵禁究竟能否达到控制未成年人沉迷网络游戏的目的？能否保障未成年人的睡眠权、休息权及健康权？是否侵犯了未成年人的上网权、文化休闲权？关于这些方面的讨论不绝于耳。根据韩国产业研究院2014年的“文化产业全球竞争力提高方案”报告显示，推行游戏宵禁制度之后，青少年每日玩游戏的时间减少了约16—20分钟。[⑤] 但是也有很多人提出质疑，首先，16—20分钟并不具有实质性的改变。相反，这项制度使40%的青少年通过盗用身份证号码的方式玩游戏，从而导致他们可能更多地接触非面向青少年的成人游戏的副作用。第二，该制度只针对服务器在韩国国内的游戏运营商，服务器在海外的则无力监管，变相鼓励了在海外设置服务器的做法。第三，自该制度实施以来，韩国游戏产业已经减少了大约1.16

① 蔡雄山、柳雁军、曹建峰：《未成年人网络保护的韩国经验——“游戏宵禁”利弊考察》，http://mp.weixin.qq.com/s/BjzHOmPh_8pdkMVpipTA7Q，最后访问时间：2017年8月28日。

② 蔡雄山、柳雁军、曹建峰：《未成年人网络保护的韩国经验——“游戏宵禁”利弊考察》，http://mp.weixin.qq.com/s/BjzHOmPh_8pdkMVpipTA7Q，最后访问时间：2017年8月28日。

③ 蔡雄山、柳雁军、曹建峰：《未成年人网络保护的韩国经验——“游戏宵禁”利弊考察》，http://mp.weixin.qq.com/s/BjzHOmPh_8pdkMVpipTA7Q，最后访问时间：2017年8月28日。

④ 黄恒：《泰国对网络游戏实行宵禁》，载《人民日报》2003年7月17日。

⑤ 蔡雄山、柳雁军、曹建峰：《未成年人网络保护的韩国经验——“游戏宵禁”利弊考察》，http://mp.weixin.qq.com/s/BjzHOmPh_8pdkMVpipTA7Q，最后访问时间：2017年8月28日。

兆韩元的销售额,[①] 且游戏的文化性、艺术性价值被贬低。第四，游戏宵禁制度给游戏公司带来很大的营运负担和额外开支，限制了相关中小企业的发展。未满16岁的青少年需要监护人的同意才能注册游戏账号，因此游戏公司需花高额费用建构个人信息收集系统，用于收集监护人的个人信息。[②] 第五，监护人个人信息很容易遭到泄露，或者被挪为他用，严重侵犯个人隐私权。第六，根据韩国建国大学协力团2016年5月发布的报告显示，过度热衷游戏的根本原因并非游戏本身，而是青少年所受到的社会压力。家长、青少年连同文化团体向韩国宪法法院起诉称该政策违宪，游戏公司Nexon、NCsoft、Neowiz等以及韩国游戏业协会（Korea Association of Game Industry）也向法院提起了诉讼。[③] 目前，韩国可能会缓和甚至废除该制度，采用父母同意的前提下未成年人亦可以深夜玩网络游戏的父母选择制的监管方案，将权利回归到监护人身上。

游戏宵禁制度实际上是采取管控游戏时间这一技术手段来强化干预,[④] 更深层次来讲，限制游戏时间只是表象，保证学习成绩和作息只是初步目标，真正的目的则是建立理性的社会：这个社会对游戏的关注，并不应该超过对青少年学业和生活作息的关注。[⑤] 然而需要注意到的是，只限制游戏并不足以建立理性社会，减少对游戏的关注也不必然会将时间与精力投注于学业、作息，取而代之的可能是抽烟、喝酒，甚至是打架、斗殴、吸毒等。如同前述，青少年之所以将精力投注于游戏，并不单纯因为游戏本身，更多的是一种压力的投射，对真实世界的逃避。究其原因，既有国家的、社会的，也有学校的、家庭的，将责任全部转嫁到游戏开发商、运营商是有失公平的。

---

① 蔡雄山、柳雁军、曹建峰：《未成年人网络保护的韩国经验——“游戏宵禁”利弊考察》，http://mp.weixin.qq.com/s/BjzHOmPh_8pdkMVpipTA7Q，最后访问时间：2017年8月28日。

② 蔡雄山、柳雁军、曹建峰：《未成年人网络保护的韩国经验——“游戏宵禁”利弊考察》，http://mp.weixin.qq.com/s/BjzHOmPh_8pdkMVpipTA7Q，最后访问时间：2017年8月28日。

③ 蔡雄山、柳雁军、曹建峰：《未成年人网络保护的韩国经验——“游戏宵禁”利弊考察》，http://mp.weixin.qq.com/s/BjzHOmPh_8pdkMVpipTA7Q，最后访问时间：2017年8月28日。

④ 胡印斌：《“网游宵禁”能管住孩子沉迷游戏吗?》，载《光明网》2017年2月6日。

⑤ 陈映蓉：《浅谈韩国青少年电子游戏法律及规定的消极因素》，载《新闻传播》2016年第2期。

四、余论

欧洲的研究者发现，“较小的儿童通常并不知道网上打开的是一些不良信息，并且也不会对网络信息产生怀疑”。[①] 由于缺乏辨别能力，因此未成年人很容易成为网络侵扰的目标。大量文献显示，儿童长期暴露在不良信息下会产生许多负面后果，如攻击性增加、萎靡、失眠、思维迟钝、恐惧、脱敏、学习成绩下降、心理创伤、反社会行为、负面的自我感知、自我估计过低、缺少现实性、身份困惑等。[②] 网络暴力游戏的视觉刺激容易使未成年人沉迷堕落，而网络色情信息则容易将未成年人带入“虚拟性爱”的灾区。这种虚拟性爱的刺激和体验对未成年人而言过于强烈，容易导致他们陷入其中无法自拔。另外，未成年人尚未建立起成熟的性爱和性道德观念，因此在虚拟性爱之后，常常会伴随羞耻、内疚、自责的想法，影响学业、人际关系以及心理的健康发展。[③] 此外，虚拟性爱引起的性冲动，也可能会导致未成年人实施违法犯罪行为，不利于犯罪预防的进行。

网络不良信息对未成年人的身心容易造成极大的危害，且这些危害往往不可逆转。不管是哪一种网络不良信息的监管，其核心理论问题均是如何平衡未成年人上网权、成年人言论自由及未成年人易受伤害特性三者之间的关系。其中网络淫秽色情信息监管主要是成年人言论自由与未成年人保护之间的博弈。如果说，以未成年人的易受害特性作为限制淫秽作品的理由是不充分的，那么以淫秽作品会对成年人产生伤害作为唯一的限制理由同样也是不充分的。究其原因，笔者认为未成年人与成年人共享同一社会，两个群体交集明显、相互影响，在未成年人的辨识能力尚不清晰的情况下大量接触淫秽色情信息，既可能对其自身带来伤害，也可能影响成年人所共享的社会道德基础，从而对成年人带来一定的伤害。正如美国联邦最高法院大法官莫菲（F. Murphy）所言，言论分为有社会价值言论和无社会价值言论，后者包括“猥亵的、淫秽的、亵渎的……”[④] 从长远看，“这些类型的言论内容并不涉及任何思想、意见的表达，而且其对追求真理而言亦无任何价值。即使这些类型的言论能够给社会带

---

① 姚建平：《国际青少年网络伤害及其应对策略》，载《山东警官学院学报》2011 年第 1 期。

② 姚建平：《国际青少年网络伤害及其应对策略》，载《山东警官学院学报》2011 年第 1 期。

③ 马存燕：《网络色情成瘾——谁之罪》，载《中国社会导刊》2006 年第 15 期。

④ 张世耘：《淫秽色情的认定标准与言论自由的冲突——美国联邦最高法院判例探微》，载《国际关系学院学报》2007 年第 2 期。

来一些利益，它也会明显小于因限制这些言论而带来的社会制度和道德规范的社会利益”。[①] 因此，限制淫秽色情信息这样的言论自由，是具有合法性基础的。

网络暴力游戏则更多的是未成年人的上网权及易受伤害特性之间的平衡。当前多数西方国家在网络暴力游戏监管问题上，主要依赖于行业分级制度。实际上，这种行业自律是存在风险的，容易演变成无人监管的悲剧。互联网行业毕竟属于商业领域，在网络不良信息监管问题上稍微放松一些，用户量自然能够快速攀升，相应的广告费也更为可观。简言之，行业自律可能变成效益自律，抑或是监管空白。因此，单纯的行业自律在网络不良信息监管上也是存在瑕疵的，可能需要在分级制度的基础上，加上法律法规或政策上的指引及规制才能真正起作用。

网络不良信息的监管是新时代的一个难题，如何在网络不良信息与未成年人权益保护之间找到合适的界限更是一个饱含道德、法律、伦理、科技的议题。互联网促使言论自由打开了一个新的世界，同时言论自由的难以监管也给未成年人带来了不同程度的伤害。政府、互联网业界都不可能袖手旁观，政府既不能用力过猛，也不能单纯依靠行业自律，二者在网络不良信息监管中都占据着不可或缺的地位。此外，爱尔兰的研究者指出，尽管存在各种各样的网络过滤工具来保护未成年人免遭网络不良信息的侵害，但是父母介入儿童使用网络却无法替代。[②] 简言之，如何通过监管网络不良信息，从而有效保护未成年人，需要多方的合力协作。父母作为法定监护人，也是孩子的第一教育者，理应将互联网安全使用理念传授给孩子，同时引入技术手段为家庭网络使用营造一个健康有益的环境。在保护未成年人免受网络不良信息的同时，也保障父母的言论自由及未成年人有效使用网络了解外部世界的权利。

---

① 转引自江登琴：《美国网络色情刑事处罚的宪法审查——雷诺案的经验与启示》，载《国家检察官学院学报》2011 年第 1 期。

② 姚建平：《国际青少年网络伤害及其应对策略》，载《山东警官学院学报》2011 年第 1 期。

附录一　关于湖南省某县网络不良信息与青少年犯罪的调查

郭开元*

湖南省某县于2015年先后发生了两起青少年杀害教师的案件，为了进一步完善青少年犯罪预防工作机制尤其是加强专门学校建设问题，在共青团湖南省委权益部的支持下，中国青少年研究中心科研人员赴该县对这两个案件进行了深入调查。

一、案件的基本情况

（一）学生抢劫杀害老师的案件情况

2015年10月18日8点左右，赵某、孙某、刘某一起去镇上的网吧上网。一个小时后，三人来到网吧，玩了两个多小时的网络游戏（英雄联盟）。上午11点半左右，所充的网费耗尽（上网价格为4元/小时，上网费用由赵某和孙某分别承担），三人打算走路回家。在回家途中，他们路过一所小学（刘某和赵某的母校），就打算到学校里玩。学校的大门被锁了，三人翻墙进入学校。在学校里玩了半个小时后，他们感觉肚子饿，刘某就提议去学校的小卖部偷东西吃。三人来到学校宿舍楼找开门工具，并藏到宿舍楼的柴房内商议如何撬开小卖部的门。此时，他们听到守校的李老师的窗户响动，就怀疑李老师听到他们讲话。于是，他们以喝水为借口敲门进入李老师的宿舍中，李老师正在吃饭，三人喝水后离开。下楼后，赵某对刘某说，"老师桌子上的钱包很鼓，里面肯定有很多钱"。这时，三人就产生了抢钱的念头，但是不敢。三人又去撬小卖部的门，此时又听到李老师宿舍窗户的声响，就打算打老师一顿，让她别把他们偷东西的事情说出去。于是，三人从柴房里各拿了一根木棍。上楼后，三人发现李老师宿舍的门已关上，就坚信老师知道他们要偷小卖部东西的事。他们以"希望离开学校，请老师开校门"为由骗李老师开门。李老师取钥匙

* 郭开元，中国青少年研究中心法律所所长，副研究员，法学博士。

后下楼，三人拿起木棍紧随其后，老师发现他们的木棍后，他们怕老师喊叫，就谎称是拿来玩的，并未殴打老师。李老师打开校门后，三人离开学校。后来，三人又翻墙进入校园内，撬开小卖部的门，吃了一些东西。吃完东西后，三人商量由赵某以“是李老师的学生，来看她”为由骗开李老师的门，刘某负责打人。李老师开门后，刘某用木棍殴打李老师，赵某和孙某用脚踩住李老师的手，向李老师索要钱财。三人在李老师房间找到了2600多元钱。李老师哀求他们放过她。刘某说：“不放，你认识我们，我放了你，你就报警。”老师说：“我不认识你们。”刘某不信。李老师喊救命，刘某掐李老师的喉咙并用毛巾捂住李老师的嘴，十几分钟后，李老师死亡。三人用拖把清理现场的血迹，用红墨水遮盖现场，将尸体藏于卧室的床下。刘某脱下溅有血迹的衣服，换上在李老师房间找到的衣服，将李老师的房门和学校的大门用锁锁上。三人坐车到邵东县，用抢劫的钱在宾馆开房休息、到网吧上网、购买衣服鞋子和手机。2015年10月19日下午五六点钟，刘某和赵某在距案发地两三公里的某网吧被抓获，孙某在学校被抓获。因未达到刑事责任年龄，三人被公安机关送到市工读学校进行教育矫治。

（二）学生故意杀害老师的案件

从高一开始，滕老师就是龙某的班主任。龙某在上高一、高二时就有过要报复滕老师的想法（蒙头打老师一顿），但未敢实施。2015年11月的月考，因为（语文）答卷字迹潦草而被滕老师取消月假（一个月三天假期），龙某心里不舒服，就产生了用刀捅滕老师的念头。11月30日晚上，龙某在回家途中的超市买了三把水果刀（两把刀的刃长20厘米，一把刀的刃长30厘米）。12月1日，他将三把刀藏在书包中带回学校，将长刀夹藏在书中，两把短刀藏在课桌里。12月3日晚上，龙某读完了网络小说《太昊》。12月4日早晨7点20分左右，龙某的母亲来到寝室叫醒沉睡中的龙某，喊他去上课。龙某认为母亲一定是滕老师喊来学校的，报复滕老师的想法更加坚定，并打算杀害滕老师后从六楼跳下自杀。龙某随身带着三把刀来到滕老师办公室，发现滕老师不在，就又回到教室，在座位上坐了半小时。8点左右，龙某听同学说滕老师回到办公室了，他就和母亲一起去滕老师办公室。来到滕老师办公室，滕老师刚起身，龙某就扑上去，右手拿着刀子向滕老师胸口捅了一刀（办案警察说，这是致命伤）。滕老师瞪大眼睛看着龙某，十分痛苦。看到老师痛苦的样子，龙某突然笑了出来，接着在其背上又捅了一刀。滕老师倒地，龙某看到滕老师还在喘气，将插在其胸口的刀拔了出来，朝滕老师的脖子又刺了一刀。访谈时，他说当时的情境与他看小说中的大屠杀以及《丧尸》动漫中的场景一样，有兴奋、畅快的感觉。龙某行凶后，当场被母亲抱住，后被警察抓获。访谈中，龙某说他对这个世界唯一的留恋就是“网络小说没看完，动漫没看完”。

二、案件反映出的问题

上述两个案件反映了社会转型期青少年违法犯罪预防工作面临的挑战，其中较为突出的问题主要是农村困境未成年人的家庭监护不力和家庭教育缺位、青少年沉迷网络暴力游戏和网络小说的影响、未成年人承担刑事责任的年龄和专门学校的建设。

1. 农村困境未成年人的家庭监护不力和家庭教育缺位

家庭是青少年社会化的重要场所，家庭监护和家庭教育在青少年健康成长的过程中具有重要作用。对于留守儿童、服刑人员未成年子女等困境未成年人而言，由于父母常年在外打工、在监狱服刑等原因，不能陪伴在他们身边，他们多数与爷爷奶奶（外公外婆）一起生活。在“10·18”案件的三名涉案未成年人中，孙某（11岁）的父母常年在四川经商，平时与爷爷奶奶一起生活；赵某（12岁）属于服刑人员的未成年子女，父母因犯诈骗罪在贵州服刑，长期与爷爷奶奶一起生活；刘某（13岁）生活在重组家庭中，父亲是残疾人，家庭经济收入低。在“12·4”案件中，龙某在小学三年级前是随父母在柳州生活，从小学四年级转学回到邵东县，与外公外婆一起生活。在家庭生活中，由于实际监护人的年龄大、文化水平低等原因，出现了家庭监护不力、家庭教育几乎完全缺失等问题，容易出现心理问题和不良行为，这在一定程度上影响了农村困境未成年人的健康成长。在调查中发现，赵某的爷爷奶奶知道他沉迷网络游戏，为了防止赵某偷着去上网，爷爷睡在房门口，却仍然无法阻止赵某去网吧上网；龙某的父母不知道“如何教育孩子才是教得好”，对龙某多年来沉迷网络小说不知情，与龙某的沟通交流不多，多数情况只是询问学习成绩，笼统地嘱咐龙某“好好听老师的话”。

2. 青少年沉迷网络暴力游戏和网络小说的影响

（1）沉迷网络暴力游戏对未成年人健康成长的影响。在网络暴力游戏中，游戏玩家对游戏的攻击者产生角色认同，主动参与游戏中的攻击行为，在去生理化和规则化的环境中实施虚拟暴力行为，逐渐产生暗示效应和涵化效应，在现实世界中出现冲突情境时就会冲动性地模仿虚拟游戏中的攻击行为，解决问题。对未成年网民来说，基于未成年人的分析判断力弱、自我控制力不足、缺乏社会经验等原因，沉迷网络暴力游戏对未成年人的负面影响更严重，以“攻击、战斗”等为主要元素的火爆刺激的游戏场面更容易使未成年人模糊道德认知，混淆虚拟游戏世界与现实世界的区别，通过网络暴力游戏习得用暴力方式解决问题。在“10·18”案件中，三名涉案未成年人实施抢劫行为与沉迷网络暴力游戏具有高度的相关性。通过个案访谈调查发现，刘某、赵某、孙某长期在网吧玩穿越火线、英雄联盟等网络暴力游戏。在10月18日案发当天，三人在一家网吧打了一个上午的网络暴力游戏，因打网络游戏的钱用完后离开网吧，在回家的路上实施了此次抢劫行为，并且实施抢劫行为后又回到网吧继续打网络暴力游戏，其中刘某、赵某是在网吧打网络游戏时被抓获的。由此可见，沉迷网络暴力游戏的青少年比普通青少年更具有暴力倾向，实施暴力违法犯罪行为的可能性更大。

（2）沉迷网络小说对青少年健康成长的影响。网络小说属于网络快餐文化，尤其是宣扬反派人物的玄幻小说对未成年人的负面影响较为严重。通过访谈得知，“12·4”案件的犯罪嫌疑人龙某长期沉迷网络小说，尤其是网络玄幻小说。通过调查发现，龙某从初中就开始阅读网络玄幻小说。最初时他是到网吧把网络小说下载到手机储存卡中，拿到学校去看。在高三时他购买了一部智能手机，通过手机上网下载网络玄幻小说。他喜欢网络玄幻小说中的反派人物。长期沉迷阅读网络玄幻小说，龙某的性格变得孤僻、偏执，较少与老师同学交流，“他的世界里只有他一个人”，没有理想，只是在“混日子”。他因为班主任滕老师对学生的管理严格，产生报复伤害滕老师的心理。龙某在11月30日放月假回家时买好了三把刀，返校后没有立刻实施，主要是因为他正在看的网络小说《太昊》还没有看完。12月3日等他看完网络小说后就实施了杀害滕老师的犯罪行为。在整个案件的发生发展过程中，包括龙某犯罪动机的产生、犯罪行为实施时间的确定等环节都与网络小说有关，因此沉迷网络小说是龙某实施犯罪行为的重要诱因。

3. 未成年人承担刑事责任的年龄问题

在“10·18”抢劫杀人案中对三名涉案未成年人的处罚方面，涉及刑事责任年龄问题。根据我国现行刑法关于刑事责任年龄的规定，14周岁以下的未成年人不承担刑事责任；已满14周岁不满16周岁的，仅对犯故意杀人、故意伤害致人重伤或者死亡、强奸、抢劫、贩卖毒品、放火、爆炸、投放危险物质的行为，承担刑事责任；16周岁以上的，应该承担刑事责任。由于涉案的三名未成年人都未满14周岁，因此按照刑法的规定他们不承担刑事责任。经过审批后，公安机关将三名涉案未成年人送到了邵阳市工读学校。这样的处理结果符合现行法律的规定，却不利于对涉案未成年人的惩戒和保护。随着未成年人的成长环境的变化，未成年人的生理和心理的成熟期提前，未成年人犯罪出现低龄化趋势，犯罪手段凶残，不计后果，趋向成人化犯罪。“10·18”抢劫案就反映出这些特点。其一，在事前，三名涉案未成年人详细预谋，并有明确分工。其二，在事中冷酷无情，杀人灭口。先由赵某将被害人李老师叫出宿舍，刘某用木棒对李老师进行殴打，在殴打中李老师哀求他们放过自己，刘某说：“不放，你认识我们，我放了你，你就报警。”他们残忍地将李老师杀害。

“李老师被杀时的惨状目不忍睹。”（据被害人李老师的女儿回忆）其三，事后清理现场，隐藏证据，具有较强的反侦查能力。在杀害李老师后，三人用拖把清理现场的血迹，用红墨水遮盖现场，将李老师的尸体藏于卧室的床下，刘某脱下溅有血迹的衣服，换上在李老师宿舍找到的衣服，将李老师的房门和学校的大门用锁锁上。通过惩罚犯罪达到预防犯罪是刑罚目的，但是根据现行法律有关刑事责任年龄的规定，对如此凶残的未成年人实施的抢劫杀人行为却无法动用刑罚惩罚，这无疑是对未成年人犯罪的纵容，这既不利于社会公正的实现，更不利于对未成年人的惩戒和保护。

4. 专门学校的建设问题

“10·18”抢劫杀人案的三名涉案未成年人被抓获后，公安机关将他们送到邵阳市专门学校。邵阳市专门学校是2011年在原民办“邵阳市青少年教育训练学校”的基础上，经邵阳市社会治安综合治理委员会、邵阳市司法局、邵阳市教育局批准成立的一所民办公助学校，是专门矫治青少年偏差行为的专业学校。学校实行军事化寄宿制全封闭管理，二十四小时专职教师跟班教育，实行二十人制小班教学，强调道德法制教育、心理矫治教育，结合学生的个别情况，提供涵括网瘾治疗、行为矫治、心理调适、兴趣特长等内容的特色教学。目前，学校有28名教职员工（包括4名军事教官），在校学生103人。近五年来，邵阳市专门学校接收公安机关送到学校的有违法行为青少年共328人，约占学校学生人数的40%。这说明专门学校即使是民办公助的工读学校也在青少年违法犯罪预防工作中发挥着重要作用。但是，在调查中发现，邵阳市专门学校在教育经费、教学内容、行为矫治措施的专业性和标准化等方面存在一些问题，这涉及如何规范和加强民办公助的专门学校的建设问题。另外，将实施抢劫杀人的涉案未成年人送到专门学校进行教育矫治，涉及有无法律依据、工读学校目前采取的教育矫治措施对他们是否有效等问题。

5. 学校的心理健康教育、法制教育和网络媒介素养教育存在不足

在社会转型时期，对中小学生的心理健康教育、法制教育和媒介素养教育属于学校素质教育的重要内容。通过个案调查发现，目前学校对学生的心理健康教育、法制教育和媒介素养教育方面仍然存在不足。首先，学校对中小学生的心理健康教育的专业性不足，缺乏对有心理问题学生的甄别和筛查。其次，学校的法制教育在内容、方法、效果、针对的重点对象等方面存在不足。最后，学校的网络媒介素养教育不足。在信息社会中，教育学生如何应对网络空间的新生事物是学校的责任。但是，学校对未成年学生如何理性接触网络游戏、如何甄别网络不良信息、如何阅读网络小说等方面的教育引导不足。

三、进一步完善青少年违法犯罪预防工作的对策建议

1. 制定关爱农村留守儿童的政策法规，提高帮助服务措施的有效性

目前，在我国，农村留守儿童的数量多，农村留守儿童的关爱和服务是一个普遍性的社会问题。政府要承担相应责任，切实保障留守儿童的合法权益。其一，在国家层面制定关爱留守儿童的政策法规，加强政府关爱行为的统筹安排，通过开办寄宿制学校、假期学校等形式，建立留守儿童的社会监护机制，救助经济困难的留守儿童；在子女入学、住房等方面帮助在城市务工的农民工将子女带到打工地一起生活和学习。其二，乡（镇）、社区要探索切实帮助留守儿童教育服务的路径和有效方法，通过代理家长、有效的结对帮扶等形式，切实维护留守儿童的合法权益。其三，共青团组织要突出家庭教育、心理健康教育等重点问题，通过购买社会服务，组织动员社工、志愿者等多元主体参与，提高帮助服务措施的有效性。

2. 制定未成年人网络保护的专门法律，限制网络暴力游戏，加强对青少年阅读网络小说的教育引导

在信息化社会时代，未成年人的健康成长需要明朗的网络空间，互联网的治理是综合性的社会问题，需要多部门合作，综合施策。其一，制定未成年人网络保护的专门法律，实行网络游戏分级制度，预防和减少青少年沉迷网络暴力游戏。其二，加强对网络小说内容的审查，教育引导青少年理性阅读网络小说，尤其是宣扬反派人物的网络玄幻小说，预防青少年沉迷网络小说。

3. 建议启动立法调查，确定是否确需降低刑事责任年龄

针对类似“10·18”案件，建议降低刑事责任年龄，理由主要有以下几个方面：生活环境的变化使未成年人心智成熟年龄提前，但有关刑事责任年龄的立法30多年没有变化；未成年人犯罪的低龄化趋势明显；未达到刑事责任年龄的未成年人实施的行为具有严重社会危害性，却没有受到法律应有的惩罚，这不仅不能真正体现社会公正，更不利于对未成年人的惩戒和保护；在国际范围内，法国、英国、美国等国家法律规定的刑事责任年龄低于14周岁。在此种情况下，国家和政府要进行回应，建议启动有关降低刑事责任年龄的立法调研，通过调研判断上述理由是否成立，并根据调研结果确定是否需要降低刑事责任年龄。

4. 建议修改完善有关工读学校的法律，加强工读学校建设

在我国青少年犯罪预防体系中，工读学校在教育矫治未成年人的严重不良行为中发挥着重要作用。目前，由于缺乏法定的程序，工读学校存在招生困难

问题，一些具有严重不良行为的未成年人游离在工读学校之外，处于脱管失教的状况，不能得到及时的教育矫治。因此，建议尽快修改完善有关工读学校的法律法规，规定工读学校的招生程序；通过职业学校、民办公助等形式推动在有条件的地级市建立工读学校，提高工读学校行为矫治措施的专业性和科学性。

5. 加强学校的心理健康教育、法制教育和网络媒介素养教育

建议切实加强学校的心理健康教育、法制教育和网络媒介素养教育。首先，通过驻校社工、建立心理咨询室等形式增强中小学生的心理健康教育的专业性，定期对有心理问题学生进行甄别和筛查。其次，完善学校法制教育的内容和方法，注重法制教育内容的层次性，与价值观教育相结合，按照学生的身心特征和认知特点，环环相扣地推进法制教育，增强法制教育的实效性。最后，在信息社会，学校要加强网络媒介素养教育，教育引导中小学生理性地接触网络游戏和阅读网络小说，预防中小学生沉迷网络暴力游戏和网络玄幻小说。

附录二　美国校园网络安全的法律监管

冯　恺*

网络是一把双刃剑：一方面，它史无前例地为我们生活信息的获取提供了极大便利；另一方面，网络空间本身的虚拟性与不确定性决定了其中隐含的种种风险，同时网络的开放性、快速性以及网络用户的高度活跃性也越发加剧了这种风险的程度。网络侵权的表达方式是信息符号（不良信息）而非现实的行为，侵害的客体因之发生了一定变化，相应损害经由网络的迅速传播也被无数倍地放大了。换言之，与传统有形方式不同，网络经由文字符号呈现出的信息方式造成青少年的侵害。由于网络具有虚拟性、匿名性以及信息海量并易于传播等特点，对网络不良信息的监管较之现实环境下更为艰难。以法大 BBS 为例，根据笔者观察，每天登录法大 BBS 的会员在五千人至一万人，而会员通过 BBS 发布的信息每天达几千条，这些信息的内容千差万别，其中不乏一些匿名会员发布的带有色情或低俗内容的不良信息。而其中的大量不良信息，学校的安全过滤软件根本无法对其予以鉴别与删除，也不可能由网络安全员一一审查。同时，许多学校对校园网络安全的重要性缺乏足够的认识，既缺乏相关的校园网络安全规定，也缺乏对在校学生网络行为的安全教育与引导。有些学校仍然忽视网络环境的特殊性，不注重技术手段的及时更新与专业管理人员的全面配置，仍借助传统的校园管理模式来解决网络问题，从而难以发挥有效的作用。与之相比较，美国更加注重校园网络安全保护政策的制定，在保护青少年学生免受不良信息侵害方面发挥了积极的作用。

在美国校园网络安全运动中，学校扮演了重要的角色。美国学校从最初基于严格遵循宪法第一修正案的言论自由与促进网络技术发展的态度而疏于对网络的管制，到目前借助包括扩张学校监管权力、充分利用技术优势等综合性的策略而不断加大网络监管力度，逐步构建起一套相对完善的网络监管体系。近年来，美国实务与理论研究多关注于现实问题的解决，包括对学生过激行为、网络欺凌（cyber bullying）、网络骚扰（cyber harassment）等特定网络不法行

---

* 冯恺，中国政法大学比较法学研究院副教授、法学博士。

为的重点治理，如针对网络欺凌颁发的 Megan Meier 网络欺凌预防法案、密苏里州州长签署的反网络欺凌法律化议案等。在问责的层面，学校注重通过自己制定政策及规范或者由州政府立法授权的方式以明确网络参与人的具体责任，如特拉华大学制定的网络责任策略（Policy for Responsible Computing at the University of Delaware），同时通过司法途径以实现网络违法的阻却，并通过法院的判例进一步确认相应规则或标准而反过来指导高校的网络监管政策。

一、注重网络过激行为的预防和校外网络行为的规制

近年来，随着社交网站的兴起与网络互动的增强，发生在互联网中的学生过激行为急剧增加，这些过激行为如果不能得到及时的重视和纠正，很容易演变为现实的违法行为甚至是严重的暴力事件。为了应对这一严峻的挑战，近年来美国很多学者呼吁加强学校对于网络的监管，强化学校网络监管的权力。[①] 同时，针对很多发生在校外的网络不法行为经常会延伸至校园内，有些美国学者主张，对于学生发生在校外的不良网络行为，如果对校园内的教育产生了实质性的不良影响，则学校也有处罚该学生的权力。[②] 简言之，就是赋予学校对校外网络不良行为的扩张性监管权力。但一些学者提出了反对意见，如有人指出，如果允许学校对校外网络不良行为进行监管，将会侵犯学生的言论自由权，同时，学校也不能成为网络警察，因此有必要对学校的监管权力予以必要的限制。[③] 抛开美国当前对于学校网络监管权力界限的分歧，美国对于学校监管权力的讨论折射出的问题值得国内高校教育工作者关注：一方面，要积极预防和及时制止网络过激行为，防止其蔓延到现实生活。最近美国的一项研究表明，很多大学生在从事校园暴力行为和校园自杀行为之前，都会借助网络、朋友或同学等交流渠道直接或隐晦的表达自身的诉求，但这些诉求往往都未得到重视，从而使得行为人产生被社会抛弃的感觉才最终走向极端。[④] 鉴于此，笔者建议国内建立有效的学生校园网举报和申诉渠道并保持该渠道的畅通，并将

---

① See Caitlin May, "*Internet－savvy students*" *and bewildered educators*: *student internet speech is creating new legal issues for the educational community*, 58 Catholic University Law Review, at 1105 (F. Supp. 2d).

② See Matthew I. Schiffhauer, *Uncertainty at the* "*Out Boundaries*" *of the first amendment*: *Extending the arm of school authority beyond the school house gate into cyberspace*, 24 St. John's Journal of Legal Commentary, 731, 770 (2009).

③ See Colleen Barnett, Cyberbullying: *A new frontier and new standard a survey of and proposed changes to state cyberbullying statutes*, 27 Quinnipiac Law Review, 579, 581 (2009).

④ See John Nicoletti, Sally Spencer－Thomas, *Violence Goes to College*: *The Authoritative Guide to Prevention and Intervention*, Charlse C Thomas Publisher, LTD, at 26 (2009).

相关的网络监管责任具体到个人，以使学校管理者及时掌握大学生的诉求并及时展开干预，将潜在的风险消灭在萌芽状态。另一方面，由于网络的开放性，学校网络不可能被封闭于社会网络之外，因此，应该高度关注校外网络事件或行为将会对校园网产生的影响，并积极地采取有效的应对措施，包括考虑通过行政规章确认管理层对本校学生网络行为的法律监管权力，并适当将监管权力有条件地扩张至“校门之外”。

二、责任监管的层面侧重于事后审查

美国学校一般不对学生在网上发布的信息进行事先审查，在信息发布阶段只是要求信息的发布者对其发布的信息负责，网络管理者在信息发布之后可以追究发布违法和不道德信息主体的责任。例如，在确定校园管理者追究学生用户的责任标准时，美国的法院通过判例确立了著名的“Tinker Standard”。根据该标准，除非学生在表达时能够合理预见到自己的表达将会实质地（materially）或者充分地（substantially）扰乱学校基于管理的合理规定，或侵害了他人的权利，学校管理部门不得对学生的表达进行压制。[①] 美国法在网络环境下对网络行为的事后审查以及建立的事后审查的标准，尽管一定程度上是出于对宪法自由的尊重，但从网络管制的角度具有一定的合理性。不同于现实世界，网络世界具有无形性、不确定性，网络信息亦是以海量形态存在的，这一特征决定了事先审查的难以操作性。事后审查的方式有助于提升法律监管的效率，亦与法律的惩罚性功能相契合。

三、通过网络安全宣传、教育项目等方式予以事先预防

由于美国公立学校承担着大多数学生的教育工作，依赖于州政府的资金扶持且具有公益性，单纯通过施加严格法律责任的模式保护网络安全的做法被证明在现实运作中不是绝对有效。因此，美国政策层及学校非常注重通过宣传、开展项目等方式预防网络问题的发生。2010 年，美国教育部与相关机构合作，发布了一本帮助家长指导孩子上网的实用手册——NET CETERA：Chatting with Kids About Being Online，提出家长在指导孩子上网时应注意的具体事宜。无独有偶，美国学校也通过上网手册的方式提醒学生相关注意事项。例如，美国的达拉威尔大学在新生入学时向每个学生发放一份安全使用网络的手册，该手册的内容不仅涵盖学生如何安全高效使用网络的方法，而且列出常见不当网络行

---

① See Tinker v. Des Moines Independent Community School Dist, 393 U. S. 503, 89 S. Ct. 733, 21 L. Ed. 2d 731/2.

为及相关法律责任。对此我国可予以借鉴，由教育部统一制定一般性的规则，各学校结合自己的特点制作具体的上网手册，在学生入学之时发放到每个人手中。上网手册使用的语言应与大学生的心理认知程度相匹配，如在手册中提醒学生：在网络上写下文字或上传图片等网络行为是会引起反响的；要把握在网络上所发表言论的适合性，不要随意粘贴图片或上传视频；一旦将信息公开在网络上，是无法收回的；一些社区网站、聊天室或者博客空间具有较强的隐私设置，推荐使用类似设置；当感觉到来自他人的威胁或者感到不安时，要及时反馈给校方；引导学生创建安全的用户名，不暴露出自己的年龄、住所、性别等信息；帮助学生明确哪些信息是应当保密的，如电话号码、社保号码、银行账号、信用卡号以及相关财政信息，等等。①

2009 年 5 月，美国出台《学校及家庭网络教育法》，旨在促进网络安全教育，预防网络犯罪，该法为各州教育机构，非政府组织提供项目资金，支持进行网络安全教育和研究提供了依据，其中提到项目的审批单位、项目的期限、项目的申请及优先权、基金的使用以及项目指引。譬如，一些学校兴起了以课程为主的预防网络欺凌的项目，如“i-SAFE 网络安全计划”、“网络欺凌：一门预防课程”、“棍棒和石头：网络欺凌”、“让我们一起战斗：预防网络欺凌我们能做什么”等，这些计划包含了与网络欺凌相关的视频和相对应的课程。他们希望通过这些项目，让学生一起讨论与网络欺凌相关的问题，学习应该如何预防网络欺凌，以及当网络欺凌发生的时候应该如何解决。例如，“i-SAFE 网络安全计划”对不同年级的学生有不同的要求，4 年级学生主要学习的是互联网的概念和相关词汇，并通过动手操作学习如何安全地使用网络；而 5—8 年级学生会参与到预防和解决网络欺凌的活动中，并进行相关的讨论。另外，反诽谤联盟会为教育者、学校管理者和家长开展一系列的研讨会。例如，“欺骗、捣乱和威胁：理解以及解决网络欺凌”、“青年与网络欺凌：家长所不知道的将会伤害他们”等。②

四、注重保护学生的网络隐私

“我们生活在一个充满数据的时代，其可能产生的影响既美妙又可怕。”③

---

① 参照美国教育部“NET CETERA：Chatting with Kids About Being Online”的相关设计理念。

② 吴薇：《美国应对青少年网络欺凌的策略》，载《福建教育》2014 年第 1 期，第 22 页。

③ ［美］丹尼尔·沙勒夫著：《隐私不保的年代》，林铮顗译，江苏人民出版社 2011 年版，第 9 页。

对隐藏与暴露通常所具有的暧昧渴望，以及网络本身所具有的使用空间与影响空间相隔离的特点，常常使得人们对于网络的态度介于模棱两可之间，从而在一定程度上影响到对自己隐私应否披露的正确判断。一个因接受《纽约时报杂志》访问的少年说："他要他的贴文被阅读，同时也害怕人们阅读它们，不但希望人们阅读它们，却又不在乎人们阅读它们。"这种自我矛盾事实上捕捉到了许多青少年博客作者的暧昧态度。因此有人感叹，"或许新生的时代就是没有那么在乎隐私"。就这样，"故意、意外或未经同意的信息，在网上流窜分享，而且永不消逝"，"使用网络越自由，越使我们深陷更多不自由"。① 网络以某种特殊的方式，潜移默化地改变了人们对于隐私的感觉，自由与隐私之间的界限也变得更加模糊。然而，毋庸置疑的是，在网络时代，信息被不断存储、复制，从而难以像传统那样被人遗忘，就像体育报社记者 Erin Andrews 隐私侵害案中，受害人警告说：她将不得不试着接受这么一种事实，被披露在网络上的视频可能永远也无法被彻底清除。② 正因如此，当隐私受到侵害时，它的不良后果会较之传统无数倍地加大了，从而对成长中的青少年学生带来伤害。

美国是一个十分注重保护隐私的国家，这种对隐私的保护政策也体现在学校的网络监管中。为了保护学生的隐私，美国学校一般规定，除非具有法定的事由，学校不对学生在网络中的交流予以监控。以美国达拉威尔大学的规定为例，该校规定："除非出现下列情形：（a）遵守和履行司法程序中的法律义务，（b）被法律执行机关所要求，（c）IT 系统的管理和维护，（d）针对违反学校规定的调查，否则学校不得随意对学校网络用户的网络交流进行监控。"③ 相对于美国对学生隐私的重视，我国社会对学生的隐私保护意识相当薄弱。正因如此，干预行为易引起青少年学生群体的反感并予以本能抵制而削减了管理的效力。在一定程度上，美国的隐私保护政策值得我们重视，管理者在对学生网络行为实施法律监管的同时，亦应适当兼顾学生隐私的保护。

五、重点防治网络欺凌、网络骚扰等不法行为

网络欺凌行为是从传统的欺凌行为转变而来。所谓网络欺凌行为是指，

① ［美］丹尼尔·沙勒夫著：《隐私不保的年代》，林铮顗译，江苏人民出版社 2011 年版，封页。

② Maayan Y Vodovis, *Look over your figurative shoulder: how to save dignity and privacy on the internet*, 40 Hofstra Law Review, 811, 812.

③ See Policy for Responsible Computing at the University of Delaware, available at http://www.udel.edu/OSH/stuhb93-4/sec3/cns/3.html.

“行为人利用现代通信和交流技术（如电子邮件、手机短信、即时通信、针对个人的诽谤性网站，或针对个人的诽谤性网络投票网站等）故意和反复地向特定个人或组织发布有害信息，意图使他人受到伤害的行为”。①早期美国学者所指的网络欺凌行为主要是受害人为未成年人的网络不法或不道德行为。② 在一些著名的美国反网络欺凌网站中，网络欺凌被界定为：未成年人通过电子网络、手机等现代通信设备折磨、骚扰、威胁、羞辱其他未成年人或将其他未成年人锁定为特定目标的行为。③ 俄勒冈州立法将其定义为：利用任何电子通信设备措施骚扰、恐吓或欺凌的行为。美国疾病预防和控制中心将网络欺凌称为“电子侵害”，即通过电子网络所实施的骚扰和欺凌，具体包括通过网络（网页、博客或聊天室）戏弄、取笑、散布谣言、发表粗俗言论，或发表威胁性、攻击性言论。④ 密苏里州修订了法规的第160章，将“欺凌”定义为，通过恐吓和骚扰使一个理性的学生对自身的人身及财产安全感到担忧，其中也包含了网络欺凌。

在一定意义上，网络欺凌与传统上面对面的欺凌行为会发生重合，因为在网络上实施欺凌的一些人同样会在校园内面对面欺凌其他学生。然而，网络欺凌与传统欺凌存在一定差异：网络欺凌是在特定的网络空间发生的，侵害人和受害人不必然存在现实的联系，采证困难，接收欺凌信息的受害人难以向学校或警察提供确定的信息；在欺凌人以散布隐私信息为手段的情况下，网络的迅速传播性使得侵害后果无数倍地放大，从而带给受害人更大的精神损害。研究者预测，如果不采取有效的干预，校园网络欺凌事件可能随着科技发展继续渗透到美国人生活中。⑤ 根据皮尤研究中心（Pew Research Center）的结论，“当前12—17岁的儿童上网的比例高达95%，其中80%是社交网站的用户”。⑥ 青

---

① See Darby Dickerson, *Cyberbullies on campus*, University of Toledo Law Review, Fall 2005 (available at http://law.utoledo.edu/students/lawreview/volumes/v37n1/Dickerson.htm).

② See Barnett, 27 Quinnipiac Law Review at 579 (cited in note 5).

③ What is Cyberbullying, Exactly? http://www.stopcyberbullying.org/what_is_cyberbullying_exactly.html.

④ Marci F. Hertz & Corinne David-Ferdon, For Disease Control, Electronic Media and Youth Violence: A CDC Issue Brief for Educators and Caregivers, http://www.cdc.gov/ncipc/dvp/YVP/electronic-agression-brief-for-parents.pdf.

⑤ See Sheri Bauman & Heather Pero, Bullying and Cyberbullying Among Deaf Students and Their Hearing Peers: An Exploratory Study, J. DEAF STUDIES & DEAF EDUC. 236, 237 (2010).

⑥ Amanda Lenhart ET AL., Pew Research CTR., Teens, Kindness and Cruelty on Social Network Sites: How American Teens Navigate the New World of "Digital Citizenship" 2 (2011).

少年的日趋频繁的上网行为加剧了网络欺凌的可能性。

美国从2002年开始就提出要从法律层面应对网络欺凌，因此是世界上最早关注这一问题的国家。经过多年的司法实践与理论探讨，美国对网络欺凌的规制主要表现在以下方面：首先，突出学校预防和阻止网络欺凌的重要角色。截止到2009年，美国已经有13个州通过了规制网络欺凌行为的相关立法，这些立法的总趋势是赋予学校对于网络欺凌行为进行监管和处罚的权力。① 根据“校门”内外的界限，又将网络欺凌行为分为校内网络欺凌行为（on-campus internet cyberbullying）和校外网络欺凌行为（off-campus internet cyber-bullying），前者是指利用校园网络设备或利用学校支持的网络设备进行的网络欺凌行为，而后者是指利用使用校外网络设备进行的网络欺凌行为。一般认为，学校仅对于校内的网络欺凌行为拥有监管和处罚的权力，但近年来主张将这种权力扩展于校外的呼声渐高。其次，除了突出学校的监管角色，美国还试图从法律上对网络欺凌行为进行规制，如美国国会于2009年通过了《梅根·梅耶预防网络欺凌行为法案》，该法案第41条规定：“对通过电子通讯设备反复实施严重和恶意的行为致人重大精神损害的，构成犯罪。对这种犯罪将单处或并处罚金和两年监禁。”② 在美国各州，州检察机关常以恶意跟踪和骚扰为由，对实施网络欺凌的行为人提起公诉。③ 目前，除了个别州之外，美国绝大多数州均已拥有网络欺凌立法。例如，北卡罗来纳州针对网络欺凌的现象，制定了《保护我们的儿童/网络欺凌立法》。该法对《通用法规》第14章第60条进行了修订，增加了458.1.条“网络欺凌：处罚”，详细规定了运用电脑或互联网伪造身份对未成年人进行欺凌等11条为违法行为，并强调了参与网络欺凌可构成犯罪。田纳西州将“网络欺凌”定义为“通过使用电子设备而实施的欺凌”，网上的恐吓和骚扰构成的犯罪，最多可以判处入狱一年以及罚款2500美元。

美国对校园网络管理的另一趋势是防范网络骚扰。所谓网络骚扰（cyber harassment）是指行为人在互联网上蓄意的纠缠受害人并意图使受害人在精神上感受不适或尴尬的行为，在有些时候，也有人将此种行为称为网络跟踪（cyber stalking）。④ 为了预防校园内发生的网络骚扰，美国一些州的立法通过

---

① 参见维基百科“cyber-bullying”，源于 http：//en.wikipedia.org/wiki/Cyber-bullying。

② See Megan Meier, *Cyberbullying Prevention Act*, H.R. 1966, 111th Cong.（2009）.

③ See Susan W. Brenner, Megan Rehberg, "*KIDDIE CRIME*"? *The utility of criminal law in controlling cyberbulling*, First Amendment Law Review, 2009, 8 First Amend. L. Rev. 1.

④ Available at http：//www.wisegeek.com/what-is-cyber-harassment.htm.

了一些防止校园网络骚扰的法律。以美国的加利福尼亚州为例，该州立法机关在2008年通过了第86号法案，该法案已于2009年1月生效，授权学校主管部门对学生的网络胁迫和网络骚扰行为进行规制。[①] 当然，从这些州的立法来看，多数州对网络骚扰的规制都表现出了相当慎重的态度，如多数州都规定只有存在对受害人真实的威胁（Credible threat）的情形下才构成网络骚扰行为。

比较而言，针对网络欺凌行为或者网络骚扰行为等违法行为，我国目前并无相匹配的概念表述，更缺乏相应的法律规制。而在我国学校的网络管理层面，对此类常见的网络不法行为也未见实际有效的对策。因此，美国在应对网络欺凌和网络骚扰中所累积的丰富经验值得我国学校借鉴。以网络欺凌为例，它不仅涉及对受害人隐私的侵犯，也会涉及诽谤等其他侵权行为，在更多的情形下会造成对受害人的精神伤害。承认网络欺凌行为为一项独立的侵权类型并使其承担相应的责任，对通过电子网络、手机等现代通信设备折磨、骚扰、威胁、羞辱他人而致使精神伤害的不法行为予以专门性规制，有助于改变目前我国通过单纯依赖隐私权、名誉权等保护手段无法有效解决相关网络问题的局面。

附：Lori Drew 案[②]

1. 基本事实

Lori Drew（以下简称Drew）是密苏里州欧法伦的居民，与他人共谋，以对Megan Meier（以下简称Megan）实施精神伤害[③]为目的，未经授权或超越权限登录一台在州际贸易中使用的计算机并获取其中的信息。Megan是一名居住在欧法伦的13岁小女孩儿，她也是Drew的女儿Sarah的同学。在2006年9月20日，Megan在Myspace（域名为：www.myspace.com）网站上以Josh Evans（以下简称“Josh”）这一16岁少年男性的身份注册，并且在未经本人知晓或同意的情况下上传其照片。该行为已经违反了Myspace的服务协议。随后几天内，Drew以“Josh”这一虚构身份与Megan通过MySpace调情（Megan使用其真实身份）。随后，Drew以“Josh”的身份，在2006年10月7日左右告知Megan他即将离开，并在2006年10月16日左右告知Megan“我不再喜欢你”，“如果没有你，世界将会更美好”。当日，在得知Megan自杀之后，Drew

① See Status of California’s Assembly Bill 919, 2008.

② United states v. Lori Drew, 259 F. R. D. 449, 2009.

③ 密苏里州与加利福尼亚州法中对故意精神侵权的要素，具有相同的规定：（1）被告基于故意或放任后果而行为；（2）被告的行为偏激，或超出常理的；（3）该行为是导致极端情绪困扰的原因。

即注销了“Josh”在 Myspace 的账号。

在起诉状中，Drew 被指控一项预谋罪名[①]（违反法律汇编第 371 条“预谋犯罪或欺诈国家”），及三项《惩治计算机欺诈与滥用法》[②]（以下简称“CFAA”）之重罪罪名（违反法律汇编第 1030 条“与计算机有关的欺诈或犯罪行为”[③]）。被告在撤诉动议中提出本案的争议焦点是违反互联网服务协议是否构成 CFAA 所规定的犯罪？

2. 案件的争点

法院在审理并咨询顾问之后，对陪审团作出如下指示：如果你们一致认为被告的行为不足以构成指控的 CFAA 重罪［第 1030 条之（a）（2）（C）及（c）（2）（B）（ii）的规定］，那么你们可以讨论其行为是否构成“较低标准”的 CFAA 之轻罪［第 1030 条之（a）（2）（C）及第 1030 条（c）（2）（A）的规定］。[④]

在审理结束之后，陪审团一致认为，被告的行为不足以构成指控的 CFAA 之重罪，但构成上述 CFAA 之轻罪。因此，依据联邦刑事诉讼规则，现在的争议焦点为：仅有违反互联网服务协议的事实是否构成 CFAA 所规定的犯罪？如果构成，CFAA 是否符合含糊原则及其他宪法原则？[⑤]

3. 分析讨论

按照 CFAA 法第 1030 条（a）（2）（C）规定，本案所适用的轻罪[⑥]构成要件为：第一，被告故意未经授权或超越权限访问他人计算机；第二，被告进入的电脑包含跨州或对外交流信息；第三，被告未经授权或超越权限进入他人电脑后，获取用于对外贸易或交流的信息。由此可以看出，讨论被告的行为是否构成轻罪的核心就在于，计算机使用者故意违反互联网服务协议的行为是否满足上述轻罪的第一个构成要件。原因是，只要计算机使用者连接互联网，就一定会满足后两个构成要件。下面以倒序的方式一一讨论。

---

① 此后经控方申请，预谋指控被无偏见驳回。

② CFAA 的主要目的是保护联邦政府、金融、医疗及州际与对外贸易所使用的计算机，以防止擅自进入、威胁、损害、刺探，以及作为腐败工具而利用的上述计算机信息。它弥补了其他州法及联邦刑事规则对计算机保护的漏洞。

③ 第 1030 条“与计算机有关的欺诈或犯罪行为”所禁止的行为是：未经或超越权限进入受保护的计算机以获取信息，并进行州际或对外交流，从而构成刑事犯罪或侵权。

④ See Jury Instruction No. 24, Doc. No. 107.

⑤ 由于在 CFAA 立法时，国会未曾考虑到会出现本案的情形，因此本案以“网络侵权”起诉。如果陪审团裁定被告的行为不构成 CFAA 重罪，则本案将不仅仅是关于“网络侵权”，它还涉及在违反互联网服务协议时，适用 CFAA 的范围界定。

⑥ Cited as 18 U. S. C. § 1030（a）（2）（C）.

（1）构成要件三。

第1030条（e）（2）（B）的定义是："受保护的计算机"是指用于对外贸易或交流的计算机，仅有观测数据的行为就构成"从计算机中获取信息"，而无须证明其主观上的需求。[①] 至于"州际或对外贸易或交流"的部分，最高法院在Reno v. American Civil Liberties Union[②]一案中作出如下说明："互联网是多个计算机相互连接的国际性网络，它能够使信息在全球的个人与组织间共享。"因此，计算机使用者只要连接互联网，阅读了任何该网站的信息，就一定会满足第三个构成要件。[③]

（2）构成要件二。

Paradigm Alliance, Inc. v. Celeritas Technologies, LLC[④]案中法官认为，"从实务的角度讲，提供'网络连接'服务的计算机都会满足'州际交流'的要求。"这种理解与CFAA的立法史相一致[⑤]。因此，计算机使用者只要连接互联网，就一定会满足第二个构成要件。[⑥]

（3）构成要件一。

如上所述，认定的核心在于，故意违反互联网服务协议是否构成"未经授权或超越授权故意进入他人计算机"。第一个构成要件有三个术语尚未定义，分别为："故意"、"访问他人计算机"及"未经授权"，而对后两者的定

---

① 仅仅阅读的行为也可以构成"获取信息"，See Senate Report No. 104-357, at 7 (1996)。

② Cited as 521 U. S. 844, 849, 117 S. Ct. 2329, 138 L. Ed. 2d 874 (1997).

③ 关于对互联网的描述，法院还列举了如下先例：United States v. Holder案认为全国庞大的电话线路网络都可以构成州际贸易，更不用说互联网了。United States v. Pirello案认为，互联网为信息迅速、便利、低成本地传播到世界各地提供了一个媒介。Reno v. American Civil Liberties Union案的表达是"它（指互联网）堪比一个拥有百万可借阅的、可索引的大型图书馆，与无限量供应商品及服务的购物中心的集合体"。此外，还引用了第八巡回法院在United States v. Trotter案的下述结论："作为贸易与交易的手段，互联网是州际贸易的工具和桥梁。"

④ Cited as 248 F. R. D. 598, 602 (D. Kan. 2008).

⑤ 对（e）（2）的修正是，将"联邦利益计算机"修改为"受保护计算机"，并给予一个新的定义。旧法对"联邦利益计算机"规定的限制是"不在一个州内的，实施犯罪所使用的计算机"。但是，"受保护的电脑"含有"州际或对外贸易或交流中使用的计算机"的意思。因此，如果损害的所有要件均已满足，且计算机用于州际贸易或对外贸易或交流，则黑客在本州内盗取信息也将适用于本法。

⑥ 审理中的证据已经认定，MySpace的服务器已经连接互联网，被告在密苏里州欧法伦向Megan发出的信息会自动路经MySpace在加利福尼亚州比弗利山庄的服务器，然后由服务器存储之后发送给欧法伦的Megan。

义尚存在争议（国会未对“未经授权”进行定义，可能是认为其不证自明，但其实其内涵仍然模糊不清）。

CFAA 立法史或许可以说明国会选择使用“故意”这个词语的原因。在 1986 年之前，立法中使用的词语是“明知”，但在 1986 年的修正案中，“明知”被替换为“故意”，这种变更的原因有两个：第一，国会所禁止的行为人的主观态度是，未经授权进入他人计算机的故意——并非误解或疏忽；第二，在运用计算机技术的案件中，“明知”的表达方式并不准确。主观标准的变更将联邦刑事指控的焦点集中于未经授权，访问另一台计算机文件或数据的主观意识。此外，这种表达也符合参议院刑事法典报告的陈述：“‘故意’不仅仅要求意志自由，还要求其主观上意图达成该目标。”① 因此，控方无须证明获取上述信息是用于特定目的，而定罪的关键在于滥用计算机系统以获取信息。

至于“访问他人计算机”（access a computer）一词，需要明确“访问”（access）的含义，而在涉及 CFAA 有关访问计算机的案件中，法院大多采用字典含义——获得、进入，从数据库中检索数据或添加数据。关于“访问”一词的定义有广义与狭义之分。广义定义是指两台电脑间的交互行为，此时“访问他人计算机”是指在计算机间传递电子信号；狭义定义除了电子信号的成功传递之外，还要求能够获取一般大众无法获取的信息或特权。选择适用广义还是狭义定义将会影响对“未经授权行为”的定义。如果采用广义定义，那么违反概括许可使用的合同约定就会构成未经授权行为；而如果采用狭义定义，则只有违反法律对访问权的限制才会构成未经授权行为。

至于“未经授权”，法院使用类推法解释，即通过对比现实社会中较为具体的、熟悉的事物，分析何为计算机世界里的“未经授权”。在具体案件中，法院会根据网站所有人与使用人间的关系、网站的使用方式等方面来分析使用人的访问权限。例如，在雇员违法的案件中，法院会运用代理中的授权委托理论。此外，当双方当事人的关系在本质上是，或有些类似于合同关系时，则认定当事人在明显违约时，构成未经授权的访问行为。一般情形下，法院会认为经授权的访问发生于合同或代理关系中。例如，雇员违反保密协议，将其公司计算机系统中的商业秘密泄露给新的雇主，在这种案件中，国会不太可能行使联邦管辖权来认定该违反合同的行为构成犯罪。就违反合同的范围而言，大多数法院认为故意违反互联网服务（用户）协议，就构成未经或超越授权访问。因为公共网站完全有能力、有自由明确声明其限制访问的内容。而且，网站所有人有权限定其信息、服务或应用程序的访问群体，也完全有能力将授权的访问以书面方式（例如，服务协议或使用条款置于网站首页，尽管个别案件对

---

① See Senate Report No. 104-357, at 7-8.

于通知及用户接受的充分性上存有争议）告知使用人。

本案中，用户服务协议说明其提供的服务包括 MySpace. com 网站、MySpace. com 即时通信软件，以及其他该网站的链接。此外，还告知公众用户协议中具有法律约束力的术语。所有访客均可获知“如果其自愿遵守所有准据法及本协议，将视为经授权使用该服务”。此外，为成为 MySpace 用户、与其他用户沟通并充分利用其服务，计算机使用人必须点击对话框来确认其接受服务协议；显然，用户服务协议能够分别限定访客、用户或其他使用人授权访问的范围。①

本案中被告明知 MySpace 网站是用于用户间沟通与社交，明知 Megan 是其用户之一，更明知互联网为信息共享与传输所带来的种种便利，仍然以对 Megan 实施精神伤害为目的，违反 MySpace 用户服务协议，以虚构身份注册实施加害行为，构成违反用户服务协议，且未经授权故意获取计算机信息的 CFAA 轻罪。

---

① MySpace 利用“browsewrap”及“clickwrap”协议。前者有多种形式，但是基本上会通过网站发出通知，使用者使用网站服务、获取网站信息或使用网站应用程序等均会受到服务协议的约束。合同成立于明知上述条件并接受之后进入网站内页面时。“browsewrap”协议是否有效直接决定了网站使用人在使用前是否确实或推定知晓网站服务协议。“clickwrap”协议要求使用者在下一步使用该网站之前必须点击对话框，以表示其知晓服务协议。该协议的效力向来都能够获得巡回法院或区法院的支持。MySpace 网站的访客就其有权浏览的部分，受到 browsewrap 协议的约束。如果想要创建账号，并与其他用户沟通（正如本案中被告所为），则访客需要通过点击指定的对话框，以表示明确知晓并同意服务协议，即达成 clickwrap 合同。正如用户服务协议所述，“一旦用户使用本网站或本网站所提供的任何服务，即视为用户身份确立，合同成立”。

附录三

编号：□□□□□□□

调查问卷 A

朋友：

你好！为了解网络不良信息对未成年人的影响，我们进行本次调查。你的真实回答对我们的研究非常重要，请按照要求认真回答。调查不用填写姓名，答案没有对错之分，我们将严格保密。

问卷填答说明：

1. 请在选项前的“□”上打“√”，或将序号填在对应的括号内，或在__________处填写相应内容。

2. 题后注明“可多选”的，可以选择多个答案；题后注明“只能选一个”的，只能选择一个答案。

中国青少年研究中心课题组

2015 年 6 月

---

1. 你的基本情况

A. 性别：(1) □男　　(2) □女

B. 年龄：__________周岁（请在横线上填上具体数字）

C. 你现在读几年级：

(1) □小学四年级　(2) □小学五年级　(3) □初中一年级

(4) □初中二年级　(5) □高中一年级　(6) □高中二年级

D. 你现在在哪里的学校上学：(1) □城市　　(2) □农村

E. 你是独生子女吗？(1) □是　　(2) □否

F. 你父母亲的职业是？（请将选项序号填在对应的括号内）

a. 父亲的职业是（　　）；b. 母亲的职业是（　　）

（1）在外打工　　　　　（2）在机关事业单位工作　（3）个体经营

（4）在公司或企业工作　（5）无职业　（6）其他，请写明__________

G. 你父母亲的文化程度？（只能选一个，请将选项序号填在对应的括号内）

a. 父亲的文化程度是（　　）；b. 母亲的文化程度是（　　）

（1）小学及以下　（2）初中　（3）高中（中专或技校）

（4）大专　　　　（5）本科　（6）研究生　（7）不知道

H. 与周围人相比，你认为你家的经济状况如何？（只能选一个）

（1）□好　　（2）□一般　　（3）□困难

I. 你与父母的关系如何？

（1）□很好　　（2）□一般　　（3）□不好

J. 下列说法是否符合你的实际情况？（对于每个小问题，请在你认可的选项上打“√”）

具体情形	是	否
（1）父母总是帮助和鼓励我	□（1）	□（2）
（2）我平时很少见到父母	□（1）	□（2）
（3）父母之间经常吵架	□（1）	□（2）
（4）与父母关系好，无话不谈	□（1）	□（2）
（5）经常与父母一起看电视、出去游玩	□（1）	□（2）
（6）父母经常打骂我	□（1）	□（2）
（7）我记得父母的生日	□（1）	□（2）
（8）父母不关心我交什么朋友	□（1）	□（2）
（9）我经常帮父母做家务	□（1）	□（2）
（10）我的父母已离异	□（1）	□（2）

2. 你的上网情况

A. 你一般在哪里上网？（可选多项）

（1）□家中　　（2）□网吧　　（3）□学校

（4）□手机上网　（5）□其他__________（请注明）

B. 在家里，父母对你上网有什么限制？（可多选）

（1）□限制上一些网站　　　（2）□在电脑安装绿色防护

（3）□禁止浏览网络色情信息　（4）□禁止玩网络暴力游戏

（5）□没有限制　　　　　　（6）□其他__________（请注明）

C. 你近半年经常使用的网络工具？（可多选）

（1）□微博　（2）□微信　（3）□QQ　（4）□博客

（5）□其他＿＿＿＿＿（请注明）

D. 通常情况下你在什么时间上网？（可多选）

（1）□周末放学　（2）□晚上放学后　（3）□课间休息时

（4）□其他时间＿＿＿＿＿（请注明）

E. 你从开始上网到现在有多长时间？

（1）□1 年以下　（2）□2 年　（3）□3 年　（4）□4 年

（5）□5 年及以上

F. 一般情况下，你多长时间上一次网？（只能选一个）

（1）□每天都上　（2）□每周 3—4 次　（3）□每周 1—2 次

（4）□每月 1—2 次　（5）□其他时间＿＿＿＿＿（请注明）

G. 你大概平均每天上网多长时间？（只能选一个）

（1）□半小时以下　（2）□半小时至 1 小时　（3）□1—3 小时

（4）□3—5 小时　（5）□5 小时以上

H. 你觉得上网对你有影响吗？（只能选一个）

（1）□非常大　（2）□一般　（3）□没有什么影响

I. 在学校信息技术课上，老师是否讲过如何应对不良信息？

（1）□讲过　（2）□没有讲过

J. 你上网经常做什么？（可多选）

（1）□聊天

（2）□玩网络游戏

（3）□查阅学习资料

（4）□浏览时事新闻

（5）□维护个人博客、主页

（6）□收发邮件

（7）□听音乐、看视频

（8）□网上购物

（9）□其他＿＿＿＿＿（请注明）

3. 网络不良信息的内容与判断标准

A. 你认为哪些属于网络不良信息？（可多选）

（1）□香港“占领中环”游行活动

（2）□非典期间，板蓝根包治百病

（3）□网上测字算命

（4）□郭美美炫富

（5）□女星野外换衣全程

（6）□少年亲戚家偷钱后杀死姐弟俩

（7）□黑色行李箱内惊现全裸女尸

（8）□网上买卖枪支信息

(9) □读书无用，不如嫁个有钱人
(10) □美腿女王：我在北京当车模
(11) □晒下哥与女友同居的费用
(12) □凤姐对你回眸一笑，你酥了还是吐了
(13) □某大学公布学校 50 个美女的 QQ
(14) □某知名大学教授论文抄袭
(15) □有教授认为李白是唐朝“第一古惑仔”

B. 你是怎样验证网上信息的真假的？
(1) □网上的信息都是真实的
(2) □凭直觉判断信息的真假
(3) □有一套自己的验证、筛选信息的办法
(4) □不知道如何辨别信息的真假

C. 你认为未成年人接触网络不良信息的途径主要有哪些？(可多选)
(1) □不良网站　(2) □各类论坛　(3) □网络聊天
(4) □网络游戏　(5) □各种综合性网站　(6) □个人主页
(7) □电子邮件　(8) □微博　(9) □微信
(10) □其他，请写明__________

D. 你认为网络不良信息对未成年人的危害有哪些？(可多选)
(1) □影响道德品质
(2) □对学习失去兴趣
(3) □上网花费大，引发违法犯罪
(4) □缺少社会责任感
(5) □影响性格，变得孤僻、冷漠
(6) □导致眼睛近视
(7) □沉迷网络，影响与家人沟通交流
(8) □其他，请写明__________

E. 你认为网络不良信息出现的原因有哪些？(可多选)
(1) □网站为了赚钱　(2) □政府对网络的监管不到位
(3) □缺少未成年人网络保护法律　(4) □社会浮躁
(5) □未成年人的好奇心理　(6) □其他，请写明__________

4. 如果你看到有人在网上某论坛写道：“台湾与香港的情况不一样，台湾在政治、经济、军事等方面是独立的，台湾不应该回归中国。”你会怎么认识和处理？请回答下列两个题目。

A. 你认为它是否是不良信息？
(1) □是　(2) □否　(3) □不知道怎么判断

B. 你会怎么做?

(1) □会关注但不评价　　(2) □会关注并且提出反对意见

(3) □不关注　　(4) □好奇、看看究竟说了什么

5. 如果你在论坛里看到一些宣扬邪教、破坏民族团结的言论，你会怎么认识和处理？请回答下列两个题目。

A. 你认为它是否是不良信息?

(1) □是　　(2) □否　　(3) □不知道怎么判断

B. 你会怎么做?

(1) □会关注但不评价　　(2) □会关注并且提出反对意见

(3) □不关注　　(4) □好奇、看看究竟说了什么

6. 2007 年年初，网络上传言岳飞谋反罪是真实的，并非秦桧诬陷。《满江红》中："臣子恨，何时灭"证明，岳飞已有谋反之心。面对这样的信息，你怎么认识和处理？请回答下列两个题目。

A. 你认为它是否是不良信息?

(1) □是　　(2) □否　　(3) □不知道怎么判断

B. 你会怎么做?

(1) □会关注但不评价　　(2) □会关注并且提出反对意见

(3) □不关注　　(4) □好奇、看看究竟说了什么

7. 面对下列情况，你怎么认识和处理?

A. 你是否在网络上看过下列内容?

(1) □接吻　　(2) □裸体　　(3) □性暗示

(4) □其他__________（请注明）

B. 你在网络上最初接触这些信息是在什么时候?

(1) □小学阶段　　(2) □初中阶段　　(3) □高中阶段

C. 你在网络上是如何看到这些信息的?

(1) □通过搜索色情网站

(2) □通过垃圾短信提供的网址链接

(3) □浏览网页时自动跳出来的

(4) □朋友（同学）通过手机发送的

(5) □其他__________（请注明）

D. 你看到的这些信息的形式是?

(1) □图片　　(2) □歌曲　　(3) □视频　　(4) □小说

(5) □短信　　(6) □游戏　　(7) □其他__________（请注明）

E. 你在网络上看到这些信息后的感觉是什么?

(1) □刺激　　(2) □好奇　　(3) □厌恶

（4）□其他__________（请注明）

F. 你如何处理接触到的这些信息？

（1）□自己看看而已　（2）□模仿　（3）□转发给同学或朋友

（4）□其他__________（请注明）

8. 面对下列情况，你怎么认识和处理？

A. 你是否在网络上看到过下列信息？

（1）□殴打　（2）□砍杀　（3）□血腥屠杀

（4）□其他__________（请注明）

B. 你在网络上最初接触这些信息是在什么时候？

（1）□小学阶段　（2）□初中阶段　（3）□高中阶段

C. 你在网络上是如何看到这些信息的？

（1）□主动查找　（2）□无意间看到过

（3）□浏览网页时自动跳出来的

D. 你看到的这些信息的形式是？

（1）□图片　（2）□游戏　（3）□视频　（4）□小说

（5）□影视　（6）□其他__________（请注明）

E. 你在网络上看到这些信息后的感觉是什么？

（1）□兴奋　（2）□痛快　（3）□厌恶

（4）□其他__________（请注明）

F. 你如何处理这些网络信息？

（1）□自己看看而已　（2）□模仿　（3）□转发给同学或朋友

（4）□其他__________（请注明）

9. 一名叫“臭臭”的玩家上网玩游戏时，有一个网名叫“GM56”的人在网上给他发信息，说恭喜他在玩游戏中获大奖，让他与“QQ96”联系。面对这样的信息，你怎么认识和处理？

A. 你认为这是不良信息吗？

（1）□是　（2）□否　（3）□不知道怎么判断

B. 你有什么看法？（可多选）

（1）□这些事经常发生，自己以后上网时会更谨慎

（2）□这些事经常发生，政府应该整治，营造一个良好的网络环境

（3）□如果发生在我身上，我会报复

（4）□这些事不会发生在自己身上，不用太在意

（5）□无所谓

10. 某网站帖子里介绍割腕自杀的方法：“一点都不痛苦，想死的可以试试。不用谢我。”面对这样的信息，你怎么认识和处理？

A. 你认为这是不良信息吗？

（1）□是　　（2）□否　　（3）□不知道怎么判断

B. 你有什么看法？

（1）□会关注但不评价　　（2）□会关注并且提出反对意见

（3）□不关注　　（4）□好奇、看看究竟说了什么

11. 请你判断下列选项所描述的内容与你的实际情况的符合程度，在右侧五个不同的答案中选一个你认为最符合你实际情况的答案，并在所选答案的对应数字上画“○”。

	非常不符合	基本不符合	一半不符合一半符合	基本符合	非常符合
（1）我经常无法控制自己的情绪	1	2	3	4	5
（2）我常因小事拿不定主意	1	2	3	4	5
（3）伤害到朋友时会感到自责	1	2	3	4	5
（4）我对自己充满自信	1	2	3	4	5
（5）对周围的事物冷漠	1	2	3	4	5
（6）生活有目标	1	2	3	4	5
（7）有时我也说假话	1	2	3	4	5
（8）有时情绪低落，闷闷不乐	1	2	3	4	5
（9）我看什么都不顺眼	1	2	3	4	5
（10）当我心情不好时，首先想到放松的方式是上网浏览色情、暴力等信息	1	2	3	4	5
（11）经常是只想浏览一会儿却在网上待了很长时间	1	2	3	4	5
（12）一上网，我就想去浏览色情、暴力等信息	1	2	3	4	5
（13）不上网的时候，我也经常想着色情、暴力等信息	1	2	3	4	5
（14）总是觉得要花更多的时间浏览色情、暴力等信息才能满足	1	2	3	4	5
（15）自己想要减少浏览网络色情、暴力等信息的时间和次数，却很难做到	1	2	3	4	5
（16）如果停止浏览网络色情、暴力等信息，会感到不知要做什么，或者焦躁不安甚至很恼火	1	2	3	4	5

(17) 我向家人隐瞒了自己浏览网络色情、暴力等信息的情况	1	2	3	4	5
(18) 浏览网络色情、暴力等信息对我的学习或生活造成了明显的不好影响	1	2	3	4	5

12. 请在右侧五个不同的答案中选一个你认为最符合你的感受和看法的答案，并在所选的答案的数字上画“○”。

	非常不同意	不同意	不确定	同意	非常同意
(19) 看色情视频可以更好地了解性知识	1	2	3	4	5
(20) 一对一的网络视频脱衣聊天不是色情行为	1	2	3	4	5
(21) 网络暴力信息可以诱发青少年违法犯罪	1	2	3	4	5
(22) 网络色情信息可以诱发青少年违法犯罪	1	2	3	4	5
(23) 网络色情视频中有未成年人参与的情况比较严重	1	2	3	4	5
(24) 打网络暴力游戏容易上瘾	1	2	3	4	5
(25) 偶尔在网络上说脏话没有什么大不了的	1	2	3	4	5
(26) 在网络上可以散布谣言	1	2	3	4	5
(27) 观看网络暴力视频可以缓解压力	1	2	3	4	5
(28) 在网络上与别人交谈时撒谎是不道德的	1	2	3	4	5
(29) 对微博中传播网络色情信息的监管不足	1	2	3	4	5
(30) 老师有监管未成年学生不接触网络色情信息的义务	1	2	3	4	5
(31) 应该制定未成年人网络保护法律	1	2	3	4	5
(32) 应该实行网络信息分级制度	1	2	3	4	5
(33) 应该实行网络实名制	1	2	3	4	5
(34) 应该在电脑上安装不良信息过滤软件	1	2	3	4	5
(35) 要加强对青少年的思想教育和网络法制教育工作	1	2	3	4	5
(36) 要加强对网吧的整顿，限制未成年人进入	1	2	3	4	5
(37) 家长要加强对未成年人的监护，避免其上网接触不良信息	1	2	3	4	5

(38) 要加大网络安全技术的开发研究，从源头上减少不良信息	1	2	3	4	5
(39) 应加强行业自律和自我管理能力	1	2	3	4	5
(40) 老师有义务监管未成年学生不接触网络色情信息	1	2	3	4	5

13. 请根据你自己的实际经历做出选择，回答时请在右侧五个不同的答案中选出你认为最符合你实际情况的答案，并在所选的答案的数字上画“○”。

	从未有过	有过1—2次	有过3—4次	有过5—6次	经常发生
(41) 逃学	1	2	3	4	5
(42) 夜不归宿	1	2	3	4	5
(43) 离家出走	1	2	3	4	5
(44) 玩网络游戏	1	2	3	4	5
(45) 在网络上赌博	1	2	3	4	5
(46) 在网上诈骗	1	2	3	4	5
(47) 网恋	1	2	3	4	5
(48) 与异性朋友同居	1	2	3	4	5

******调查到此结束，感谢你的参与！******

编号：□□□□□□□

调查问卷 B

朋友：

你好！为改善你的学习、生活状况，我们进行本次调查。你的真实回答对我们的研究非常重要，请按照要求认真回答。调查不用填写姓名，答案没有对错之分，我们将严格保密。

衷心感谢你的参与！

问卷填答说明：

1. 请在选项前的“□”上打“√”，或将序号填在对应的括号内，或在__________处填写相应内容。

2. 题后注明“可多选”的，可以选择多个答案；题后注明“只能选一个”的，只能选择一个答案。

中国青少年研究中心课题组

2015 年 5 月

1. 你的基本情况

A. 性别：（1）□男　（2）□女

B. 你的民族是：__________

C. 你现在的年龄是__________周岁；犯罪时的年龄是__________周岁（请在横线上填上具体数字）

D. 你的文化程度是：

（1）□没有上过学　（2）□小学未毕业　（3）□小学毕业

（4）□初中未毕业　（5）□初中毕业　（6）□普通高中未毕业

（7）□普通高中毕业　（8）□中等职业学校未毕业

（9）□中等职业学校毕业　（10）□大专及以上

E. 你是独生子女吗？（1）□是　（2）□否

F. 你父母亲的职业是？（请将选项序号填在对应的括号内）

a. 父亲的职业是（　　）；b. 母亲的职业是（　　）

（1）在外打工　（2）在机关事业单位工作　（3）个体经营

（4）在公司或企业工作　（5）无职业

（6）其他，请写明__________

G. 你父母亲的文化程度？（只能选一个，请将选项序号填在对应的括号

内）

a. 父亲的文化程度是（　　）；b. 母亲的文化程度是（　　）

（1）小学及以下　　（2）初中　　（3）高中（中专或技校）

（4）大专　　（5）本科　　（6）研究生　　（7）不知道

H. 与周围人相比，你认为你家的经济状况如何？（只能选一个）

（1）□好　　（2）□一般　　（3）□困难

I. 你与父母的关系如何？

（1）□很好　　（2）□一般　　（3）□不好

J. 下列说法是否符合你的实际情况？（对于每个小问题，请在你认可的选项上打“√”）

具体情形	是	否
（1）父母总是帮助和鼓励我	□（1）	□（2）
（2）我平时很少见到父母	□（1）	□（2）
（3）父母之间经常吵架	□（1）	□（2）
（4）与父母关系好，无话不谈	□（1）	□（2）
（5）经常与父母一起看电视、出去游玩	□（1）	□（2）
（6）父母经常打骂我	□（1）	□（2）
（7）我记得父母的生日	□（1）	□（2）
（8）父母不关心我交什么朋友	□（1）	□（2）
（9）我经常帮父母做家务	□（1）	□（2）
（10）我的父母已离异	□（1）	□（2）

2. 犯罪情况

A. 你犯罪前居住在：（1）□城市　　（2）□农村　　（3）□城乡结合部

B. 在此次犯罪时，你符合下列哪种情形？（可多选）

（1）□父母在外打工，自己留在农村老家

（2）□跟随外出打工父母在城市生活

（3）□父母在监狱服刑　　（4）□父母都已去世

（5）□离家出走，在外流浪　　（6）□自己单独在城市打工

（7）□辍学　　（8）□其他，请写明__________

C. 在此次犯罪时，你的生活状态属于下列哪种情形？（只能选一个）

（1）□在上学　　（2）□在工作　　（3）□既没有上学也没有工作

（4）□其他，请写明__________

D. 你此次犯罪的罪名是：(可多选)

(1) □故意杀人 (2) □故意伤害 (3) □强奸

(4) □抢劫 (5) □贩毒 (6) □寻衅滋事

(7) □抢夺 (8) □盗窃 (9) □猥亵妇女

(10) □诈骗 (11) □敲诈勒索 (12) □赌博

(13) □聚众斗殴 (14) □其他，请写明________

E. a. 你此次犯罪是否是受网络不良信息的影响？

(1) □否 (2) □是 回答“是”选项的，请继续回答 B 题

b. 你认为受互联网哪些不良信息影响？(可多选)

(1) □淫秽色情 (2) □恐怖暴力 (3) □价值观扭曲的信息

(4) □反科学的信息 (5) □虚假信息

(6) □其他，请写明________

3. 你被捕前的上网情况

A. 你一般在哪里上网？(可选多项)

(1) □家中 (2) □网吧 (3) □学校

(4) □手机上网 (5) □其他________ (请注明)

B. 在家里，父母对你上网有什么限制？(可多选)

(1) □限制上一些网站 (2) □在电脑安装绿色防护

(3) □禁止浏览网络色情信息 (4) □禁止玩网络暴力游戏

(5) □没有限制 (6) □其他________ (请注明)

C. 你被捕前半年经常使用的网络工具是？(可多选)

(1) □微博 (2) □微信 (3) □QQ (4) □博客

(5) □其他________ (请注明)

D. 通常情况下你在什么时间上网？(可多选)

(1) □周末放学 (2) □晚上放学后 (3) □课间休息时

(4) □其他时间________ (请注明)

E. 你从开始上网到被捕有多长时间？

(1) □1 年及以下 (2) □2 年 (3) □3 年

(4) □4 年 (5) □5 年及以上

F. 一般情况下，你多长时间上一次网？(只能选一个)：

(1) □每天都上 (2) □每周 3—4 次 (3) □每周 1—2 次

(4) □每月 1—2 次 (5) □其他时间________ (请注明)

G. 你在被捕前大概平均每天上网多长时间 (只能选一个)：

(1) □半小时以下 (2) □半小时至 1 小时 (3) □1—3 小时

(4) □3—5 小时 (5) □5 小时以上

H. 你认觉得上网对你有影响吗？（只能选一个）

（1）□非常大　（2）□一般　（3）□没有什么影响

I. 在学校信息技术课上，老师是否给你们讲过如何应对不良信息？

（1）□讲过　（2）□没有讲过

J. 你上网经常做什么？（可多选）

（1）□聊天
（2）□玩网络游戏
（3）□查阅学习资料
（4）□浏览时事新闻
（5）□维护个人博客、主页
（6）□收发邮件
（7）□听音乐、看视频
（8）□网上购物
（9）□其他__________（请注明）

4. 网络不良信息的内容与判断标准

A. 你认为哪些属于网络不良信息？（可多选）

（1）□香港“占领中环”游行活动
（2）□非典期间，板蓝根包治百病
（3）□网上测字算命
（4）□郭美美炫富
（5）□女星野外换衣全程
（6）□少年亲戚家偷钱后杀死姐弟俩
（7）□黑色行李箱内惊现全裸女尸
（8）□网上买卖枪支信息
（9）□读书无用，不如嫁个有钱人
（10）□美腿女王：我在北京当车模
（11）□晒下哥与女友同居的费用
（12）□凤姐对你回眸一笑，你酥了还是吐了
（13）□某大学公布学校 50 个美女的 QQ
（14）□某知名大学教授论文抄袭
（15）□有教授认为李白是唐朝“第一古惑仔”

B. 你是怎样验证网上信息的真假的？

（1）□网上的信息都是真实的
（2）□凭直觉判断信息的真假
（3）□有一套自己的验证、筛选信息的办法
（4）□不知道如何辨别信息的真假

C. 你认为未成年人接触网络不良信息的途径主要有哪些？（可多选）

（1）□不良网站　（2）□各类论坛　（3）□网络聊天
（4）□网络游戏　（5）□各种综合性网站　（6）□个人主页

（7）□电子邮件　　（8）□微博
（9）□微信　　（10）□其他，请写明________

D. 你认为网络不良信息对未成年人的危害有哪些？（可多选）
（1）□影响道德品质
（2）□对学习失去兴趣
（3）□上网花费大，引发违法犯罪
（4）□缺少社会责任感
（5）□影响性格，变得孤僻、冷漠
（6）□导致眼睛近视
（7）□沉迷网络，影响与家人沟通交流
（8）□其他，请写明________

E. 你认为网络不良信息出现的原因有哪些？（可多选）
（1）□网站为了赚钱　　（2）□政府对网络的监管不到位
（3）□缺少未成年人网络保护法律　　（4）□社会浮躁
（5）□未成年人的好奇心理　　（6）□其他，请写明________

5. 如果你看到有人在网上某论坛写道“台湾与香港的情况不一样，台湾在政治、经济、军事等方面是独立的，台湾不应回归中国”，你会怎么认识和处理？请回答下列两个题目。

A. 你认为它是否是不良信息？
（1）□是　　（2）□否　　（3）□不知道怎么判断

B. 你会怎么做？
（1）□会关注但不评价　　（2）□会关注并且提出反对意见
（3）□不关注　　（4）□好奇、看看究竟说了什么

6. 如果你在论坛里看到一些宣扬邪教、破坏民族团结的言论，你会怎么认识和处理？请回答下列两个题目。

A. 你认为它是否是不良信息？
（1）□是　　（2）□否　　（3）□不知道怎么判断

B. 你会怎么做？
（1）□会关注但不评价　　（2）□会关注并且提出反对意见
（3）□不关注　　（4）□好奇、看看究竟说了什么

7. 2007 年年初，网络上传言岳飞谋反罪是真实的，并非秦桧诬陷。《满江红》中：“臣子恨，何时灭”证明，岳飞已有谋反之心。面对这样的信息，你怎么认识和处理？

A. 你认为它是否是不良信息？
（1）□是　　（2）□否　　（3）□不知道怎么判断

B. 你会怎么做？
(1) □会关注但不评价　(2) □会关注并且提出反对意见
(3) □不关注　(4) □好奇、看看究竟说了什么
8. 面对下列情况，你怎么认识和处理？
A. 你是否在网络上看过下列内容？(可多选)
(1) □接吻　(2) □裸体　(3) □性暗示
(4) □其他__________ (请注明)
B. 你在网络上最初接触这些信息是在什么时候？
(1) □小学阶段　(2) □初中阶段　(3) □高中阶段
C. 你在网络上是如何看到这些信息的？
(1) □通过搜索色情网站
(2) □通过垃圾短信提供的网址链接
(3) □浏览网页时自动跳出来的
(4) □朋友（同学）通过手机发送的
(5) □其他__________ (请注明)
D. 你看到的这些信息的形式是？
(1) □图片　(2) □歌曲　(3) □视频　(4) □小说
(5) □短信　(6) □游戏　(7) □其他__________ (请注明)
E. 你在网络上看到这些信息后的感觉是什么？
(1) □刺激　(2) □好奇　(3) □厌恶
(4) □其他__________ (请注明)
F. 你如何处理这些信息？
(1) □自己看看而已　(2) □模仿　(3) □转发给同学或朋友
(4) □其他__________ (请注明)
9. 面对下列情况，你怎么认识和处理？
A. 你是否在网络上看到过下列信息？
(1) □殴打　(2) □砍杀　(3) □血腥屠杀
(4) □其他__________ (请注明)
B. 你在网络上最初接触这些信息是在什么时候？
(1) □小学阶段　(2) □初中阶段　(3) □高中阶段
C. 你网络上是如何看到这些信息的？
(1) □主动查找　(2) □无意间看到过
(3) □浏览网页时自动跳出来的
D. 你看到的这些信息的形式是？
(1) □图片　(2) □游戏　(3) □视频　(4) □小说

（5）□影视　　（6）□其他__________（请注明）

E. 你在网络上看到这些信息后的感觉是什么？

（1）□兴奋　　（2）□痛快　　（3）□厌恶

（4）□其他__________（请注明）

F. 你如何处理这些网络信息？

（1）□自己看看而已　　（2）□模仿　　（3）□转发给同学或朋友

（4）□其他__________（请注明）

G. 你觉得现在网络上暴力内容多吗？（只能选一个）

（1）□很多　　（2）□比较多　　（3）□不太多

（4）□很少　　（5）□不知道

H. 你是否会用游戏或影视里看到的暴力方式解决生活中遇到的麻烦？

（1）□肯定会　　（2）□说不准　　（3）□肯定不会

（4）□会这么想象但不会去做

10. 一名叫“臭臭”的玩家上网玩游戏时，有一个网名叫“GM56”的人在网上给他发信息，说恭喜他在玩游戏中获大奖，让他与“QQ96”联系。面对这样的信息，你怎么认识和处理？

A. 你认为这是不良信息吗？

（1）□是　　（2）□否　　（3）□不知道怎么判断

B. 你有什么看法？（可多选）

（1）□这些事经常发生，自己以后上网时会更谨慎

（2）□这些事经常发生，政府应该整治，营造一个良好的网络环境

（3）□如果发生在我身上，我会报复

（4）□这些事不会发生在自己身上，不用太在意

（5）□无所谓

11. 某网站帖子里介绍割腕自杀的方法，“一点都不痛苦，想死的可以试试”。面对这样的信息，你怎么认识和处理？

A. 你认为这是不良信息吗？

（1）□是　　（2）□否　　（3）□不知道怎么判断

B. 你有什么看法？

（1）□会关注但不评价　　（2）□会关注并且提出反对意见

（3）□不关注　　（4）□好奇、看看究竟说了什么

12. 请你判断下列选项所描述的内容与你的实际情况的符合程度，在右侧五个不同的答案中选一个你认为最符合你实际情况的答案，并在所选答案的对应数字上画“○”。

	非常不符合	基本不符合	一半不符合一半符合	基本符合	非常符合
(1) 我经常无法控制自己的情绪	1	2	3	4	5
(2) 我常因小事拿不定主意	1	2	3	4	5
(3) 伤害到朋友时会感到自责	1	2	3	4	5
(4) 我对自己充满自信	1	2	3	4	5
(5) 对周围的事物冷漠	1	2	3	4	5
(6) 生活有目标	1	2	3	4	5
(7) 有时我也说假话	1	2	3	4	5
(8) 有时情绪低落，闷闷不乐	1	2	3	4	5
(9) 我看什么都不顺眼	1	2	3	4	5
(10) 当我心情不好时，首先想到放松的方式是上网浏览色情、暴力等信息	1	2	3	4	5
(11) 经常是只想浏览一会儿却在网上待了很长时间	1	2	3	4	5
(12) 一上网，我就想去浏览色情、暴力等信息	1	2	3	4	5
(13) 不上网的时候，我也经常想着色情、暴力等信息	1	2	3	4	5
(14) 总是觉得要花更多的时间浏览色情、暴力等信息才能满足	1	2	3	4	5
(15) 自己想要减少浏览网络色情、暴力等信息的时间和次数，却很难做到	1	2	3	4	5
(16) 如果停止浏览网络色情、暴力等信息，会感到不知要做什么，或者焦躁不安甚至很恼火	1	2	3	4	5
(17) 我向家人隐瞒了自己浏览网络色情、暴力等信息的情况	1	2	3	4	5
(18) 浏览网络色情、暴力等信息对我的学习或生活造成了明显的不好影响	1	2	3	4	5

13. 请在右侧五个不同的答案中选一个你认为最符合你的感受和看法的答案，并在所选的答案的数字上画“○”。

	非常不同意	不同意	不确定	同意	非常同意
(19) 看色情视频可以更好地了解性知识	1	2	3	4	5
(20) 一对一的网络视频脱衣聊天不是色情行为	1	2	3	4	5
(21) 网络暴力信息可以诱发青少年违法犯罪	1	2	3	4	5
(22) 网络色情信息可以诱发青少年违法犯罪	1	2	3	4	5
(23) 网络色情视频中有未成年人参与的情况比较严重	1	2	3	4	5
(24) 打网络暴力游戏容易上瘾	1	2	3	4	5
(25) 偶尔在网络上说脏话没有什么大不了的	1	2	3	4	5
(26) 在网络上可以散布谣言	1	2	3	4	5
(27) 观看网络暴力视频可以缓解压力	1	2	3	4	5
(28) 在网络上与别人交谈时撒谎是不道德的	1	2	3	4	5
(29) 对微博中传播网络色情信息的监管不足	1	2	3	4	5
(30) 老师有监管未成年学生不接触网络色情信息的义务	1	2	3	4	5
(31) 应该制定未成年人网络保护法律	1	2	3	4	5
(32) 应该实行网络信息分级制度	1	2	3	4	5
(33) 应该实行网络实名制	1	2	3	4	5
(34) 应该在电脑上安装不良信息过滤软件	1	2	3	4	5
(35) 要加强对青少年的思想教育和网络法制教育工作	1	2	3	4	5
(36) 要加强对网吧的整顿，限制未成年人进入	1	2	3	4	5
(37) 家长要加强对未成年人的监护，避免其上网接触不良信息	1	2	3	4	5
(38) 要加大网络安全技术的开发研究，从源头上减少不良信息	1	2	3	4	5
(39) 应加强行业自律和自我管理能力	1	2	3	4	5
(40) 老师有义务监管未成年学生不接触网络色情信息	1	2	3	4	5

14. 请根据你自己的实际经历做出选择，回答时请在右侧五个不同的答案中选出你认为最符合你实际情况的答案，并在所选的答案的数字上画“○”。

	从未有过	有过1—2次	有过3—4次	有过5—6次	经常发生
(41) 逃学	1	2	3	4	5
(42) 夜不归宿	1	2	3	4	5
(43) 离家出走	1	2	3	4	5
(44) 玩网络游戏	1	2	3	4	5
(45) 在网络上赌博	1	2	3	4	5
(46) 在网上诈骗	1	2	3	4	5
(47) 网恋	1	2	3	4	5
(48) 与异性朋友同居	1	2	3	4	5

＊＊＊＊调查到此结束，感谢你的参与！＊＊＊＊

编号：□□□□□□□

调查问卷C（父母）

朋友：

您好！为研究如何治理网络不良信息对未成年人的影响，我们进行本次调查。您的真实回答对我们的研究非常重要，请按照要求认真回答。调查不用填写姓名，答案没有对错之分，我们将严格保密。

衷心感谢您的参与！

问卷填答说明：

1. 请在选项前的“□”上打“√”，或将序号填在对应的括号内，或在__________处填写相应内容。

2. 题后注明“可多选”的，可以选择多个答案；题后注明“只能选一个”的，只能选择一个答案。

中国青少年研究中心课题组

2015年5月

1. 您的基本情况

A. 性别：(1) □男　　(2) □女

B. 年龄：__________周岁（请在横线上填上具体数字）

C. 您的孩子现在读几年级：

(1) □小学四年级　　(2) □小学五年级　　(3) □初中一年级

(4) □初中二年级　　(5) □高中一年级　　(6) □高中二年级

D. 您住在：(1) □城市　　(2) □乡镇　　(3) □农村

E. 您的孩子是独生子女吗？(1) □是　　(2) □否

2. 您的孩子的上网情况

A. 您的孩子一般在哪里上网？(可多选)

(1) □家中　　(2) □网吧　　(3) □学校　　(4) □手机上网

(5) □其他__________（请注明）

B. 您的孩子是否使用下列网络工具？(可多选)

(1) □微博　　(2) □微信　　(3) □QQ　　(4) □博客

(5) □其他__________（请注明）

C. 通常情况下您的孩子在什么时间上网？(可多选)

(1) □周末放学　　(2) □晚上放学后　　(3) □课间休息时

(4) □其他时间__________(请注明)

D. 一般情况下，您的孩子多长时间上一次网？(只能选一个)：

(1) □每天都上　(2) □每周 3—4 次　(3) □每周 1—2 次

(4) □每月 1—2 次　(5) □其他时间__________(请注明)

E. 您的孩子每次上网多长时间？(只能选一个)：

(1) □半小时以下　(2) □半小时至 1 小时　(3) □1—3 小时

(4) □3—5 小时　(5) □5 小时以上

F. 您的孩子上网最经常做什么？(可多选)：

(1) □聊天　(5) □维护个人博客、主页

(2) □玩网络游戏　(6) □收发邮件

(3) □查阅学习资料　(7) □听音乐、看视频

(4) □浏览时事新闻　(8) □网上购物

(9) □其他__________(请注明)

3. 您对孩子上网最担心什么？(可多选)

(1) □上网太占用时间而影响学习　(2) □上网花费太多

(3) □担心孩子在网上打游戏　(4) □网上不好的信息把孩子教坏

(5) □担心孩子网恋　(6) □其他__________(请注明)

4. 以下是一些新闻网站首页的标题，您认为哪些属于网络不良信息？(可多选)

(1) □香港“占领中环”游行活动

(2) □非典期间，板蓝根包治百病

(3) □网上测字算命

(4) □郭美美炫富

(5) □女星野外换衣全程

(6) □少年亲戚家偷钱后杀死姐弟俩

(7) □黑色行李箱内惊现全裸女尸

(8) □网上买卖枪支信息

(9) □读书无用，不如嫁个有钱人

(10) □美腿女王：我在北京当车模

(11) □晒下哥与女友同居的费用

(12) □凤姐对你回眸一笑，你酥了还是吐了

(13) □某大学公布学校 50 个美女的 QQ

(14) □某知名大学教授论文抄袭

(15) □有教授认为李白是唐朝“第一古惑仔”

5. 基于您的工作和生活经历，您认为下列哪些不良信息对未来年人影响

最大？（请选出您认为影响最大的3个）

（1）□淫秽色情信息　（2）□暴力恐怖信息　（3）□不良道德信息

（4）□反科学信息　（5）□反政府信息　（6）□虚假信息

6. 您认为未成年人接触网络不良信息的途径主要有哪些？（可多选）

（1）□不良网站　（2）□各类论坛　（3）□网络聊天

（4）□网络游戏　（5）□各种综合性网站

（6）□短信、彩信、彩铃　（7）□其他个人主页

（8）□电子邮件　（9）□搜索

7. 您认为网络不良信息对未成年人的影响？（只能选一个）

（1）□非常大　（2）□一般　（3）□没什么影响

（4）□说不清楚

8. 您认为网络不良信息对未成年人的危害有哪些？（可多选）

（1）□影响道德品质　（2）□对学习失去兴趣

（3）□上网花费大，引发违法犯罪　（4）□缺少社会责任感

（5）□影响性格，变得孤僻、冷漠　（6）□导致眼睛近视

（7）□沉迷网络，影响与家人沟通交流

（8）□其他，请写明__________

9. 您认为网络不良信息出现的原因有哪些？（可多选）

（1）□网站为了赚钱　（2）□政府对网络的监管不到位

（3）□缺少未成年人网络保护法律　（4）□社会浮躁

（5）□未成年人的好奇心理　（6）□其他，请写明__________

10. 您认为未成年人的不良行为是由网络不良信息引起的吗？

（1）□是　（2）□否

11. 作为父母，您对孩子的上网怎么处理？（可多选）

（1）□限制上一些网站　（2）□在电脑安装绿色防护

（3）□禁止浏览网络色情信息　（4）□禁止玩网络暴力游戏

（5）□没有限制　（6）□其他__________（请注明）

12. 请在右侧五个不同的答案中选一个您认为最符合您的感受和看法的答案，并在所选的答案的数字上画“○”。

	非常不同意	不同意	不确定	同意	非常同意
（1）对微博中传播网络色情信息的监管不足	1	2	3	4	5
（2）老师有监管未成年学生不接触网络色情信息的义务	1	2	3	4	5

(3) 应该制定未成年人网络保护法律	1	2	3	4	5
(4) 应该实行网络信息分级制度	1	2	3	4	5
(5) 应该实行网络实名制	1	2	3	4	5
(6) 应该在电脑上安装不良信息过滤软件	1	2	3	4	5
(7) 要加强对青少年的思想教育和网络法制教育工作	1	2	3	4	5
(8) 要加强对网吧的整顿，限制未成年人进入	1	2	3	4	5
(9) 家长要加强对未成年人的监护，避免其上网接触不良信息	1	2	3	4	5
(10) 要加大网络安全技术的开发研究，从源头上减少不良信息	1	2	3	4	5
(11) 应加强行业自律和自我管理能力	1	2	3	4	5
(12) 老师有义务监管未成年学生不接触网络色情信息	1	2	3	4	5

13. 在加强未成年人不受网络不良信息保护方面，您有什么具体建议?

＊＊＊调查到此结束，感谢您的参与！＊＊＊＊

编号：□□□□□□□

调查问卷D（教师）

朋友：

您好！为研究如何治理网络不良信息对未成年人的影响，我们进行本次调查。您的真实回答对我们的研究非常重要，请按照要求认真回答。调查不用填写姓名，答案没有对错之分，我们将严格保密。

衷心感谢您的参与！

问卷填答说明：

1. 请在选项前的“□”上打“√”，或将序号填在对应的括号内，或在__________处填写相应内容。

2. 题后注明“可多选”的，可以选择多个答案；题后注明“只能选一个”的，只能选择一个答案。

中国青少年研究中心课题组

2015年5月

---

1. 您的基本情况

A. 性别：(1) □男　　(2) □女

B. 年龄：__________周岁（请在横线上填上具体数字）

C. 您现在在教几年级：

(1) □小学四年级　　(2) □小学五年级　　(3) □初中一年级

(4) □初中二年级　　(5) □高中一年级　　(6) □高中二年级

D. 您住在：(1) □城市　　(2) □乡镇　　(3) □农村

2. 您的学生的上网情况

A. 您的学生一般在哪里上网？(可多选)

(1) □家中　　(2) □网吧　　(3) □学校

(4) □手机上网　　(5) □其他__________（请注明）

B. 您的学生是否使用下列网络工具？(可多选)

(1) □微博　　(2) □微信　　(3) □QQ　　(4) □博客

(5) □其他__________（请注明）

C. 通常情况下您的学生在什么时间上网？(可多选)

(1) □周末放学　　(2) □晚上放学后　　(3) □课间休息时

(4) □其他时间__________（请注明）

D. 一般情况下，您的学生多长时间上一次网？(只能选一个)：

(1) □每天都上　(2) □每周 3—4 次　(3) □每周 1—2 次

(4) □每月 1—2 次　(5) □其他时间__________（请注明）

E. 您的学生每次上网多长时间？(只能选一个)：

(1) □半小时以下　(2) □半小时至 1 小时　(3) □1—3 小时

(4) □3—5 小时　(5) □5 小时以上

F. 您的学生上网经常做什么？(可多选)：

(1) □聊天

(2) □玩网络游戏

(3) □查阅学习资料

(4) □浏览时事新闻

(5) □维护个人博客、主页

(6) □收发邮件

(7) □听音乐、看视频

(8) □网上购物

(9) □其他__________（请注明）

3. 您对学生上网最担心什么？(可多选)

(1) □上网太占用时间而影响学习　(2) □上网花费太多

(3) □担心孩子在网上打游戏　(4) □网上不好信息把孩子教坏

(5) □担心孩子网恋　(6) □其他__________（请注明）

4. 以下是一些新闻网站首页的标题，您认为哪些属于网络不良信息？(可多选)

(1) □香港“占领中环”游行活动

(2) □非典期间，板蓝根包治百病

(3) □网上测字算命

(4) □郭美美炫富

(5) □女星野外换衣全程

(6) □少年亲戚家偷钱后杀死姐弟俩

(7) □黑色行李箱内惊现全裸女尸

(8) □网上买卖枪支信息

(9) □读书无用，不如嫁个有钱人

(10) □美腿女王：我在北京当车模

(11) □晒下哥与女友同居的费用

(12) □凤姐对你回眸一笑，你酥了还是吐了

(13) □某大学公布学校 50 个美女的 QQ

(14) □某知名大学教授论文抄袭

(15) □有教授认为李白是唐朝“第一古惑仔”

5. 基于您的工作和生活经历，您认为下列哪些不良信息对未成年人影响最大？

(1) □淫秽色情信息 (2) □暴力恐怖信息 (3) □不良道德信息
(4) □反科学信息 (5) □反政府信息 (6) □虚假信息

6. 您认为未成年人接触网络不良信息的途径主要有哪些？(可多选)
(1) □不良网站 (2) □各类论坛 (3) □网络聊天
(4) □网络游戏 (5) □各种综合性网站
(6) □短信、彩信、彩铃 (7) □其他个人主页
(8) □电子邮件 (9) □搜索

7. 您认为网络不良信息对未成年人的影响？(只能选一个)
(1) □非常大 (2) □一般 (3) □没什么影响
(4) □说不清楚

8. 在学校信息技术课上，是否老师有讲过如何应对不良信息？
(1) □讲过 (2) □没有讲过

9. 您认为网络不良信息对未成年人的危害有哪些？(可多选)
(1) □影响道德品质
(2) □对学习失去兴趣
(3) □上网花费大，引发违法犯罪
(4) □缺少社会责任感
(5) □影响性格，变得孤僻、冷漠
(6) □导致眼睛近视
(7) □沉迷网络，影响与家人沟通交流
(8) □其他，请写明__________

10. 您认为网络不良信息出现的原因有哪些？(可多选)
(1) □网站为了赚钱 (2) □政府对网络的监管不到位
(3) □缺少未成年人网络保护法律 (4) □社会浮躁
(5) □未成年人的好奇心理 (6) □其他，请写明__________

11. 您认为未成年人的不良行为是由网络不良信息引起的吗？
(1) □是 (2) □否

12. 作为老师，您对学生的上网怎么处理？(可多选)
(1) □限制上一些网站 (2) □在电脑安装绿色防护
(3) □禁止浏览网络色情信息 (4) □禁止玩网络暴力游戏
(5) □没有限制 (6) □其他__________ (请注明)

13. 请在右侧五个不同的答案中选一个您认为最符合您的感受和看法的答案，并在所选的答案的数字上画“○”。

	非常不同意	不同意	不确定	同意	非常同意
(1) 对微博中传播网络色情信息的监管不足	1	2	3	4	5
(2) 老师有监管未成年学生不接触网络色情信息的义务	1	2	3	4	5
(3) 应该制定未成年人网络保护法律	1	2	3	4	5
(4) 应该实行网络信息分级制度	1	2	3	4	5
(5) 应该实行网络实名制	1	2	3	4	5
(6) 应该在电脑上安装不良信息过滤软件	1	2	3	4	5
(7) 要加强对青少年的思想教育和网络法制教育工作	1	2	3	4	5
(8) 要加强对网吧的整顿，限制未成年人进入	1	2	3	4	5
(9) 家长要加强对未成年人的监护，避免其上网接触不良信息	1	2	3	4	5
(10) 要加大网络安全技术的开发研究，从源头上减少不良信息	1	2	3	4	5
(11) 应加强行业自律和自我管理能力	1	2	3	4	5
(12) 老师有义务监管未成年学生不接触网络色情信息	1	2	3	4	5

14. 在加强未成年人不受网络不良信息保护方面，您有什么具体建议？

******调查到此结束，感谢您的参与！******